中国经济问题丛书

数字经济的产业组织与反垄断

数字市场全球治理及中国政策

张文魁 / 著

中国人民大学出版社
· 北京 ·

总　序

我国经济社会发展与进步离不开我国哲学社会科学的繁荣与发展。新中国走过的伟大历程，不仅给当代学人带来了从事哲学社会科学研究丰沃的土壤与最好的原材料，也给我们提供了观察和分析这一伟大“试验田”的难得机会，更为进一步繁荣我国哲学社会科学创造了绝佳的历史机遇。

当前，坚持和发展中国特色社会主义理论和实践提出了大量亟待解决的新问题，世界百年未有之大变局加速演进，世界进入新的动荡变革期，迫切需要回答好“世界怎么了”“人类向何处去”的时代之题。坚持和发展中国特色社会主义必须重视和发展构建中国特色、中国风格、中国气派的新时代哲学社会科学学科体系、学术体系、话语体系及评价体系。加快构建中国特色哲学社会科学，归根结底是构建中国自主的知识体系，必须以中国为观照、以时代为观照，立足中国实际，解决中国问题，不断推进知识创新、理论创新、方法创新，使中国特色哲学社会科学真正屹立于世界学术之林。在实现中华民族伟大复兴的伟大征程中，中国将为人类文明提供中国智慧和中国方案。书写中国故事、归纳中国经验、总结中国智慧正是在这个大背景下获得了特别的意义。

我们策划出版“中国经济问题丛书”的主要目的是鼓励经济学者把文章写在祖国大地上，继续推动中国经济学研究的进步和繁荣，在中国经济学学术著作的出版园林中，创建一个适宜新思想生长的园地，为中国的经济理论界和实际部门的探索者提供一个发表高水平研究成果的场所，使这套丛书成为国内外读者了解中国经济学和经济现实发展态势的必不可少的重要读物。

中国经济问题的独特性和紧迫性，将给中国学者以广阔的发展空间。丛书以中国经济问题为切入点，强调运用现代经济学方法来探究中国改革开放和经济发展中面临的热点、难点问题。丛书以学术为生命，以促进中国经济与中国经济学的双重发展为己任，选题论证采用“双向匿名评审制度”与专家约稿相结合的方式，以期在经济学界培育出一批具有理性与探索精神的中国学术先锋。中国是研究经济学的最好土壤，在这块土地上只要勤于耕耘、善于耕耘，就一定能结出丰硕的果实。

目　录

第一章　数字经济的内生特性与产业组织

在全球大部分国家，数字经济不但发展迅猛，成为经济增长的新引擎、国家竞争的新领域，而且正在深刻地改变着人类的生产方式、生活方式、认知方式，并对文化和社会领域产生了重大影响。尽管数字经济与农业经济、工业经济具有许多基本共同点，但数字经济在较大程度上可以脱离实物加工和实际服务，其中一些行业与实物加工和实际服务似乎毫无关系，并且离满足人类的传统基本需求越来越远。推动数字经济发展的那些重要技术，以及基于这些技术的手段和工具，还在迅速发展中并不断获得突破，这也给产业和市场带来了巨大冲击，一些冲击具有颠覆性和破坏性。各种创新纷至沓来，并吸引了大量的资本和人才纷纷涌入。总的来看，这些因素导致了数字经济部门迥然不同于较长时期以来处于稳健发展状态的农业和工业部门，形成了数字经济的内生特性。这种迥然不同在很大程度上指向了经济秩序和产业组织问题。

经济秩序和产业组织不但关系到产业的发展环境和发展动能，而且关系到竞争的公平公正，以及长期的社会福利水平。数字经济已变得如此重要，而且预期在未来还会更加重要，因此无论是学术界，还是政府界，都不应该忽视其经济秩序和产业组织问题。事实上，在过去几年里，世界上一些重要国家和地区，也包括我国，一方面制定实施了促进数字经济发展的重大战略和政策，另一方面又强化了规制数字经济发展的反垄断、反不正当竞争等措施。不过，其中的一些政策和措施，无论是立足点，还是规则本身，以及实际效果，都遇到了争论和争议。这反过来也可以促使研究界深入思考，我们对数字经济的认识和认知、对数字经济产业组织的分析与分辨是否还远没有到位。本章将从数字技术作为新通用技术出发，力图弄清数字经济的内生特性，在此基础上，对数字经济的产业组织进行剖析。希望这一连串的分析能为本书后面的内容打下地基、设立架构。

一、数字技术是新通用技术

根据我国有关部门的定义，数字经济是指以数据资源作为关键生产要素、以现代信息网络作为重要载体、以信息通信技术的有效使用作为效率提升和经济结构优化的重要推动力的一系列经济活动。显然，数字经济的快速发展建立在现代信息通信技术（information and communication technologies，ICT），以及互联网技术、数据采集和传送、算力等技术的基础之上。这些都是数字技术。最新发展和未来可能突破的数字技术还包括人工智能、深度学习、量子计算和量子通信、碳基芯片、生物芯片、虚拟现实和增强现实、脑机接口等技术。当然，更遥远的数字技术将有哪些，现在还难以预料。

应该认识到，数字技术极有可能是新通用技术。因此，其渗透性将远远超过目前的范围，几乎会应用到所有行业、所有领域，就像上一次通用技术——电力技术那样。其对经济增长的推动力的强劲性和持久性也会超过许多人的想象。这就是通用技术（general purpose technology，GPT）的力量。

现代经济增长在很大程度上由现代科技所推动，而通用技术的推动力最为广泛、强劲和持久。蒸汽动力技术是第一个现代通用技术。正是这个通用技术的广泛使用，再加上其他因素，大约在 18 世纪六七十年代从英国掀起了产业革命，从而推动了英国、其他西欧国家、美国等国长时期、完全有别于古代的快速经济增长。英国、法国因此成为世界上第一批工业化国家。后来，内燃动力和电气动力技术成为第二个现代通用技术，引发了第二次产业革命，在 19 世纪后半期到 20 世纪前半期催生了石油、化工、汽车、航空、电力、电气设备等大量工业行业，并根本性地改造了从前已经存在的纺织、机械、冶金等行业，把美国等国推到了世界强国的位置，并带动了全球范围内的长时期经济增长。经济学界对通用技术的力量当然没有熟视无睹。一些经济学家，例如 Bresnahan 和 Trajtenberg

(1995) 就认为，通用技术不但能广泛应用到其他部门，而且其自身也有着巨大的技术突破和成本下降空间，并会带动新产品、新模式、新业态的不断出现，从而对经济增长形成强劲而持久的推动作用。阿格因和豪伊特(2011) 则更加系统地论述了通用技术如何影响增长和分配，并介绍了一些纳入通用技术因素的经济模型。

从 20 世纪最后二十年开始，数字技术迅速推进，不但催生了一些全新产业，而且也迅速地改造了许多传统产业，并深刻地影响了人类生活。一些人将这股浪潮称为第三次产业革命，甚至还有不少人士认为，以信息化为代表的第三次产业革命已经迅速过渡到以智能化为代表的第四次产业革命。总之，许多人都认为这是一次产业革命。毫无疑问，这次产业革命也得益于新的通用技术，即数字技术，尽管数字技术本身处于发展状态，并未完全定型。我国由于清朝的闭关锁国政策，错失了第一次和第二次产业革命，从而科技水平和经济发展水平在近代显著落后于欧美发达国家。自中华人民共和国成立以来，我国大力推动工业化和现代化进程，从科技和产业层面来看，基本上属于对发达国家的追赶。从 20 世纪 90 年代开始，特别是进入 21 世纪以来，我国在开放环境中及时抓住了数字技术快速突破的机遇，数字经济诸多产业都获得了很大发展，并正在成为经济增长的新引擎，一些数字企业已形成较大规模并在全球范围内形成较大影响力。当然，与世界上其他国家一样，我国也在正视和考量数字经济的经济秩序和产业组织问题。

二、数字经济概述

我国有关部门把数字经济划分为数字产品制造业、数字产品服务业、数字技术应用业、数字要素驱动业、数字化效率提升业等 5 个大类，并把数字经济诸多产业分为产业数字化和数字产业化两大部分。产业数字化部分，是指应用数字技术和数据资源为传统产业带来的产出增加和效率提升，是数字技术与实体经济的融合，涵盖智慧农业、智能制造、智能交通、智慧物流、数字金融、数字商贸、数字社会、数字政府等场景，体现了数字技术与各行业的深度渗透和广泛融合。数字产业化部分，是指为产业数字化发展提供技术、产品、服务、基础设施和解决方案，以及完全依赖于数字技术、数据要素的各类经济活动，包括计算机通信和其他电子设备制造、电信广播电视和卫星传输服务、互联网和相关服务、软件和信息技术服务业等行业。数字产业化部分是数字经济的核心产业。

数字经济在一些国家的经济总量中已经有了较高比重，而且比重还在快速上升中。美国经济分析局（BEA）于2020年发布的《数字经济核算报告》显示，2018年美国数字经济增加值为18 493亿美元，占GDP比重为9.0%；而中国信通院发布的《2021年中国数字经济发展白皮书》显示，2020年中国数字经济增加值达到39.2万亿元，占GDP比重为38.6%；这些数据是基于不同标准和口径测算的，给国际比较分析增加了难度。而中国社科院数量经济与技术经济研究所发布的《数字经济蓝皮书：中国数字经济前沿（2021）》（李海舰和蔡跃洲，2021）显示，2020年中国数字经济增加值为19万亿元，占GDP比重为18.8%。显然，不同机构关于我国数字经济的测算差距主要是由统计口径不同造成的，不过看起来，我国数字经济在整个国民经济中的比重已经不低，尽管很可能同口径的美国数据会更高。

互联网产业可以说是数字经济核心产业中的核心。在过去二十多年里，我国互联网产业获得了巨大发展。中国互联网络信息中心（CNNIC）发布的《中国互联网络发展状况统计报告》显示，到2020年底，我国网民规模达9.89亿，互联网普及率达70.4%；网络购物用户规模达7.82亿，占网民整体的79.1%；网络支付用户规模达8.54亿，占网民整体的86.3%；网络视频用户规模达9.27亿，占网民整体的93.7%，其中短视频用户规模为8.73亿，占网民整体的88.3%；互联网政务服务用户规模达8.43亿，占网民整体的85.2%；我国互联网上市企业在境内外总市值达16.80万亿元，较2019年底增长51.2%；2020年网上零售额达11.76万亿元，较2019年增长10.9%，其中实物商品网上零售额为9.76万亿元，占社会消费品零售总额的24.9%。① 根据工信部的数据，到2021年3月底，我国企业关键工序数控化率达到52%，数字化研发设计工具普及

① CNNIC发布第47次《中国互联网络发展状况统计报告》. 中国网信网，2021-02-03.

率达到 73%，工业互联网平台连接工业设备总数达到 7 300 万台，工业 App 突破 59 万个；截至 2020 年三季度，我国光缆线路长度达到 4 983 万公里，移动电话基站数达到 916 万个，互联网宽带接入端口达到 93 682 万个。①

我国政府正在继续推动数字经济大发展。国家公布的“十四五”规划纲要指出，要前瞻谋划未来产业，包括类脑智能、未来网络等产业，打造未来技术应用场景，加快产业形成和发展。工信部等部门还印发了《工业互联网创新发展行动计划（2021—2023 年）》，从“建平台、用平台、筑生态”三方面共同推进工业互联网平台升级和发展。可以预期，我国的数字经济，无论是产业数字化部分，还是数字产业化部分，在未来几年及更长时间，都将得到长足发展。同时也应该意识到，在大发展中，数字经济提出的新问题、带来的新挑战，特别是产业组织方面的新问题、新挑战，也将扑面而来。

三、数字经济的四大内生特性

虽然数字经济与农业经济、工业经济一样都属于社会经济活动，必定具有相通的共性，譬如在技术进步和全面创新的推动下，生产方式会发生重大改变，生产效率会出现明显提升，但数字技术作为新通用技术，其涵盖的具体技术种类比蒸汽动力技术、内燃动力技术、电气技术要更加广泛，也具有更强的传播性，从而必然赋予数字经济一些新特性。数字经济许多领域的应用场景、商业模式、所涉事物，以及与人类需求之间的关系，都超越了农业经济和工业经济的传统疆域，从而也会导致数字经济的一些新特性。这些新特性已经引起了一些经济学家的极大兴趣。早在 2001 年，刘鹤就指出，以互联网为依托的新经济，成为影响经济增长、收入分配、国际分工和国家竞争力的核心因素；在信息网络产业中，不一定会是原子式竞争，一大批有竞争力的甚至会产生垄断作用的优势公司将会崛起，新经济的产业组织格局演变要比传统产业快得多，汽车、钢铁等行业从自由竞争走到垄断竞争用了上百年时间，而信息产业只用了十几个

---

① 提速智能化！我国工业 App 突破 59 万个．新华网，2021-04-27.

月时间；新经济将突破传统的金字塔纵向结构，向横向、互动、扁平的组织结构过渡。因此，他提出，新经济、资本市场与公共政策之间应该有一个比较好的互动作用。很显然，刘鹤对互联网等新经济行业在产业组织方面所呈现出的不同于钢铁、汽车等传统行业的特征，以及这些特征与信息技术革命之间的关系，进行了独到的分析。江小涓（2020）则指出，在人工智能、大数据分析、云计算、物联网等数字技术的支撑下，三次产业相互内置会形成新的产业形态，新型物-物、人-人和人-机交互方式会进一步显现，数字化生态将跨界成长，从而治理数字经济与治理传统经济有很大不同，既迎来新机遇，也面临新挑战，特别是大数据和人工智能的广泛应用给监管带来了新课题。

的确，数字经济被视为新经济，具有不少新特征。透过现象看本质，数字经济的一些新特征根源于作为新通用技术的数字技术，根源于作为新经济的数字化经济活动中的场景、模式、生态，以及根源于不同于传统经济活动的新型人、物、环境之间的交互关系。一句话，数字经济必然有其内生特性。这些内生特性具有本质性意义，在探讨数字经济的产业组织和良性秩序时至关重要。

探寻数字经济的内生特性，首先就要对数字经济的主要产品——信息产品进行准确把握。农业经济的主要产品是农产品，工业经济的主要产品是工业制成品，它们都是物质产品，具有争夺性，即一件产品被这个人购买和使用了，就不能再被那个人购买和使用，必须要再生产另一件产品供其他人购买和使用。即使是传统的服务产品，基本上也是这样的情况，譬如，理发师正在给一个人提供理发服务，就不能同时给另一个人提供理发服务。这些都属于实体式服务。而信息产品则完全不是这样，一个人在购买、使用的时候，只要存在一些基础设施，就并不妨碍另一个人同时购买、使用，至少并不需要增加显著的成本就可以让另一个人同时购买、使用。也就是说，一般而言，信息产品具有非争夺性。这是数字经济的首要内生特性。

在工业经济时代，当然也有一些服务业提供商业化的信息产品，譬如广播电台和电视台提供的广播电视节目，不过这些信息产品并不是工业经济时代的主要产品，更不是核心产品。而数字经济时代的主要产品，甚至核心产品，就是信息产品，其非争夺性的内生特性将引发许多议题，特别是市场与政府关系、竞争与规制方面的议题。非争夺性的内生特性所导致的一个核心问题，就是如何对信息产品或类似的其他数字产品进行收费。这实际上就是数字企业如何设计商业模式，如何设立企业与用户之间的商业关系，如何通过更复杂、更巧妙的商业模式和商业关系来改变企业之间的竞争态势的问题。在这一系列合约结构和制度安排中，是否可以利用技术手段设置不同的收费机制，也即是否可以通过技术手段使得信息产品具有排他性或非排他性，从而与信息产品的非争夺性形成不同的组合，成为数字企业的一项竞争利器。譬如互联网交友平台，既可以以收费方式向客户提供异性信息，并进行匹配服务，也可以以免费方式同时向几位客户提供一位异性的信息，并通过大数据和算法技术，以精准推送的广告和购物业务来获得营业收入。当然，信息产品或类似的其他数字产品的非争夺性还意味着需方和供方博弈性质的改变。这些情形与农业和工业产品、实体服务产品市场所出现的情形相比，要纷繁复杂得多，对竞争秩序和经济绩效的冲击也要大得多，所以对规制（regulation）政策必要性的讨论可能会热烈得多。

信息的提供存在成本，而数字技术则将信息的边际成本带到极低水平，甚至趋近于零。数字经济始于信息通信技术。在 0－1 数字化编码的基础上，随着光纤通信技术和无线移动通信技术的推进，以及互联网相关基础设施的日益普及，极大量的信息可以以很快速度传输到许多角落，同一信息只要进入互联网，几乎可以被无限多的人重复共享，而不需要随着共享人数和次数的增加而不断明显地提高成本。互联网相关技术的发展，特别是搜索引擎技术、智能联想技术和其他智能化技术，还极大地降低了市场搜寻和匹配成本，而这项成本自有市场以来就一直存在。与过去相比，与其他成本相比，市场搜寻和匹配成本近乎为零，这极大地改变了交易成本结构，并对合约要点和市场机制产生了重大影响，譬如，智能合约可能大行其道，匿名和虚拟市场变得非常普遍，不同于传统货币支付的另类支付手段和支付方式被广泛接受，等等。毫无疑问，信息的边际成本趋零，是数字经济的又一个内生特性。

因此，信息产品或类似的数字产品可以以很低的边际成本让无数人共同和重复使用。这就意味着，从理论上来说，某个单一产品以及提供这个产品的企业可以获得无限多的用户，获得无限多的收入，建立无限大的规模。这给赢家通吃提供了极大的可能性，而这是物质产品和实体式服务领域所不可能出现的现象。物质产品和实体式服务要扩展其市场，存在很大的运输成本或在场成本，并且需要广泛的分销网络或服务网点，以及存在一些独特的合约成本。信息产品不需要这些。某个物质产品或实体式服务的客户人数上亿，企业就会被视为非常大的巨头，而像微信的用户数量可以达到十亿，脸书（Facebook）的用户数量可以达到二十亿以上；微信和脸书的用户几乎每天或每周都重复使用它们，而即使很受欢迎且易消耗的物质产品，同一用户也是一月、一年甚至更长时间才购买一次。数字经济中的一个典型产品可以被数以十亿计的人们高频度地消费、使用，这在物质产品和实体式服务领域是不可想象的；数字经济领域的赢家，即使难以真正通吃，也可以建立极大的影响力和号召力、杠杆力。

数字市场可以在线不在场，也是数字经济的内生特性。人们通过互联网进行各种各样的经济活动，以及进行交易和交流，但并不一定在现场出现。这就极大地打破了过去的物理隔阂和地理限制，使得数字市场真正成为大范围、全领域的陌生人市场。更进一步，厂商、组织、个人的身份都可以虚拟化，从而产生完全的虚拟活动和虚拟世界。在此基础上，虚拟产品甚至虚拟货币得以出现。再进一步，虚拟和现实的交融也出现了，这将使在线和在场高度融合在一起，使虚拟世界和现实世界、虚拟身份与真实身份既分又合。毫无疑问，数字经济的这些发展、数字化活动的这些演变带来了全新的政策议题和规制难题，数字经济未来的发展和演变更加不得而知。人工智能是不是可以替代真人决策和签约？智能技术与仿真仿生技术结合是不是可以实现真人可有替身？思维、记忆、情感是不是可以脱离本尊而独立存在并永远不灭？这些政策方面和伦理方面的议题可能并不遥远。在线不在场目前所引发的数字税等方面的争论很可能只是一个小小的序曲。

大数据取代物质材料成为关键投入品，这是数字经济发展中日益凸显的一个新的内生特性。之所以新，是因为在数字经济发展初期，大数据投入的重要性和关键性并没有凸显出来。或者说，数字经济在开始的时候还只是数字化的经济活动，也即以 0－1 编码的计算机信号取代从前的模拟信号，而并没有表现为明显的数据经济（data economy）。在数字经济的初期，譬如门户网时期，互联网企业使用的基本原料是从其他企业、其他机构那里“搞来”的信息资料，譬如新闻门户网从传统媒体那里获得新闻报道的内容，然后分门别类、制作标题、稍作加工再分发出去；商业信息黄页网从传统厂商那里获得产品购销信息和产品资料，也以门户方式进行公布，并帮助厂商进行宣传、推广、撮合。这些信息资料还算不上大数据。经过一段时间的发展之后，数字经济许多细分行业的企业就开始自己采集和加工数据，并广泛地运用于经营当中，甚至以此来开展一些策略性竞争行为，譬如电商企业在开始的时候仅仅是集合商品供方和需方的信息，形成了简单的线上交易平台，而后来则大量收集和分析商家、客户的数据，以推动精准营销、智能匹配，甚至推行自我优待、拒绝交易。即使是在看起来不太需要很大的数据量作为必要投入品的游戏和娱乐、发布与社交领域，事实上，平台企业也可以通过数据的获得来了解不同客户的倾向、意愿以及支付能力。而人工智能等领域更需要大数据作为投入品来进行深度学习和建立思考能力。大数据成为关键投入品之所以属于内生特性，是因为这一特性虽然到最近几年才凸显出来，但却内生于数字经济的那些基础件技术，譬如数字化的信息采集与传输和储存技术、网络构架技术、计算与学习技术等等，这些技术不断获得突破，极大地降低了大数据处理的成本，并极大地激发了对大数据的需求。这恰如能源成为工业经济的关键投入品，是内生于蒸汽机技术、内燃机技术、发电机技术一样，这些技术离开煤炭、燃油、电能的投入，就得不到使用，发挥不了威力。数字经济当然也需要物质材料的投入，它和农业、工业经济一样，也需要使用机器设备，譬如服务器和计算机等基本设备，以及智能手机等终端设备，并且也需要消耗能源。但机器设备等物质材料投入再多，也不是数字经济的关键投入品，恰如工业经济也像农业经济那样需要投入人工，但人工投入再多，也不是工业经济的关键投入品。如果没有大数据投入，数字经济就没有了基本原料，就不能进行后续加工和最终提供数字化产品。许多人把芯片视为数字经济的核心器件，但是，如果不需要存储、处理、加工大数据，高性能芯片并没有多大用处。正因为大数据十分关键，芯片及未来更先进的此类元器件行业才会成为数字经济发展中最具重要性、竞争激烈的行业之一。

大数据的价值来自极大量、多种类、快速变动数据的关联与合成。缺乏极大量和多种类、关联与合成这几个要点，数据就难以产生价值。因此，大体量、广范围的数据的采集和获取，以及后续的存储、流转、分析、使用，就成为数字经济循环中的核心环节。在这个过程中，计算变得异乎寻常地重要，计算能力很可能就是数字经济中最核心的能力。如此一来，围绕计算，算法将成为难以想象的重要角色。目前的算力和算法还只是偏重于分析人的偏好、动向等等，未来随着人工智能和元宇宙的突破性发展，以及对许多未知领域的开拓，很难设想会出现怎样的计算技术和计算应用。很显然，大数据的采集、流转、分析、利用，以及算法的开发与运用是工业经济不曾有过或者并不重要的一个全新范畴，譬如在工业经济时代，工人们知道自己的工作会被摄像头监控，但在数字经济时代，这些监控数据将可以在汇总并与其他数据关联、合成的基础上进行计算，从而用于工人们毫不知情的另外目的。对于这个全新范畴，企业会全力拓展力量空间，而政府将不得不探索如何设立路标、建立规则，以便企业和人们在数字经济活动中各自获得正当的利益提升。这正是产业组织理论所要处理的问题。

此外，数字经济还有一些其他特点或特性，研究者可以从不同角度、依照不同目的来探寻数字经济的特点或特性，而且这些探寻还将随着数字经济的发展而进一步加深和修正。譬如一般而言，信息产品或类似的数字产品不像物质产品那样属于人们的生活必需品，而属于文化精神、休闲娱乐方面的产品，因而必然对人的休闲方式、精神状态、文化观念、社会理念产生深刻影响，从而使数字经济的影响超越经济范围而到了社会范围。数字经济的内生特性并不会随着时间的推移而改变。信息产品的非争夺性、信息的边际成本趋零、数字市场在线不在场、大数据成为关键投入品这四大内生特性，不但在很大程度上由数字经济本身所定义，必将推动数字经济按照自己的定义不断向前快速发展，而且也将给工业革命所定义的经济秩序和产业组织，乃至人的认知和社会文化，带来冲击和挑战。认识这种冲击，应对这种挑战，就必须要对数字经济的产业组织进行深入研究。

四、数字经济的产业组织：新行为与新规制

产业组织首先与竞争秩序有关。新古典经济学认为，完全竞争是一种完美秩序，既公平又有效率，各尽其力，各得其所，形成了一个均衡。所以，偏离竞争意味着失序，也意味着不公平、无效率。但在实际当中，许多产业都会出现一些大企业，不管是规模经济性催生了大企业，还是排斥竞争的行为导致了大企业，或者是市场机制出现缺陷，总之垄断出现了。从而政策介入的必要性就产生了，需要反垄断、反不正当竞争。其次，企业界还有可能由于逐私利而忘公义等，从而产生污染环境、破坏生态、侵害员工安全等所谓的公害问题，但这些问题又不能靠市场机制和企业竞争来解决，所以需要政府规制。当然，还有其他许多原因，譬如行业的自然垄断性和网络外部性都有可能导致竞争缺失、竞争失效的情况。不过，新古典经济学之外的一些经济学流派认为，经济发展主要得益于创新，创新不但与生俱来就偏离了完美竞争，而且创新本身也存在高昂成本、需要大量投入，所以需要以超出均衡的利润作弥补。显而易见，产业组织理论本身存在一些争论。即便对何为垄断、何为不正当竞争，以及反垄断、反不正当竞争到底是为了消费者短期福利提升，还是为了产业发展、产业国际竞争力提高，产业组织专家也并不容易形成统一的意见。在产业组织理论并不算长的历史上，哈佛学派的结构-行为-绩效（SCP）范式早已被注重行为分析、强调经济效率的芝加哥学派所质疑，而自20世纪末以来，正如Kovacic和Shapiro（2000）所指出的那样，博弈论、信息经济学等分析方法则促成了新产业组织理论的兴起，使得对企业复杂行为的具体分析，而不是对市场份额和市场结构的分析，更具说服力。

反垄断、反不正当竞争的历史要比产业组织理论的历史更长一些。早在1890年，美国就颁布并实施了《谢尔曼法》，1914年又颁布实施了《克莱顿法》。根据这些法律，一些巨型企业，譬如标准石油公司、美国烟草公司等企业被分拆了，后来有更多的公司受到了惩罚，包括在21世纪初的时候，大名鼎鼎的微软（Microsoft）也受到了反垄断指控和罚款处理。不过总体而言，自20世纪80年代以来，随着芝加哥学派获得了很大的影响力，美国的反垄断行动明显衰减了，特别是针对占有很大市场份额

的巨头企业的分拆行为几乎停止了。

而随着数字经济的快速发展，在欧盟和美国以及其他一些重要国家和地区，过去几年里，针对数字经济领域的巨头企业，特别是针对互联网平台企业的反垄断呼声和行动，迅速地升温，例如，早在2010年，欧盟委员会就启动了对谷歌（Google）涉嫌滥用其网络搜索市场主导地位一事展开调查，2018年根据调查结果宣布对谷歌实施43.4亿欧元的反垄断罚款。后来，欧盟委员会又启动对亚马逊（Amazon）的调查，认定其存在自我优待和侵犯数据隐私等行为，并宣布实行巨额罚款。此外，欧盟一些国家还自行对谷歌、亚马逊等数字企业实施了反垄断罚款，例如2021年，意大利反垄断机构宣布对亚马逊滥用市场主导地位的行为处以11.3亿欧元罚款。在美国，过去几年对数字经济巨头企业的调查和起诉一直在进行。2021年6月，美国联邦贸易委员会（FTC）和40多个州对脸书提起了反垄断诉讼，指控脸书收购对其构成威胁的小公司、阻止与其他应用程序之间的互操作性，以期维持垄断。不过法官要求美国联邦贸易委员会补充证据，因为他认为，营业收入、活跃用户数量并不是互联网社交市场份额的衡量标准；同时，是否形成垄断，还应该考虑资金壁垒、技术壁垒、网络效应壁垒的影响；脸书拒绝向竞争对手开放API接口的行为的确阻碍了竞争对手进入脸书生态系统，但一家公司有拒绝与其他公司交易的权利；脸书平台是否属于必需设施，在理论上存有很大疑问。美国司法部也采取了反垄断行动，重点调查了谷歌将其搜索引擎预设为智能手机应用程序、将其在搜索引擎市场的优势杠杆性地用于在线广告业务等行为，以及苹果公司在iPhone手机上预装自有iOS操作系统并对其他操作系统进行限制的行为。不过直到2021年底，美国司法部都尚未正式起诉这两个企业，可能的原因是，在一个复杂的法治体系中，反垄断指控会被法院驳回。尽管一波三折，但美国针对数字经济的反垄断、反不正当竞争的动作在不断加强，例如美国众议院司法委员会正式审议通过了《平台竞争和机会法案》《美国创新与选择在线法案》《终止平台垄断法案》等法案，旨在对大型平台的杀手型并购、自我优待和拒绝交易等行为进行规制。

显而易见，无论从产业组织的理论发展来看，还是从欧盟、美国的反垄断立法和执法的实践历程来看，市场结构都已经不是焦点。在真实世界中，产品和服务之间的可替代性非常复杂，相关市场的界定存在很大困难，从而对市场份额的认定充满争执，对市场结构的分析存有争议。特别是在数字市场中，无论是营业收入，还是活跃用户人数，或者在线时长，数个重要指标之间并不一致，使得市场结构分析缺乏一致认同的基础指标。即使认定一家企业的市场份额很高，仍需考虑进入壁垒因素在判定垄断地位方面的重要性，而数字经济的进入壁垒要复杂得多，不但涉及资本体量、技术变革速度，而且涉及网络构架和生态系统，从而给市场结构分析带来很大困难。从数字经济发展的历史来看，是活跃的创新与迭代，而不是认定特定企业存在垄断并分拆垄断企业，更能降低壁垒、引入竞争、促进发展，并最终提升消费者的福利水平。在数字经济领域非常活跃的创新与迭代中，很少有企业能够长期居于行业主导地位，甚至有一些细分行业整体性地衰落了，曾经的行业龙头企业也黯然退场。

市场结构不再是焦点，而企业行为，即那些排斥竞争的行为或者不当利用市场优势的行为，以及其他一些受非议的特别行为，则成为反垄断的重点。很容易理解，反垄断在很大程度上就演变为反不正当竞争，尽管这并不意味着立法和执法机构不再反对市场占有率方面的垄断地位。美国众议院于 2020 年公布的《数字市场竞争调查报告》就集中体现了这种思路。这份报告详尽地分析了亚马逊、谷歌、脸书、苹果等企业的一些涉嫌排斥竞争、维持垄断、损害消费者正当权益的行为。譬如亚马逊利用自己的平台优势，收集、分析第三方卖家数据，基于数据分析推出与第三方卖家相同的自营商品进行不公平竞争；以不公开的搜索算法损害第三方卖家的合法权益；极力压低平台上的商品售价，以激进的低价策略抢夺市场份额，阻遏和挤压竞争者，在达到目的后则显著提高价格或降低服务质量。脸书利用资本雄厚的优势，对 Instagram、WhatsApp 实行杀手式收购；大量收集用户的使用信息并用于精准推送线上广告，且无视用户隐私的保护；将其在社交市场上的力量通过杠杆传导到了电子广告市场。谷歌将自己的搜索结果放置于更显眼的位置，对竞争者施加算法惩罚，进行搜索降级；通过合并数据和推荐算法实行针对性广告投放。苹果对通过苹果商店销售的应用程序收取 30%的高额佣金；在应用软件搜索排名中优待自己开发的软件，排挤竞争对手。这份报告虽然也提及，可以对一些数字巨头实行分拆，但更多的建议则放在对企业行为的规制上，譬如禁止自我优待，禁止订立反竞争的合同，禁止实行歧视性措施，禁止对市场力量实行杠杆性传导，建立互操作性和开放接口的规则，同时提出要鼓励私人诉讼，包括应解除对集体诉讼的不合理限制。欧盟和欧洲一些国家在过去几年里对谷歌、亚马逊等数字企业多次实施巨额罚款，也是针对它们那些与在美国市场上一样的典型行为。我国在过去几年里，数字经济领域也经历了“二选一”“大数据杀熟”“搜索竞价排名”等风波。

这些典型行为大致包括如下几类。第一，自我优待，主要就是互联网平台将自己的商品和服务置于最有利的位置、给予最优先对待，或实行搜索排序优先等技术性处理，对大量独立厂商的商品和服务则进行反向操作；第二，拒绝交易，譬如禁止与其他平台实行互链接、互操作，与不合意的独立厂商断绝交易和合作关系；第三，以自动化的方式实行价格歧视或其他方面的差别化待遇，譬如“熟客”和“生客”会自动收到高低不同的报价；第四，利用网络外部性优势开展明显的低价竞争，甚至以长期、巨额补贴实行低价竞争，从而抢夺市场份额，追求赢家通吃；第五，通过各种手段极力扩大活跃用户数量，构建生态圈并营造可控系统，然后将优势力量杠杆性地传导到其他细分市场；第六，实行所谓的杀手式并购，即将可能构成竞争威胁的新创企业收购过来。可以看出，虽然其中一些行为在传统经济活动中也不鲜见，但在数字经济中，这些行为是以数字化技术、互联网手段为基础，譬如通过大数据和算法、应用程序可以自动化和系统性地实行自我优待、拒绝交易、价格歧视，通过互联网巨大的外部性优势可以轻易对市场力量进行杠杆性传导。在很大程度上，这些典型行为是由数字经济内生特性衍生出来的新式策略性行为。数字市场中的这些新行为正成为产业组织领域的核心议题。

不过，当分析和处理这些新行为时，以及分析和处理集中度较高的市场结构时，不能割断其与创新之间的联系。换句话说，研究数字经济的产业组织，需要把创新置于核心位置。是创新推动了数字经济的出现以及后续发展。如果反垄断、反不正当竞争措施以及其他规制措施表面上看提高了竞争程度和竞争公平性，但事实上伤害和阻碍了创新，那将动摇动态竞争的基础，并最终损害生产效率和消费者福利。

在数字经济领域存在着大量的创造型产业，也即创新和迭代非常频繁的产业。创造型产业的市场结构在很大程度上具有内生性。从技术应用和产品用途创新的角度来看，一些新生的细分行业不是由已有的市场需求来定义、引领，而是由企业家根据潜在需求和可能需求来创制、发展。可以把这些行业称为萨伊型行业。数字经济中存在许多萨伊型行业，这与经典的工业经济有很大不同。工业经济也不断有一些新产品、新细分行业出现，但经典工业经济毕竟比较成熟了，许多技术创新属于完善型进步而非破坏性创造。即便在反垄断法出现及得到较多实施的 19 世纪末和 20 世纪前半期，一方面，巨头之间的主动合并行为及其蓄意形成的托拉斯结构，也已经脱离了创新迭代构建竞争格局的轨道，另一方面，很长时期以来，那些重要的工业领域无论是从技术和产品形态上来看，还是从市场结构上来看，在美国和欧洲大约得以确立，也达到了一定的稳态。而萨伊型行业面对的是未知需求，开拓的是处女市场，只有极少数先行者甚至只有一个探索者成功地踏上了一片市场土地，所以是天然的垄断者，这与阿波罗登月工程是一样的道理。这就是典型的内生型市场结构。如果把萨伊型企业认定为垄断，要把它们分拆，那么几乎每一个先行者、开拓者都需要被分拆，从而都不能完整地存活。

创新本质上属于逃避竞争的行为，从某种程度上也可以认为创新租金是一种垄断租金，但在一定范围内，这是一种良性的垄断租金。这种租金在创新活跃的行业具有很强的动态性。从技术创新周期的角度以及商业模式演化发展的角度来看，像搜索引擎这样典型的萨伊型行业以及数字经济领域其他许多行业尚处于创新早期阶段，仍然会有大量的后续创新不断涌现，其中可能还会有一些颠覆性创新和淘汰性迭代，所以对于许多在位企业来说，不管它们有多大，占据多少市场份额，也面临着被迭代的威胁，它们目前享受到的租金并不是牢靠的，它们需要把这些租金的很大一部分继续投入创新活动中。即使它们投入大量资金进行创新，创新结局也还会受到市场需求弹性的深刻影响，而萨伊型行业的市场需求具有高度的不确定性，所以它们的未来前景，包括它们在未来的市场地位，实际上也是不确定的。完全可以说，产业的创造性在很大程度上提供了可竞争性。因此，创新和迭代的消退，而不是企业营业规模很大、市场份额很高，才会真正构成垄断。如果数字企业的新行为抑制了创新和迭代，并无涉创新和迭代而明显减少了消费者的正当利益、侵犯了消费者的基本权利，才应该受到“关照”和规制。

数字经济领域目前已经显现的那些典型新行为，的确有一些很可能对创新和迭代形成了抑制，或者很可能无涉创新和迭代而明显减少了消费者的正当利益、侵犯了消费者的基本权利。譬如，在位大企业利用资本优势开展连续的、激进的低价竞争，清除竞争对手后则提高价格；电商平台大量收集独立商家的数据，然后推出与独立商家一样的畅销商品进行竞争，并对自营商品进行搜索排名靠前处理；社交平台未经许可大量收集用户数据，根据用户倾向、支付能力进行广告推送；等等。当然，数字经济领域未来还会出现的一些新的典型行为也可能存在同样的情况，也需要受到“关照”和规制。但是应该看到，这些行为背后的驱动力实际上主要是对大数据和算法、应用程序的利用，以及对互联网巨大的外部性的滥用。采取这些行为的企业既包括大企业，也包括不会被认为是垄断力量的小企业，因为一些小企业也可以甚至非常善于利用大数据和算法、应用程序等数字技术手段。这也从另一个角度说明，对新行为的规制，特别是对新行为背后的数字技术手段滥用的规制，远比关注企业的营业规模和市场份额重要。

对新行为，特别是对新行为背后的数字技术手段滥用的规制，在很大程度上不同于传统规制。传统规制除了拆分大企业、阻止过度集中的并购之外，还有禁止排除竞争的协议和串谋、禁止无正当理由的低于成本的定价、打击商业贿赂和商标侵权，等等。而对新行为的规制在很多时候涉及的数据采集与利用、算法与自动化程序的使用等等，不但没有被过去的反垄断法、反不正当竞争法所涵盖，而且也很难为传统的调查手段和分析框架所处理。《中华人民共和国反垄断法》虽然对数字经济领域颇受讨论的杀手型并购给予了关注，但未有也很难设立具体科学的指南；《中华人民共和国反不正当竞争法》虽然规定，互联网经营者不得利用技术手段，通过影响用户选择或者其他方式，恶意对其他经营者合法提供的网络产品或者服务实施不兼容，误导、欺骗、强迫用户关闭或卸载其他经营者合法提供的网络产品或者服务，但远远不能应对日趋复杂的各种基于数字技术手段的新行为，而且远远没有建立具体的规制框架与标准。可以认为，新行为呼唤新规制，新规制必须将重点放在数据、算法和应用程序等数字技术上，而对具体、新兴且处于发展中的技术的应用进行规制恰恰是一件困难的事情，因为不仅普通人，而且法律、经济、技术专家，对这些事物也未必能在有限的时间内形成恰当和正确的认识，更难以达成压倒性共识。毫无疑问，新规制既需要法律和经济专业知识，也需要科技和创新专业知识；既应及时到位，又应避免冒进；既要在公众利益和产业利益之间达成某种平衡，也要在维护竞争结构和保护创新动力之间达成某种平衡。

五、创新与风险资本、自动化程序、新公害之间的关系

如何维护创新机制并规制创新成果的使用，应该是数字经济产业组织的核心问题。不过，创新的实现需要投入大量的创新资源。当然，资金是最能够动员其他创新要素并度量要素价格的最一般资源，如果在位企业的市场集中度很低，很可能它们也没有足够的资金进行研发和创新；而如果在位企业的市场集中度过高，那么垄断性企业在理论上并不会进行创新。因此一般而言，恰当的市场结构，特别是市场的可竞争性，与创新机制存在较强的关系，Geroski（1990）的研究证实了这一点。在数字经济领域，一方面，创造型产业面临高额的沉没成本，当人们看到创新成功者在市场上具有很大势力的时候，并没有看到更多的失败者消耗了大量的创新资源而毫无收益；另一方面，技术不断突破、应用场景不断增加所产生的巨大想象空间，以及市场规模快速膨胀所给出的证据，使得市场具有高度的开放性，从而吸引大量创新资源蜂拥而入。创新资源的注入集中体现为资本的进入。

事实上，随着数字经济的萌发和兴盛，市场上出现了专注于创新的风险资本。创新是一项风险性极高的活动，大部分创新以失败告终，为什么还会有如此多的资本投入创新，包括早期的创新和创业活动中？这并不能完全以资本过剩来解释。即使在20世纪末21世纪初的我国，资本仍然非常短缺，也出现了一些本土的风险投资机构。风险资本的大量出现正是伴随着信息通信技术特别是互联网技术的可应用性增强、可商业化程度提高这一时代进程。Kaplan和Stromberg（2003）的分析表明，风险投资者和

创新者通过灵活的合约进行风险分配，有力地促进了数字经济领域的创新和产业化。风险资本对数字行业的大胆投入可以使获得足够资本的企业在长时间里忍受亏损，从而使经典产业组织理论对产品市场的价格和供求关系分析不再成立。因此，数字经济的产业组织不仅涉及产品市场（尽管可能击碎产品市场的经典分析框架），而且还会涉及资本市场。资本市场上的竞争和反竞争行为不但包括对自己创新路线的描述、对创新前景的展望、对竞争对手创新能力的隐瞒或贬低，而且包括对融资估值的技术性操作和情绪化煽动。一方面，数字经济的发展与创新离不开风险资本；另一方面，风险资本提供者以及资本市场参与者也有可能实施一些损害公平竞争的行为或其他不正当行为。因此，当新规制延伸到资本市场时，迫切需要建立产品市场与资本市场的关联和互动，并需要加深对风险资本的了解和理解。在资本市场，很难也很少定义市场结构，而对于不正当竞争行为，也不存在以低于成本的价格进行销售之类的标准，而且一些行为非常隐秘，但可以肯定地说，对资本市场的规制会面临更加复杂的情境。

数字经济领域的创新在很大程度上凝结为数据采集、处理、利用技术，以及算法和其他自动化程序。这正是数字经济创新与工业经济创新的一个重大区别。在工业经济时代，信息、资料、数据都非常重要，但只有那些具有目的性、含有针对性的少数数据具有有用性。而数据经济时代不是这样，一个人的任何行动、动作、言辞、表情在大数据技术的支持下都可能具有有用性，而个人不可能没有任何动作、语言、表情，也不可能对所有动作、语言、表情的信息都选择授权或不授权采集使用。企业的有关数据也是同样的道理。因此，数据的权属以及数据的使用范围和安全性就成了重要问题。这些问题一方面与个体的私人权利、私人安全感有关，另一方面又与数字企业的资产、竞争力、市场优势有关，而这两个方面存在天然的张力。更进一步，数字企业开发的算法和其他自动化程序，譬如人工智能程序等等，可以对大数据进行快速处理和系统性使用，使用方向可以是歧视性、差别化定价与交易，可以是精准推送，也可以是强化自我地位的排他性行为，以及现在还难以想象的任何其他行为。在计算机应用的较早时期，一些证券交易商应用高频交易软件可以使自己比普通客户提早一瞬间判断价格涨跌，从而抢先一瞬间完成交易。抢票软件也具有同样的性质。但是，这些软件都没有数字企业的算法和其他自动化程序有威力。其威力在于：一方面，由于程序化、大范围、高频度实施，从而聚沙成塔，成为系统性行为，且可以带来极大利益；另一方面，由于非人工性、非现场性、非选择性实施，就带有隐秘性，侵害了大量参与者的基本知情权和自由选择权。因此，数字经济中的新规制将与个人公民、企业公民的权利主张联系在一起。

产业组织理论主张对可能出现的公害进行规制。此时，规制就会超出狭义的垄断-竞争范畴。工业经济中的传统公害主要是环境污染、生态恶化、劳工安全得不到保护、人们的食品安全得不到保障等等。这些问题一方面被社会公众所抨击，另一方面又与市场机制无法发挥作用有关。实际上，很早以前的反垄断思维并没有忽视垄断力量对社会造成的不良影响，一百多年前美国的布兰代斯主义就是一个代表。而数字经济的崛起，特别是互联网的兴盛，催生了一体化、可交易的长尾市场，也形成了一体化、可交流的长尾社会。互联网实现了海量信息存储与更新，使得大量存储与随时存取实现有机结合，并使长尾市场突破了时间隔断、物理隔膜、地域隔阂；特别是互联网搜索和匹配技术的出现，以及智能技术的广泛应用，使得长尾市场可以在全球范围内实现一体化和可交易性。长尾市场严重地强化了规模的重要性和赢家通吃的结果，刺激了一些企业和一些人们的极端、激进思维。全球范围内大量的人和机构被互联之网所吸入从而形成的一体化、可交流的长尾社会，不但使人们在虚拟世界产生了身份认同和形成了社交氛围，而且明显地影响到人们对现实世界的认知和行为，譬如，争夺注意力的行为变得非常激烈，一些行为变得夸张和怪异，且虚拟世界可能以致瘾性引导一些人沉迷其中；同时，由于大数据具有前所未有的重要性和价值，对数据的采集利用可能会侵害个体隐私和其他基本权利；等等。这些是数字经济的新公害吗？新规制必须认真并且可以有效应对这些新公害吗？目前尚不得而知。

六、结语

从科技创新和产业变革的周期来看，数字经济方兴未艾，仍然处于发展早期，因此对数字经济内生特性的认识和对其产业组织的分析不可能现在就很成熟。但可以确定的是，数字经济不但挑战了经典的产业组织理论和传统的反垄断实践，而且把新行为和新规制以及新公害问题带到了理论审视面前。特别是互联网模式以及大数据技术、自动化程序以科技的力量改变着市场边界、竞争关系、经济秩序，也改变着人们的行为习惯、生活方式、时代思潮。要完全在产业组织的范畴内来正确认识和恰当处理这些议题，当然是一种不可承受之重。但产业组织视角可以告诉我们，数字经济领域的创新与迭代比静态的竞争与垄断地位更深刻地影响着企业间关系和生产效率，以及消费者的可选择性和福利水平。当然，数字化技术等创新成果也有可能被用于实现企业的差别化、歧视性竞争策略；政策制定者和实施者需要仔细地审视同一技术的不同应用场景。对数字经济产业组织的前沿性研究的确有助于把握问题的要害和实质，并有助于探寻与时俱进、恰如其分的政策方案。

第二章　数字市场的反垄断与反不正当竞争

与工业经济相比，数字经济具有一些重要的内生特性，出现了一些重大的产业组织议题。特别是数字经济的主要领域，譬如互联网平台领域、基于数据和算法的智能化领域、虚拟现实领域等，不但出现了许多非常新颖、奇异的竞争和反竞争策略性行为，出现了市场结构和产业发展态势的快速颠覆性变动，而且对一些传统行业产生了重大冲击或其他影响，并深刻地改变着生产经营方式、生活处世方式以及社会状态和文化气氛。数字经济领域的资本进入也非常积极，技术和商业模式创新非常活跃，又进一步导致市场行为的复杂化。本章将针对数字市场具有突出特点的涉及垄断、不正当竞争的一些重大新行为进行分析研判，力求为科学合理执法提供思路。

一、市场结构、企业行为、关键企业

数字经济是新兴领域，几乎所有相关行业都处于快速膨胀之中，而且不断有细分行业诞生和兴起，加之技术变革时常导致产品和服务被迭代，所以企业的营业规模和市场占有率一般而言不会自然维持高度稳定状态，除非优势企业采取有力有效的排斥竞争的行为，或者不断实现自我迭代。

互联网行业属于数字经济的主要行业。这个行业只有短短四十年历史，其大规模商业化运营的历史更短。即使在如此短暂的历史中，创新和迭代所导致的市场结构变化也是破坏性的，许多曾经的寡头企业都明显边缘化了。20 世纪 90 年代兴起的互联网平台行业中，第一代企业基本上都是门户网站，当时也有一些寡占型企业，但不过十几年时间，互联网门户已经演变为一个比较边缘的细分行业，在整个互联网平台领域不再具有重要性，从而互联网平台行业的市场结构与起初状态相比也迥然不同，最初的一些从事门户业务的寡占型企业已经衰落了。一个新的细分行业——搜索引擎行业现阶段的确呈现寡占型市场结构：谷歌在美国和全球市场占有90%以上的份额，百度在中国市场占有60%以上的份额，而且它们的市场势力似乎多年来愈加巩固。不过，这个市场一直面临来自其他企业的猛烈竞争，譬如微软推出的必应（Bing）就是竞争者之一，所以这个寡占型市场结构并非定然稳固。新的替代性互联网搜索工具，譬如其他平台的站内搜索，包括亚马逊的购物场景搜索，有可能部分地取代谷歌的搜索业务，这就促使谷歌向浏览器、社交、云计算、无人驾驶、人工智能等更广泛领域进军。而电子商务平台以及社交、娱乐平台正在成为互联网行业的劲旅，其中一些企业已经获得了令人惊诧的活跃客户数量、营业收入规模和资本市场市值，它们的崛起无疑极大地改写了市场结构。未来一个时期，互联网领域到底会有哪些细分行业快速崛起并颠覆已有市场结构，到底会有哪些企业取而代之成为巨头，实在难以确定地回答。唯一确定的是，在快速创新与迭代的激流中，市场结构是不稳定的，企业的寡头地位是不稳固的。数字经济的许多其他行业也是一样的情况，无论是基础元器件领域的芯片行业，还是生产互联网终端设备的电脑和智能手机行业，抑或软件领域的操作系统和应用程序行业，都出现过也必将继续出现快速的创新、迭代和市场结构剧变。

一些行业即使当前市场集中度非常高，政府将龙头企业视为反垄断、反不正当竞争的主要目标，也不意味着政府执意改变这种市场结构。欧盟从2010年以来一直对谷歌进行反垄断调查，指控谷歌滥用自己的安卓操作系统的市场地位，要求手机制造商预装谷歌搜索程序和应用商店，并利用其在通用搜索服务领域近乎垄断的优势，在比较购物领域的搜索页面将自己的购物服务置于最有利位置，通过自我优待而妨害公平竞争。欧盟在过去几年里对谷歌进行了数次罚款，累计金额超过80亿欧元。2020年，美国司法部也对谷歌进行指控，不过所指控的重点不是其市场份额，而是其利用市场势力采取不当措施来排斥竞争、维持垄断的行为。譬如，以捆绑协议将其搜索程序强制预装于移动设备的主要位置；与苹果公司达成长期协议，将谷歌设定为苹果 Safari 浏览器的默认搜索引擎；等等。可以看出，欧盟、美国主要还是要纠正谷歌的不正当竞争行为，以及密切关注谷歌的行为方式及其不良影响，而没有要求拆分谷歌以改变市场结构。事实上，搜索引擎领域由谷歌近乎垄断的市场结构基本上是自然形成的，并不是谷歌通过横向并购造成的，反垄断机构并不能以阻止并购的手段来防止这种市场结构的出现。而且，即使经过多年的调查和处罚，到 2021 年底，谷歌安卓系统在欧洲手机市场的占有率仍然高达 70%，谷歌搜索引擎在欧洲移动搜索市场的占有率更是高达 90%以上。谷歌在美国市场的情形也差不多。

从全球重要国家过去十年来反垄断、反不正当竞争执法经验来看，关注数字经济重要企业的市场行为，或者密切关注少数关键企业的行为方式及其不良影响，而非市场结构，是一种主要趋势。在实践层面，美国众议院在 2020 年公布的《数字市场竞争调查报告》就反映了这种趋势。该报告集中反映了政府和社会对数字巨头企业的市场行为的关注，包括自我优待、滥用数据、拒绝链接等等。其实在 21 世纪初，当时占据个人电脑操作系统 80%以上市场份额的微软一度被法院判决需要拆分为操作系统公司和浏览器等其他软件公司，但是后来微软通过上诉还是避免了被拆分的命运，而是同意采取措施缓解其被指控的捆绑销售行为，并公布部分源代码，以及支付和解罚款。也就是说，被反垄断执法所纠正的还是微软的捆绑销售等行为，而非寡占型市场结构本身。尽管欧盟相对而言对市场结构更执着一些，但也偏重于透过市场结构来分析企业行为，特别是德国等欧洲重要国家仍然偏重于对重要企业的行为进行监督和规制。例如德国于 2021 年正式实施的《反限制竞争法》第十修正案就以数字经济领域具有显著跨市场影响的经营者为重点，旨在对它们的行为进行规制，特别是对这些巨头滥用市场影响力杠杆、滥用数据资产、实行自我优待的行为进行规制（袁嘉，2021）。事实上，即使在传统工业领域，历史也已经证明，主要关注市场结构的思维不得要领，通过拆分大企业、简单化地阻止并购等手段来执意改变市场结构，其实并不能有效地增进消费者福利、提高企业效率、促进产业创新。检视过去几十年美国反垄断执法的著名案例，大多数针对市场结构的强制拆分、简单化地禁止合并等措施并没有产生预期的效果；相反，是创新和迭代极大地改变了市场格局和消费者、企业的利益结构，发挥了反垄断执法远远达不到的作用。在当今的数字经济发展浪潮中，不但创新和迭代非常活跃，而且许多新兴行业与传统行业有着高度关联性，即便相关市场界定这个最基础性的工作也存在较大困难，更遑论如何判断怎样的市场结构最有利于总剩余的提升、最有利于产业的未来发展。

从理论层面来看，到底是关注市场结构更有必要，还是关注巨头企业的市场行为更有必要，稍微复杂一点。一方面，近年来兴盛于美国的新布兰代斯主义虽然重新强调市场结构的重要性，但其实际关注焦点是过高的市场集中度以及维持高集中度的巨头企业的行为对民主和自由的社会基础产生了怎样的不良影响，而非市场集中度本身。新布兰代斯主义的重要执法人物非常注重对巨头企业行为的分析。另一方面，产业组织研究不但早已建立于博弈论和信息经济学的基础之上，而且越来越多地吸收行为经济学、企业成长理论、创新增长理论的成果，从而对企业行为的分析越来越令人信服。新产业组织理论不但极大地超越了传统的结构-行为-绩效框架，而且超越了从前的企业行为分析范畴。尤其是面对数字经济，许多消费场景由企业构建，许多消费需求由供给激发，各类互动行为者形成生态圈的特征也越来越明显；同时，平台经济学所强调的双边网络联通互动效应，即一边参与者的效用取决于另一边参与者的数量和质量，以及取决于可选择性和可匹配性，从而倾向于网络的大型化和完整性，这些都给市场结构分析方法带来了极大挑战。

总之，数字经济领域的反垄断应该更加注重对企业行为的关注，特别是对少数关键企业的新行为的关注，越来越多地与反不正当和不公平竞争结合在一起，越来越多地涉及有争议的新行为，譬如不当采集数据的行为，利用数据和算法实行自我优待的行为，互联网巨头对社会舆论、社会氛围有重大影响的行为，以及它们对脆弱实体行业造成突然的重大冲击的行为，等等。因此，政府在数字经济领域的反垄断和反不正当竞争必将面临一个广义的职责范围。

二、定价与补贴

首先应该受到关注的企业行为就是定价以及与之密切相关的补贴。数字企业尤其如此。一方面，数字经济的许多行业远未成熟，产品和服务价格以及背后的成本处于快速变动之中，甚至有些产品和服务从一开始就是以完全免费的方式推向市场的，譬如最开始的电子邮件服务、新闻门户服务以及现在的社交服务都是如此。这就使得传统的成本-价格衡量方法遇到了极大困难。另一方面，这些新兴行业的定价策略和补贴手法花样繁多，且借助于网络延伸和算法便利进行复杂设计，譬如，在产品和服务推出的开始时期，普遍实行低价甚至零价策略，待客户养成了对这些产品和服务的惯性和黏性之后，再大幅度提高价格，或者对惯性和黏性不同的客户实行歧视性定价，包括所谓的大数据杀熟。此外，风险资本大量进入这些行业，助长了受资企业为抢夺市场份额而竞争，以及为抢夺流量而竞争的行为，这类竞争常常采取资本补贴的残酷方法而进行，这就是所谓的“烧钱”竞争。

我国数字经济领域的定价与补贴行为在全球范围内来看也相当激进。譬如，我国很多地方都免费提供 WiFi 服务，这似乎成了一种惯例。为了获取客户，我国一些互联网平台采取激烈的低价竞争行为，甚至对客户进行大量和长时间的补贴，一些网购平台和网约车平台就是如此。而这样的情况并非全球性普遍现象，在充斥如此竞争行为的市场中，如果出现许多企业长时间陷入严重亏损之中，以及一些无法维持补贴的企业被迫退出市场的现象，就毫不奇怪了。2021 年 4 月，国家市场监管总局发布公告称，部分社区团购企业利用资金优势，大量开展价格补贴。国家市场监督总局先后对橙心优选、多多买菜、美团优选等企业涉嫌不正当价格行为立案调查，发现一些企业为了排挤竞争对手或者独占市场，以低于成本的价格倾销，扰乱了市场价格秩序，损害了其他经营者的合法权益，或者利用虚假及使人误解的价格手段诱骗消费者与其进行交易。监管机构依法对这些企业进行罚款处理。显然，这样的定价和补贴行为已经被监管机构认定为不正当竞争。

从已有的产业组织理论来看，许多这类竞争属于浪费性竞争，即一些企业增加了客户和销售额，另一些企业却减少了客户和销售额，而且在一些企业被迫退出市场之后，剩下的企业会减少补贴、提高价格，客户的总体福利并不会增加；或者，企业把过多资源浪费在提高行业排名上，以期成为通吃一切的冠军。这样的竞争并不利于企业把资金投入有意义的创新中，当然不利于产业的长期发展。

不过，数字经济使此类竞争复杂化。首先就是已经提及的通过免费方式培养客户对互联网和数字化手段的认知和习惯。大量客户从习惯于物理空间到习惯于虚拟空间，存在巨大的转换成本，这个成本需要寻求别样的分担方式，包括通过别样的定价和补贴来分摊成本。以补贴的方式实行低价甚至零价策略可能也是一种复杂的成本分摊方式，如果是这样的话，补贴和低价到底是否可以被判定为恶性竞争，就不那么一目了然。其次，互联网平台的显著双边性，再加上其巨大的范围经济性、场景黏性，以及边际成本趋零，都有可能给传统的产业组织分析和判定方法带来严重的尴尬。双边性在传统行业也大量存在，交易集市、有众多店铺的商场，以及报纸、电视等媒体平台，都具有双边性。观众免费看电视，但电视台通过企业投放广告而获得收入，就是典型的双边性定价。但是互联网的搜寻和匹配能力远非传统的平台可以比肩，使得数字经济平台极大地实现了跨地域、跨行业、跨人际经营。因此，数字经济平台的确可以实行更便捷的双边交叉补贴，从而推出双边组合定价。这意味着，对数字经济的双边定价策略需要进行更复杂的技术性分析，才能对定价行为定性。再次，互联网及相关数字技术正在成为新通用技术，大数据正在成为新通用资产，使得数字经济领域的一些先占者、优胜者，特别是平台领域的巨头企业，可以获取巨大的范围经济性和延伸优势，有助于它们使用更加复杂的交叉补贴式定价方法，譬如可以在单边的不同群体之间进行交叉补贴，也可以在内部业务和外部效应之间，以及当前经营业务和未来预期业务之间，甚至实体经济和资本市场之间，进行交叉补贴，来进行成本和现金流管理。这很可能就是所谓的“羊毛出在猪身上”，或者各种各样的“薅羊毛”。最后，上述种种情形都会强化数字经济领域的“冠军通吃”“剩者为王”预期，会刺激企业和投资者以激进和激烈方式进行价格和补贴竞争，包括从资本市场融资以维持补贴，以及其他方面的竞争。总之，正如 Rochet 和 Tirole（2003）所指出的那样，监管机构仅仅根据单边价格或补贴来判断是否属于不正当竞争或垄断，的确存在困难。

因此，要判断数字经济领域的低价竞争和补贴是否属于严重的不正当、不公平竞争，是否助长了垄断，并不是一件容易的事情。从技术分析的角度来看，应该设立更加综合性的分析框架，即对企业业务组合和商业模式进行综合分析与评估，以及对企业实体业务行为与资本市场行为进行综合分析与评估。如果企业在各种组合性业务之间实行交叉补贴，就应该考察某些客户是否被隐形推销、强制性甚至欺诈性兜售所困扰，是否受到了严重的系统性价格歧视侵害；或者客户的数据权益是否被企业不当利用、隐形变现。如果企业在实体业务和资本市场之间实行交叉补贴，就应该考察企业家、风险投资者是否对资本市场进行了不完整、不诚信披露，是否实行了误导和欺诈。

总的来看，这些情况都意味着，反垄断部门应该更多地考虑与消费者权益保护部门、数据安全保护部门、资本市场监管部门等机构联合调查或联合执法。从复合视角得出的结论与单一视角结论可能会截然不同，但对于数字经济领域而言，可能更趋近于正确判断。完全可以说，数字经济将呼唤更频繁的、更大范围的综合考察与联合行动。

当然，定价行为还涉及所谓的价格歧视行为，包括大数据杀熟。其实，对不同类型的客户以及对同一客户群体在不同时段、不同场景、不同条款下实行不同的定价策略，在传统行业也非常多见，这些策略不但可以通过各种券票来实施，而且可以直接通过价格差异来实施。民航机票的定价就是如此。其中许多差别化定价很难简单地被定性为价格歧视，因为价格差异与产品和服务的质量差异、待遇差异联系在一起，形成了复杂的组合。数字经济领域的此类现象之所以更加值得关注，主要是因为数字企业可以系统性地利用数据和算法，更加方便、更加隐形、更加大规模地实行差别化定价。的确，能够更加娴熟地实行价格歧视或者差别化定价，往往意味着可以进行更多的复杂化交叉补贴，从而更能巧妙地获得竞争优势。这类行为必将成为反垄断、反不正当竞争的难点。很可能需要从算法、数据利用等角度来审视企业是否存在系统性的不良和不法行为。

三、自我优待

数字经济领域的企业主要是互联网平台企业，常常兼有平台性和自营性两类业务，因而自我优待行为就成为比较突出的议题。互联网平台的自我优待行为近年来已经成为反垄断执法的关注重点之一，但是业界对其法律性质、合规要求等问题又存在比较大的争议（何茂斌，2021），因而正确判断、合理执法并不容易。

兼有两类业务意味着，平台企业一方面向其他厂商开放平台，即让众多其他厂商在这个平台上从事经营和交易；另一方面，平台企业又经营着与其他厂商构成竞争关系的自营业务。平台的自我优待有很多方式，譬如把自营商品放在更显眼的位置、安排更优先的配送、诱导客户给予更多的好评，或者对重要的竞争性厂商采取相反的措施。搜索引擎如果有自营电商业务，就可以非常方便地对其他经营者进行搜索降级，在索引、算法、排名方法、排序方式上进行不利于其他经营者的处理。显然，这些自我优待行为对其他经营者造成了不公平。早在2010年左右，欧盟对谷歌的调查报告就提到了自我优待问题。美国众议院公布的《数字市场竞争调查报告》也提到了这一问题。一些研究者还认为，一个平台企业封禁其他同类平台企业，如禁止链接、设置联通和转换障碍，也属于自我优待行为。在我国还有一个广受关注的“二选一”问题，即平台企业勒令进驻厂商将该平台作为独家平台，否则就驱逐厂商。一些学者将“二选一”也视为自我优待行为，但深究起来，“二选一”属于拒绝交易行为。

自我优待行为在传统市场中也存在，譬如汽车整车生产企业采取一些措施引导售后服务商店在维修本厂生产的汽车时，优先使用本厂生产或指定的零部件。传统的平台企业的自我优待行为更多，譬如综合商场既有自营商品又有其他商家售卖商品，而综合商场把自营商品置于商场人流最多的位置。但是在数字平台领域，由于搜索和匹配可以在广泛得多的范围进行，而且数据和算法可以显著放大搜索和匹配的分际，这无疑极大地有助于平台企业的自我优待行为。

不过，自我优待是否可以被判定为不正当竞争或者强化了垄断，需要谨慎对待。严格地讲，自我优待对其他厂商是不公平的。但是，如果平台企业所利用的平台优势地位是平台企业自己在竞争环境中锻造出来的，而不是政府给予的，情况就不一样。企业自己在竞争环境中形成了优势地位，然后利用这种优势地位来营销自己的产品，这比较正常，就像已经拥有知名品牌的企业利用品牌的知名度和美誉度增加一种新产品投放市场一样。问题的关键在于，企业是否对新产品进行强制性、误导性销售，或者将新产品与已经广受欢迎、具有刚性需求的老产品进行搭售，例如，茅台集团是否将品质低一些、客户群定位广一些的系列酒与飞天酒进行搭售。如果不存在这样的情况，很难说存在不正当竞争或垄断；如果存在这样的情况，就应该对搭售等行为进行深入调查再下结论。

当然，在数字经济的许多领域，如果某个平台占绝对优势地位，厂商对其有很高的依赖程度，情况就不太一样。这样的拥有大数据优势的平台就是欧盟所谓的必需设施。作为必需设施的平台如果实行大规模的自我优待行为，的确会对开放性、公平性竞争造成伤害。但是，什么样的平台可以被定位为必需设施，至今为止仍然缺乏令人信服的具体标准。是某个平台在其细分行业的市场占有率达到一定比例，还是入驻厂商、活跃客户达到一定数量，才可以将这个平台定位为必需设施，并不容易判断。如果在一个细分行业有两个或两个以上的平台，厂商、客户可以在它们之间进行选择和转换，这就会给必需设施的判定带来更大的困难。例如，我国电商领域有两三个较大的综合性平台，还有一些较小的专门化平台，很难说哪个平台已经成为厂商和客户的必需设施。而且，这些电商平台是民营企业，它们依靠民营资本和自己的战略经营，而不是依靠国家的公共资源，建立了竞争优势。如果它们的自我优待并没有实质性妨碍众多厂商的可选择性，并没有胁迫和误导客户的购买行为，应该属于可控的自我优待行为。当然，如果存在误导行为，特别是存在胁迫、欺诈等行为，性质就不一样了。这也说明，对企业行为的分析和定性远比对市场结构的分析和研判复杂。

如果电商平台收集其他卖家数据来帮助自营商品的营销，这也属于自我优待行为。但这样的行为涉及其他卖家的数据权属和使用规则问题，需要从数据法的角度，而不是从自我优待的角度，来进行规制。对于技术性的排他和歧视行为，例如搜索平台利用索引、算法、排名方法、排序方式而实施的排他和歧视行为，也应该给予关注并进行深入分析。总的来看，数字经济领域的自我优待行为以及其他许多行为与数据的采集、使用、流转密切相关，与数据作为资产所需要的要件、数据资产的界定方法、对数据资产进行经营的前置条件密切相关，也与算法以及其他技术方法的使用范围和使用方式密切相关，这些都必将是数字经济反垄断、反不正当竞争所面临的重大技术性难题。

在我国广受关注的“二选一”行为，即一个互联网平台要求入驻的厂商不能入驻其他平台，否则将被逐出该平台，也被许多人列为一种自我优待行为。其实严格来说，“二选一”不属于自我优待，而是一种排斥其他同类竞争者的行为，但也可能与自我优待有些关联，譬如，某个第三方卖家不服从“二选一”，就被歧视性对待，包括搜索降级、排序歧视，等等。我国颁发的《国务院反垄断委员会关于平台经济领域的反垄断指南》明确提到了“二选一”问题。该指南一方面对“二选一”行为进行规制，另一方面又指出，如果存在为了保护交易相对人和消费者利益、保护知识产权和数据安全、保护针对交易进行的特定资源投入所必需的情形，也可以实行“二选一”。这说明，我国对“二选一”以及一些其他被视为自我优待的行为采取了实事求是的谨慎态度。总而言之，任何企业都可以在合理范围内致力于构建自己的“护城河”，如果数字平台企业并没有利用公共资源、公共权力来构建自己的竞争优势，也并没有成为真正的必需设施，而是在竞争性环境中形成了市场地位，并利用这种市场地位来阻止竞争对手“搭便车”，这样的自我优待在一定程度上也是自我保护。

四、拒绝交易

从市场经济的自由选择权角度而言，一般情况下，市场主体有拒绝交易的权利。拒绝交易其实在传统行业并不鲜见，譬如，酒店可以拒绝衣衫不整、吵闹不休的客人入住，商店可以拒绝无理取闹、频繁退货的顾客购物，厂家可以选择不与诚信缺失、违约频发的供应商签订合约。许多企业都通过设定企业内部政策和交易条款的“曲线”方式，回避与特定客户群体进行交易、合作。企业为了防范他人模仿、窃取自己的创新成果，也可以直接拒绝交易甚至交往。所以，数字企业一般性的拒绝交易行为是其基本权利。

但问题在于，一方面，人们和厂商对数字化手段的依赖程度越来越高，拒绝交易会给许多人的生产和生活带来重大的不利影响。例如，一个平台拒绝与另一个平台链接和联通会使人们觉得很不方便。另一方面，数字经济领域拒绝交易行为的自动性、隐蔽性非常强，人们和厂商很可能在不知不觉的情况下被拒绝交易，甚至被拒后仍不知情。而且，算法和软件的强大功能可能使大量的人们和厂商被拒绝交易，从而形成社会公愤。

数字经济领域拒绝交易的主要形式包括封禁、断链、限流、降低便利性等等。互联网平台通过独有的技术标准和专设的技术措施，拒绝与同领域其他企业的技术标准实行兼容和相互链接，是最常见的封禁行为；此外，即使实行兼容或链接，但设置非常严厉的规则，一旦链接者超出规则，即断开链接或进行其他惩罚，也是一种拒绝交易行为。平台对入驻的商家也可能会设置一些限制性条件，譬如限制它们入驻其他平台，一旦商家触犯这些条件，平台就会对它们采取惩罚性措施，最严厉的措施就是逐出，从而出现所谓的“二选一”现象。

从社会舆论来看，数字经济领域的拒绝交易行为的确受到了很多抨击。但是，执法机构应该细致区分不同类型、不同情形下拒绝交易的属性，并区别对待。首先还是应该认识到，一般性的拒绝交易是一种正常权利、正当选择。其次，政府即使要对一些拒绝交易行为进行规制，也应该审视具体的拒绝交易行为到底适用哪个法律、应该由哪个机构来实施，例如，对拒绝兼容和链接的行为，到底是应该诉诸电信设施、通信网络方面的互联互通法律法规，还是应该诉诸反垄断、反不正当竞争方面的法律法规。数字经济领域以及传统行业都会有许多引起社会争议的问题，一些问题需要规制，但不可能都归结为垄断、不正当竞争问题，不可能都由反垄断、反不正当竞争法律法规来解决。

的确，数字经济领域的拒绝交易行为由于大部分都是基于信息网络设施，因而就涉及互联互通及最低限度兼容问题。政府有必要采取规制措施，促进网络效应的最大化，以提高正的外部性。但是，也应该考虑到数字经济领域一些企业的特有竞争力主要是来自其自己构建的独特而强大的生态，而非物理网络。因此，规制机构不能简单套用电信领域的网络经济学准则来行事。一个比较稳妥的原则可能仍然是欧盟的必需设施思维。欧盟对一般性拒绝交易行为是接受的，只有在企业滥用必需设施实行拒绝交易行为时，才会进行规制。当然，对必需设施的定义至今为止仍然缺乏清晰标准，但这样的思维毕竟可以避免规制的泛滥化，而且还可以广泛利用专家资源和社会舆论来充分讨论和分析某个具体平台、具体网络是否属于必需设施。例如，即使不涉及物理网络，当某个具体数字巨头企业的技术标准成为绝对主流时，是否也可以将其视为具有一定公共属性的软性必需设施，就可以进行广泛讨论。实际上，美国从前就将电信网络定位为必需设施，必须实行互联互通，但现在已发生重要变化，对电信企业拒绝向同行业竞争者开放接入的行为，不再像从前那样进行严厉纠正，而且对互联网平台企业的断链、屏蔽行为也保持一定的容忍态度。这也反映出政府根据技术的变迁、产业的变动、时代的变化，针对物理网络、信息网络的接入和互通要求，所发生的与时俱进变化。

我国对数字经济领域的一些拒绝交易行为的关注才刚刚开始。例如，《中华人民共和国反不正当竞争法》就规定，经营者不得利用技术手段，恶意对其他经营者合法提供的网络产品或者服务实施不兼容；《中华人民共和国电子商务法》规定，电商企业不得对平台内经营者在平台内的交易、交易价格以及与其他经营者的交易进行不合理限制，或者附加不合理条件；《国务院反垄断委员会关于平台经济领域的反垄断指南》则细化了判断“二选一”等行为是否构成限定交易的标准，并且特别指出，拒绝交易也可能具有一些正当理由，譬如，与交易相对人交易将使平台经济领域经营者利益发生不当减损，交易相对人明确表示或者实际不遵守公平、合理、无歧视的平台规则，以及平台经营者能够证明其行为具有正当性的其他理由。这实际上反映出监管机构对拒绝交易行为所采取的冷静、谨慎的态度。

不过，仅仅是冷静、谨慎还远远不够。对于数字经济领域的拒绝交易行为还是应该根据其特点进行有针对性的规制，主要就是应该关注拒绝交易以及自我优待等行为的自动性、隐秘性所带来的危害。这是一种数字化的系统性危害，甚至比拒绝交易、自我优待本身还更应该受到关注。在数据收集与处理、算法和软件的强大功能驱动下，数字经济领域的拒绝交易、自我优待行为，以及其他许多损害公平竞争、损害厂商和客户正当权益的行为，很容易得到大规模、高频率、隐形化实施。市场监管总局发布的《禁止网络不正当竞争行为规定（公开征求意见稿）》就提到，以下均属于不正当竞争行为：经营者利用数据、算法等技术手段，通过影响用户选择等方式，实施流量劫持、干扰、恶意不兼容等行为，妨碍、破坏其他经营者合法提供的网络产品或者服务正常运行；未经其他经营者同意，在其他经营者合法提供的网络产品或者服务中，利用关键词联想等功能插入链接或者强制进行目标跳转等流量劫持行为，设置指向自身产品或服务的链接，欺骗或者误导用户点击；利用技术手段，误导、欺骗、强迫用户放弃使用其他经营者合法提供的网络产品或者服务，违背用户意愿下载、安装、运行应用程序，无正当理由屏蔽对其他经营者合法提供的网络产品或服务等行为；利用技术手段，通过影响用户选择、限流、屏蔽、商品下架等方式，减少用户与其他经营者之间的交易机会，妨碍、破坏其他经营者合法提供的网络产品或者服务的正常运行；等等。可以看出，政府已经开始高度重视数字经济领域由数据、算法等技术手段带来的不当行为。

国家对这些行为的描述非常有利于合理执法，也能够对不法行为进行有力震慑。未来应该对数据滥用、操控算法、不当利用人工智能的诸多行为在法律上作进一步的界定。这也是对数字经济巨头企业进行规制的全球趋势。例如，对于算法推荐和所谓的“过滤气泡”，社会上就有许多讨论（董方旭，等，2020）。美国一些议员还提出了《过滤气泡透明度法案》（Filter Bubble Transparency Act），要求数字巨头企业必须允许用户访问不受算法影响的平台版本，也就是必须让用户有选择打开或者关闭被秘密算法操纵的功能的权利。当然这样的提案也引起了巨大争议，能否成为法律也是未知数。我国有关部门公布的《互联网信息服务算法推荐管理规定》要求，算法推荐服务提供者应当定期审核、评估、验证算法机理、模型、数据和应用结果，不得设置诱导用户沉迷高额消费等违背公序良俗的算法模型。这些动向反映了相关监管部门对算法控制的强烈担忧，即使能够成为正式的法律法规，也需要以后在实际工作中不断细化和完善，并与时俱进地进行补充和修订。

五、杀手型并购与投资控股

典型的杀手型并购是指规模较大、实力较强的企业收购规模较小、实力较弱，通常也较年轻，但对本行业在位大企业可能具有威胁性，甚至对全行业具有颠覆性的企业；并购者在之后会将被并购者扼杀掉，或者将其边缘化，以消除潜在威胁和颠覆。

杀手型并购在传统行业也存在。但由于数字经济领域创新型小企业不断涌现，颠覆性技术和商业模式层出不穷，在位大企业就更有动机去实施杀手型并购，因此，不少学者认为对杀手型并购应予以足够关注。更值得重视的是，数字经济领域上市公司的估值非常高、融资非常容易，在位大企业就有充沛金融资源来实施并购。如果并购的确消除了威胁性和颠覆性，反过来又会进一步提升在位大企业的估值，从而形成正向循环。因此从理论上来说，数字经济领域的杀手型并购可能更加频繁。美国学者 Argentesi 等（2019）分析了数字巨头谷歌、亚马逊、脸书、苹果自 2008 年以来的数百起并购，发现被脸书并购后的企业有一半左右在几年之后都不复存在，被其他几个巨头并购的企业也存在很多类似情况。不过在现实世界中，数字经济领域的并购不完全是上述典型的杀手型并购。也有一些企业被并购后，大企业为它们注入了许多有用的资源，并帮助它们改进了经营管理，从而迅速发展壮大，使得在位大企业的竞争优势进一步强化；但伴随的情况是，未被并购的其他小企业则被严重碾压，一些小企业甚至倒闭了。这被一些学者认为是另一种形式的杀手型并购。不过客观地讲，如果后者也被归为杀手型并购，显然是把此概念扩大化了。

杀手型并购引起了美国立法者的注意。美国众议院发布的《数字市场竞争调查报告》就指出，谷歌、亚马逊等数字巨头企业在 2000—2019 年十年里进行了数百宗并购交易，其中一些杀手型并购扼杀了新兴竞争对手的成长。我国公布的《国务院反垄断委员会关于平台经济领域的反垄断指南》也提到，国务院反垄断执法机构应高度关注参与集中的一方经营者为初创企业或者新兴平台的并购行为，对未达到申报标准但具有或者可能具有排除、限制竞争效果的，执法机构可以主动进行调查和处理。这种主动态度有助于防止杀手型并购。不过，大企业并购同行业或关联行业的小企业，或者投资乃至控股这类初创小企业，是否属于大企业阻断潜在竞争的行为，是否会导致大企业走向垄断，非常难以判断。即使被并购的小企业后来破产歇业了，或者完全失去独立性而成为大企业的一个部门，也只能从事后结果来说这项并购是杀手型并购，如果说大企业在并购前就旨在将这些小企业"杀死"，就属于"诛心"理论，因为有一些被并购的小企业是自己"不争气"而走向消亡的，这实际上意味着大企业并购小企业本身就是一种风险投资行为。反垄断和反不正当竞争执法不能建立在"诛心"理论的基础之上。

在现实中，众多初创小企业尽管掌握了一些独特的创新性技术、产品或商业模式，但是普遍而言，它们的产业化能力远不及大企业，管理水平和营销能力更是致命短板，被在位大企业并购是不错的选择。当然，大企业并购这些小企业可以避开反垄断法的并购申报门槛而避免审查，这毕竟离构成现实垄断还有很大距离。大企业即使收购了这些创新型小企业，也承担着不能将这些创新成果产业化的风险，甚至还会因此而遭受重大损失。因此，大企业进行这样的并购，与自己从事研发活动并无本质区别。即使大企业为了保护其已有的业务，而主动将被并购企业一些很有前景的新技术、新产品、新模式扼杀掉，也属于企业内部的防范相互竞争、相互拆台的行为，并不属于市场上的排斥竞争行为。这种通过并购把市场上排斥竞争的行为转化为企业内部防范竞争的行为，可能是一个执法难点，但无论如何，这种行为只是消除潜在的可能竞争者而非现有的重要竞争者，潜在的可能竞争者即使在市场上独立生存，可能也永远成不了现实的重要竞争者。因此，不能把这种行为判断为排斥当前市场的竞争。

从积极的方面来看，在位大企业对创新型小企业的并购也是一种市场信号：这种技术、产品、模式对大企业可能具有威胁性、颠覆性。这种信号会刺激其他人进行同样的创业创新，会刺激其他风险投资者在这些领域投资，从而刺激后继的拥有同类技术、产品、模式的小企业的出现。也就是说，所谓的杀手型并购终究不能根本消除大企业的潜在可能竞争者的出现。

还有一些大企业在并购及获得了这些小企业的新产品、新技术、新模式之后将它们培育壮大，此后强化了自己的经营，增加了竞争优势，甚至可以碾压同行业其他企业。但是这类情形更不能被判定为不正当竞争。譬如，脸书在大约十年前决定并购一个名为 Instagram 的小企业，而且前者的 CEO 在内部邮件中就将后者视为未来威胁，但审查该并购的机构并未因这些邮件的内容就将之判断为杀手型并购，后来脸书的确将 Instagram 培育成一个业务得到发展壮大的旗下企业。当然，如果大企业将被并购小企业的产品与大企业原有优势产品进行捆绑销售，或者实行其他方式的自我优待，那就要回到捆绑销售、自我优待的轨道上来分析和判断。

在数字经济领域，一些在位大企业也是积极的风险投资者，主动投资于许多初创企业，涉及与自身业务相关或不相关的行业，从而形成结构十分复杂的企业集团或者企业系族。只要受资企业有一定比例获得爆发式成长，变成举足轻重的企业，投资的大企业就会获得很大的组合优势和生态优势，其竞争地位就会得到巩固。因此，数字巨头企业的广泛投资行为也可能会被认为是对公平竞争环境的侵害。不过，大企业或者其实际控制人向外部企业投资甚至控股的行为，本身不是坏事而是好事。但是，持股或者控股大量的企业，不但涉及公司治理的透明度、程序性、合规性问题，而且涉及跨行业监管、风险评估与防范问题，因此，政府应该加强对数字巨头企业的关联企业的穿透性审视，特别应该对层层迂回持股、繁杂的隐形协议、由同一个或同一组实际控制人操纵的合作性行为进行监管，并对越界的自我优待和排他性行为、其他侵害他人利益的行为，以及在资本市场上的虚假陈述、错误披露、操纵价格等行为，进行严厉查处。这可能是比反垄断审查、反不正当竞争执法更加严峻，也更加复杂的一个议题。

六、结语

数字经济的快速发展以及对人类的影响给反垄断、反不正当竞争理论和实践带来了新议题，也带来了新挑战。数字技术作为新通用技术，向许多领域渗透，因此数字经济几乎所有产业都是新行业，而且以后还会出现更多的新兴细分行业，其中许多都是萨伊型行业，由创新型企业家去发现和发掘需求、创造市场。这些开拓新边疆的企业相当于第一个吃螃蟹的人，其市场占有率自然而然地就是百分之百，因为还没有别的人吃螃蟹。

在这样的情形下，并不应该根据市场结构来判定是否形成垄断、是否存在充分竞争、是否要对企业进行分拆。因此，对企业行为的分析应该作为数字经济领域反垄断、反不正当竞争的重点。

数字经济领域还在不断扩张之中，特别是随着计算能力、联结能力、虚拟能力的日益强大，人工智能行业、虚拟与现实复合行业以及其他难以预想的行业将会更多地面世。这些领域的企业所采取的策略性行为，乃至它们的商业形态和产业生态，如果包含着许多越来越难以理解、难以懂得的方式和风格，一点也不令人奇怪。譬如，注意力经济会以更加冒进和更加怪异的方式呈现自己，风险资本会更加不顾风险，人工智能会更加脱离人工，大数据利用会使一举一动都被利用，而元宇宙会更加令全世界错愕，等等。毫无疑问，数字经济所面临的反垄断、反不正当竞争方面的呼声会越来越大，当然所面临的其他方面的声音也会越来越大。在这样的呼吁面前，我们需要意识到，产业中的市场结构尽管仍然是一个重要的审视指标，但企业的策略性行为才是需要关注的焦点，而恰恰是数字经济巨头企业，特别是数字经济主要行业——互联网行业的巨头企业的复杂竞争行为，使得判定垄断和不正当竞争变得更加困难。欧盟将数字经济领域的一些少数关键企业定义为“看门人”，而美国将那些互联网平台巨头视为应受“关照”的平台。所以，聚光灯打到了这些巨头企业的身上。总的来看，仅凭单项行为，譬如低价甚至零价竞争、系统性补贴、“二选一”、自我优待、拒绝链接等行为中的任何一项，都难以对行为定性。因此，将数项行为、多维指标进行合并考虑，建立复合视角，应该是数字经济领域反垄断、反不正当竞争执法的必然选择。

重要的是，其中的新行为和新指标超出了传统的反垄断、反不正当竞争领域，甚至涉及社会价值和政治秩序的层面，而这也正是新布兰代斯主义所代表的声调。从这个趋势来看，反垄断、反不正当竞争机构应该越来越多地与其他机构，譬如消费者权益保护机构、隐私权保护机构、数据安全保护机构等等，进行联合调查、联合研讨、联合执法。这不但涉及机构之间的合作机制，而且涉及知识领域之间的相互沟通与不断更新，以及不同团队之间更深入细致的技术性分析与综合研判。即使如此，新行为、新规制仍然难免陷入争执与分歧之中。例如，利用数据与算法进行精准推送，到底属于什么样的行为；私营平台企业拒绝向一些违反企业政策的特定对象提供服务，是否构成了不公平；等等。如何比较准确、妥当地处理这些争执与分歧，将对数字市场反垄断、反不正当竞争的整个进程构成考验和挑战。

更进一步，强化对数字经济巨头企业在采集、使用、流转数据方面的行为，以及在利用算法和人工智能方面的行为进行监督和规制，深入分析这些行为的特点及其对经济和社会的影响，应该成为一项特别重要的工作。当然在这些政策之外，甚至可以说在整个经济政策之外，对于数字科技伦理、数字社会秩序、数字文化价值到底持什么样的思维和态度，也将具有极大的重要性。这些工作也极具挑战性。

为了较好地应对这些考验和挑战，应该把新规制纳入法治轨道，特别是应该加强数字经济法庭建设和壮大法官队伍。分工与交易的发展以及工业革命的推进，在很大程度上与贸易和工业经济的相关法律的建立健全以及这方面的法庭建设、法官队伍的壮大有着密切关系。在数字革命面前，也需要类似的法治升级。面对数字市场出现的越来越多的新行为，以及新行为和新规制之间的冲突，需要在规制机构以及社会团体、个人、企业对数字市场经营者提出指控的时候，给被指控者提供公开辩解的机会，而指控、辩解和法庭见解都可以呈现于公众面前。这不但是良好的救济方式，而且是良好的互动讨论方式和判例立法方式。通过这样的程序，规制者、法庭、数字市场经营者、社会团体、公众可以更好地理解数字经济的运行奥妙和发展规律，可以更好地分析必要规制的范围和方式，从而可以更好地在发展和规范之间找到恰当的平衡。

当然，数字市场的经济活动，特别是互联网经济活动，与传统经济活动之间可能会存在一些基于政策和监管漏洞的不公平竞争。譬如，许多线上经济活动，一方面蓄意规避必要的缴税要求，另一方面由于税收征管机构缺乏有效手段对这些经济活动的流量进行核实和查验，因此与非线上的同类经济活动相比，税负极低。此外，由于在线不在地，跨地域的线上经济活动可以利用不同地区的税负差异实行避税，导致税收转移。这些都是严重的不公平竞争。还有不少线上经济活动，其经营领域本应受到监管或受到禁止，一些还应该申请牌照，但经营者进行了规避，与非线上的同类经营相比，不但在税负方面不公平，而且在监管方面也不公平，从而可以大钻空子、不当获利。不过，这方面的反垄断、反不正当竞争在政策分析上并不困难，只要按照规定逐步堵住漏洞、严格执法，问题就可以得到基本解决。

第三章　数字市场基于数据和算法的不正当竞争与垄断

在数字经济发展进程中，数据越来越成为关键投入品。事实上，数字经济领域一些比较突出的企业策略性行为，包括自我优待，屏蔽、封禁、拒绝链接及“二选一”等各种形式的拒绝交易，大数据杀熟及其他形式的差别化定价等等，都与对数据的利用以及算法密切相关。尽管传统行业也有一些类似现象，但对数据的利用和复杂算法可以将这些行为升级为系统性的竞争和反竞争手段，并可以以自动化、隐秘化的方法实施，从而使这些行为发生了性质上的变化。本章将说明，数字经济中的那些典型新行为的要害在于其基于数据和算法等数字技术手段。新规制的聚焦点很可能应该是数据和算法，而不是那些新行为本身。同时，数据隐私以及数据所涉及的商业秘密和国家安全等问题已经纳入了政策议程，但如何正确认识并把握分寸，也需要认真讨论。

一、典型新行为的要害在于其基于数据和算法

数字市场中受到高度关注、易被归于不正当竞争和垄断的一些典型行为包括大数据杀熟等差别化定价和其他歧视性行为，以及自我优待、拒绝交易等等。事实上，这些行为在传统行业中也并不鲜见。

所谓的大数据杀熟，是一种典型的差别化定价行为。不过传统上，对于熟客，即光顾次数比较多、消费频度比较高的客户，比较多见的情况是给予优惠定价。而数字经济领域的“杀熟”，即对这类客户给予更高定价，就显得“离经叛道”了。但是，优惠定价和更高定价本质上都是差别化定价，或者可以被定性为价格歧视，那么为什么优惠定价不是问题，而更高

定价却是问题呢？优惠定价虽然是让利行为，可以被视为一种“善意”，但也可以帮助厂商吸引更多高频次消费的稳定性客户，同样也可以起到压制竞争对手、强化本企业竞争地位的作用，从道理上来说也可以被视为一种不正当竞争，更何况这样的定价对其他客户是一种不公平行为。

数字经济之所以进行更多的大数据杀熟，可能是因为处于快速发展中的数字企业要大量获客，即获得更多的新客户，不得不对大量新客户进行补贴，以吸引他们加入数字化场景，并接受、喜爱这样的场景。对新客户进行补贴有一定道理，因为新客户从传统场景转换到数字化场景存在转换成本，包括操作成本和心理成本。这意味着，对熟客的价格本来就是正常价格。因此，是否可以简单地将大数据杀熟定性为不正当竞争行为，的确存在困难，譬如，到底是应该从价格歧视还是应该从不当补贴来看待这类行为，就不容易辨清。当然，还有可能是因为，许多熟客对特定数字化服务及其场景形成了习惯性和依赖性，或者他们对价格不敏感以及支付能力更强。这种情况的大数据杀熟就与获客目的的差别化定价大不一样。不过令情况更加复杂的是，也可能数字企业给予了接受更高定价的客户以更加特殊的增值服务组合。在现实中，大数据杀熟这种差别化定价行为和其他形式的差别化对待客户应该会多于上述情况。总之，对这样的行为很难一概而论。

但是，如果企业在对客户数据的广泛采集，特别是无授权、不知情的采集的基础上，将这些数据及分析结果用于企业的差别化定价策略，那么客户作为数据的贡献者，就反而成了数据贡献的受害者，这使事情的性质发生了变化。

很显然，大数据杀熟的要害不是“杀熟”，而是“大数据”。其他差别化定价行为的要害也不是差别化，而是数据。是数字企业，特别是那些互联网平台企业，广泛地采集客户和其他参与者的数据，并开发算法模型对这些数据进行有针对性的分析，利用分析结果实施差别化、歧视性的定价行为。而且，数据的采集、分析、使用目的一般而言并不为被采集对象知情和授权。

其他的基于数据和算法的差别化和歧视性行为也有不少。在双边性互联网平台市场中，平台企业对不同的上家和下家进行组合性定价，包括实施不同的组合性优惠措施，从而实现复杂的交叉补贴，使得平台可以实现利润最大化。如果不借助于数据和算法，这样的交叉补贴是不可能实现的。基于数据和算法，可以比较容易地实现对优质客户的筛选，或者对脆弱客户的剔除，譬如将那些易受诱导、易受情绪侵染的客户筛选出来，并对他们进行针对性高强度营销。同样，可以进行反向操作，即对不合意或者缺乏较好支付能力的客户则设法避免交易。这样的做法也可以发生在对商家的选择、对供应链的管理上。大量实施这些系统性行为无疑可以强化互联网平台企业的谈判地位，弱化入驻平台的厂商和个人的谈判地位。平台企业如果还兼有自营业务，与入驻厂商存在竞争性，它也容易实施基于数据和算法的自我优待行为。

基于数据和算法的差别化行为当然可以用于精准推送。精准推送大量存在于数字化新闻报道和信息资料的阅读领域，平台企业或者媒体机构对读者的题材偏好、关注点和兴奋点、阅读习惯等等进行隐秘的数据收集，然后不断地向其推送同类的文章和资料。精准推送现在越来越普遍地渗透到购物、旅游、出行等订购领域，以及短视频观看和娱乐领域，并且伴随着越来越多的广告投放和高频度推销活动。精准推送显然免除了客户的主动搜索环节，实行基于数据和算法的自动匹配在很多时候是一种可以极大提高效率的良性行为。但是，精准推送本质上也是一种差别化行为，而且基于数据收集实现对个体差异的识别，从而涉及隐私问题或者个体信息的非自愿公开等问题，所以可能是不良行为。那么，到底是提高效率的良性维度占上风，还是侵害个人隐私和违背个人意愿的不良维度占上风？这就给规制带来了难题。不过，未经同意的大体量、高频度的广告投放和信息推送很可能违背了接收者的意愿，从而在较大程度上属于单维度的不良行为。

不仅差别化、歧视性行为极大地受益于数据和算法，而且数字经济领域其他一些典型新行为也大致具有同样的情形。譬如，利用大数据和算法是否容易导致合谋，从而通过定价等手段来损害客户利益，就引起了学术界的讨论。而数字平台企业的自我优待和拒绝交易行为则被广泛地认为是利用了数据和算法。与传统的自我优待和拒绝交易进行一些简单比较，就能认识到数字经济领域的自我优待和拒绝交易的要害在何处。最典型的传统平台就是贸易集市以及对其他商家开放的商场，它们也会自我优待和拒绝交易，譬如把自营铺面或商品组合摆放在人流最多的位置，对自营交易优先办理开具发票、验货放行、仓储配送等手续，对不合意厂商进行驱逐，等等。可以认为，自我优待在一定程度上是人之常情，而拒绝交易则是市场经济制度中的一种自由选择权。但是在数字经济中，兼有自营业务的平台可以系统性地收集其他卖家和买家的数据，包括哪些商品更畅销、有更高利润，哪些顾客更有网购意愿和支付能力，从而及时发现畅销商品及其客户群，然后快速推出自营的同样商品并进行算法推荐营销。其他任何卖家都不可能系统性地获得这样的数据。对于搜索引擎企业而言，每个时刻都有大量的搜索数据可供收集，包括每个搜索者感兴趣和所寻找的内容，被搜索对象的所在行业和具体业务，等等，从而可以跟踪他们双方的后续行动是否产生了交易，在什么情况下产生和不产生交易，对这些数据进行分析之后能够将其用于搜索引擎企业的其他业务，并通过算法和智能程序实施自我优待和拒绝交易等行为。这些数据及分析结果只是搜索引擎企业的独家资产。很显然，传统领域的自我优待和拒绝交易，不像数字经济领域那样高度依赖数据和算法。更重要的是，基于数据和算法的自我优待和拒绝交易不但可以升级为系统性行为，而且可以自动地、隐秘性地实施，即数据的采集、分析、利用并未得到客体的知情和同意，算法的使用并未得到参与人的充分认知与自由选择。

事情比较清楚：数字经济领域那些广受关注、饱受争议的典型新行为的要害在于它们基于数据和算法。通过数字技术手段，数据可以自动抓取和生成，并进行隐秘处理和使用；算法模型可以快速地、有目的地将大数据分析结果与特定客户群体、特定供应商群体或其他群体进行关联。具有数据和算法优势的企业极大地依靠数据和算法来设计和实施策略性行为，从而可以加强竞争、排斥竞争。而且，不管是业已形成强大市场势力的数字巨头企业，还是新设的中小数字企业，都有可能利用自己独特的数据采集方法和算法模型实施这些行为，也就是说，即使规模较小、市场份额较少的企业也很有可能采取这些行为来加强竞争和排斥竞争。因此，数据和算法可以改变企业规模和市场份额在产业组织中的角色，数字经济领域的反垄断和反不正当竞争也不仅仅是如何限制大企业实施垄断和妨害竞争的问题。

可以认为，在数字经济中，数据正在成为新通用资产，算法正在成为新通用技术，数字化手段正在成为新通用生活方式和生产方式。在这样的环境中，基于数据和算法的差别化和歧视性行为、自我优待和拒绝交易行为如果呈现出普遍化的趋势，所引发的问题还将超出狭义上的垄断和不正当竞争的范畴。当许多厂商和人们对某些数字化场景和生态系统形成了很大依赖时，如果遭遇拒绝交易，就会使正常生产和生活受到妨碍；如果寡头企业实行严重的常态化自我优待，譬如许多厂商的数据被一个平台收集和利用，就会让这些厂商觉得不公平；如果一个平台拒绝与另一个平台链接和联通，会让许多人觉得很不方便。这些都涉及数据和算法。因此，对数据和算法是否需要规制，以及如何科学合理地规制，这些问题对于数字经济和数字社会的快速健康发展至关重要。

二、对数据的采集和使用是算法行为的基础

关于数据与算法问题，毫无疑问，数据是算法的基础。无论有多么大的算力，无论有多么新的算法，都需要大数据作原料，都是对大数据进行挖掘、开发、利用。要对数据和算法进行必要的、合理的规制，首先就要探讨数据规制问题。

数据规制就是要建立一套关于数据采集、流转、开发、利用的规则。数据不是什么新东西，也不是什么神秘的东西。数据是客观世界在人类认知上的投射。当人类有了身体器官之外的器具和方法去采集客观世界的状态信息时，数据体量就可以无穷无尽地膨胀。对数据进行加工和分析的方法也在不断发展之中，使得原始数据和加工数据有了各种各样的用途，这些用途在很多时候并不为数据投射物或者数据投射物的拥有者所愿意。数据投射物或数据投射物的拥有者很可能并没有同意，甚至并不知晓数据被采集。因此，数字经济所有规则中，数据采集规则才是基础规则，而关于数据拥有权、使用权、开发权、流转权等方面的规则都是次生规则。

数据采集规则所涉及的范围可能远远超出大多数人目前的认识。已经施行的《中华人民共和国个人信息保护法》规定，个人信息处理者在取得个人同意的情形下，以及所规定的其他情形下，可以采集、存储、加工、

利用个人信息。该规定仍然较为宽泛，而且离严格执行还有较大距离。更重要的问题是，个人之外的其他个体包括厂商个体、机构个体的信息，如何防止被不知情、不正当地采集和加工利用，都迫切需要进行规制。此外，即使个人、个体机构同意被采集数据，这些初始数据是否可以被进行后续的开发，是否可以被进一步分解、集合，譬如个人面部图像是否可以被分解出眼睛的大小、鼻子的高低、皮肤的黑白等数据，以及这些数据可以被使用到什么方面，也都需要厘清，更需要规制。更进一步，不但是个人和企业信息，而且许多物体、事物的客观信息是否可以被采集和加工利用，也存在较大的模糊空间和纠纷因素。许多物体，譬如车船、道路、建筑物、山河湖海等等，并非清晰地界定为某一个人所拥有、所使用；许多事物，譬如天气、重大事件、社会舆情等等，并非明确地呈现某一个人或某一群体的状态。那么，它们的客观信息是否可以自由地被采集和加工利用？不少这样的信息完全可以通过先进的技术手段与特定的个人、特定的群体进行关联，并加以合成，所以仍然可以涉及个体和群体的隐私。如果缺乏这些方面的规制，数字经济即使增长非常迅速，也很有可能陷入严重的经济竞争扭曲和社会发展畸形的境地。

但是困难的事情在于，作为数据采集基石的数据隐私权利和其他权利问题非常难以达成社会一致。苏可依（2021）就指出，数据产业快速发展但数据产权并不清晰，从而造成很大隐患，明晰数据权利边界与归属是我国数据立法的核心问题和当务之急。汤琪（2016）更加广泛地分析了数据产权议题，特别是对数据交易中的交易合法性、交易安全进行了分析，认为数据已经具有了财产性质。吴韬将我国关于数据权利与权属的主流观点概括为四种：新型人格权说；知识产权说；商业秘密说；数据财产权说。至今为止，仍然没有一个数据权属理论能够确立主导地位。即使某种理论可以成为主流，但在数字经济和数字社会的实际当中，那些采集、加工、利用数据的实体到底在什么样的场景下需要获得怎样的信任，并要承担怎样的信托责任，涉及千差万别的具体情形，如果要基本勾画清楚，肯定有很长的路要走，并且会花很长的时间。

尽管理论界还在争论和争吵，一些国家和国际组织在这方面已开始推进规制进程，当然这只是序曲。欧盟于 2016 年通过了《通用数据保护条例》(General Data Protection Regulation, GDPR),大量涉及数据权利问题,特别是强调对个人隐私数据的保护。2021年颁布实施的《中华人民共和国个人信息保护法》大体也是如此。经济合作与发展组织(OECD)于2019年发布的《加强数据访问与分享》报告则具更宽广的视野。该报告将数据分为三类:第一类是个人数据(personal data),即与已识别或可识别的个人有关的数据,且数据主体有隐私利益;第二类是专有性(私人的)数据[proprietary(private)data],涵盖所有的受知识产权保护或受其他访问权和控制权保护的专有数据,且存在排他性经济利益;第三类是公共领域数据(public domain data),涵盖了那些不受知识产权保护或任何其他类似保护的数据,其涵盖的范围非常广泛。经济合作与发展组织的这个报告对数据权利和利益进行了初步界定,不过客观地看,仍然存在很多含混场景。毫无疑问,对于数据的细致分类与场景密切相关,而正是场景的复杂性、多变性决定了对场景的哪些方面给予尊重、应该维护场景哪个维度的公正,这需要从大量和长期的诉讼与判决中积累智慧与共识。

即使数据场景得到清晰辨认,数据采集权利得到明确授予,也还需要建立数据流转规则。数据流转所涉及的权、利、责,与数据采集不尽相同。一个重要因素就是,数据流转不但涉及数据在不同主体之间的流转,而且涉及在不同国家之间的流转。我国已经出台了《中华人民共和国数据安全法》,从而将数据的主权问题以及数据的跨境储存、流动、使用问题提上了议事日程。与工业经济相比,由于具有在线不在场等内生特性,数字经济的跨地域化乃至跨国化特征会更加突出,所以才出现了国与国之间协商数字税的问题。当然数字税只是数据流转和使用诸多重大议题中的一个。数据资源的跨主体、跨地域、跨国界配置是数字经济发展的强大内在趋势,这可以使数据资源的价值得到充分挖掘和体现,使数据资源的配置效率和使用效益得到最大限度的提高。但是,一方面由于数据本身在一定程度上具有可透视性,从后续加工的数据可以透视到前面的原始数据,另一方面由于投射数据、采集流转数据的主体置身于不同的地区、不同的国家,而这些不同地区、国家有不同的安全观和主权观,因此,建立合理的数据流转规则完全必要。但是,建立数据流转规则,特别是数据跨国流转规则,与建立工业经济时代货物贸易和服务贸易规则相比,困难程度不可同日而语，而且远远超出了反垄断、反不正当竞争的范畴。在我国，将《中华人民共和国数据安全法》与《中华人民共和国国家安全法》合并起来考虑，将使数据的跨境流转面临更加严厉的政策环境。

在数据流转规则的基础上，还存在数字资产这个问题。数据的权利主张应该是由诸多因素引发的，譬如，一方面在于其涉及隐私，另一方面在于其产生价值，此外还可能有其他因素。而数据价值则引致了对数据是否具有资产属性的关切。事实上，数据的流转就包含了交易这种方式，可交易性加重了数据的资产属性。更进一步，对数据的加工和创制形成了一些独特的数字产品，包括正在兴起的各种虚拟产品，如加密数字货币以及非同质化代币（non-fungible token，NFT）等。它们是资产吗？从现实世界来看，数据并不是天然的资产。资产必须有价值，而数据一直都存在，许多早已存在的数据在很长时期里并没有价值。即便是现在的大数据，如果并不能被正确地挖掘、商业化地利用，也不能产生价值。数据之所以有价值，在很大程度上取决于使用者“挖掘”价值的能力，也就是说，数据是否可以成为资产，这个资产的价值有多高，并不是由标准化评估所确立，而是由使用者的不同能力所确立。因此，当对数据的挖掘和利用能力大幅度提高的时候，数据不但有价值，而且价值还会提升。微软曾在2016年以二百多亿美元的高价收购领英（LinkedIn），主要就是因为微软具有挖掘领英数亿会员个人数据的强大能力。同样的数据包，在微软这样的企业手里，是价值连城的资产，很可能在另一个企业手里，特别是那些未能掌握数据挖掘与利用技术和数字商业模式的企业手里，则是毫无价值的废料。前者通过资产化的数据而获得极大的竞争优势，而后者不会意识到数据权属的重要性，从而轻易地放弃权属主张。这样的情况在互联网平台-个人用户的关系中更加典型，个人用户在使用互联网过程中的事实信息，譬如点击了什么内容、在什么地理位置点击了这些内容，以及在这些内容上停留了多长时间，对个人而言没有价值，从而个人也不会主张资产权属，但海量的此类数据在平台企业那里就构成了有价值的资产。这反过来可能会刺激个人跟进主张数据的资产权属。数据与实物所不同的是，它在一定条件下具有无限共享性，或者说具有非竞争性，这个因素会刺激更多主体主张数据的资产权属。

对数据进行挖掘和利用，才使数据有价值。而算法等技术是数据挖掘和利用的集中体现。在数字经济中，尽管数据是基础，但算法才是利器。正如韩旭至（2020）所分析的那样，在数字经济中，数据价值主要来自算法，在较大程度上，数据经济的实质便是算法定义的经济。在实际当中也可以看到，至今为止，算法是数字经济领域最强大的竞争武器之一，例如，精准匹配可以极大地节约搜寻成本、提高配置效率；算法也是最强大的限制竞争、追求垄断的武器之一，例如，大数据杀熟就是基于算法，对链接的控制也是基于算法，而根据用户习惯进行高频度推送从而形成致瘾性以及所谓的沉浸式体验则是算法滥用的典型现象之一。在互联网领域中，活跃用户数量以及流量成为最重要的 KPI，注意力经济成为最重要的现象，无论是购物、新闻信息分发，还是短视频等娱乐和社会服务，算法都成为最强大的引导力量。但与此同时，算法可以突破用户的自主权、自由选择权屏障，利用人的心理弱点和习惯特点，实质性地引诱甚至强加、胁迫用户进行交易或者不交易。而人工智能的快速发展和越来越强的渗透式使用，使得算法的威力更加强大，这种威力已经而且必将进一步超越经济领域，譬如，现在越来越多的人已经注意到了算法合谋问题，这种技术方法可以轻易突破传统反垄断法对共谋卡特尔的禁止。无论从哪方面来看，都需要对算法设立规制。恰如姚前（2021）所指出的那样，随着云计算、大数据、区块链、人工智能等新技术的发展与应用，算法在数字经济中的重要性日趋凸显，并出现了一种以智能算法为核心的新型经济模式，即算法经济；算法经济活动存在算法滥用、算法偏见和算法鸿沟等问题，例如滥用人性弱点，过度激发、劝服、诱导客户，因此需要对算法经济进行规制。而令人担忧的是，到目前为止，算法是一块尚未设置足够的、科学合理的放牧规则的处女地，这就可能将算法经济带向“公地悲剧”。

客观上，算法规制的最大难点在于算法的不透明性和非人工性，因为许多算法决定是由通过处理大数据而进行深度学习的智能化机器所作出的，有时连算法的创造者和设计者都很难搞清智能化机器为什么会作出某项决定，以及什么时候作出了这样的决定。算法程序还可以进行不断的快速更新，从而很难进行事前监管。同时，对算法的监管不应该扼杀创新，并且应该促进社会福利的提高。无疑，算法必须接受规制，但又面临巨大的规制困难和困惑，这使得数字经济反垄断、反不正当竞争与工业经济迥然不同。

三、新规制的进展与疑惑

在论述对数据和算法的规制之前，还是应该郑重指出，算法是一项十分重要的创新，在促进效率提高方面已经而且必将继续带来革命性影响。算法极大地避免了经济活动中的盲目性，提高了精准性，相当于给经济活动戴上了一副眼镜，而且随着算力的不断提升、算法的不断改进，眼镜的清晰度会越来越高。而数据则相当于制造镜片所必需的原料——硅砂。在有眼镜之前，硅砂到处都有，但没有什么用处。数据也是这样，在有算法之前，个人、机构的状态与过程，以及人们的思维、想法、念头，不过是天然存在、自生自灭的一种副产品，与汗水挥发没有多大区别，而算法时代才使得这些副产品被采集为大数据，并被分析和利用。因此，规制以及司法的目的并不是要消灭大数据和算法技术，也不是要抑制这方面的技术进步与各种创新，而是要使这些技术与创新更好地服务人类社会。

现在，许多重要国家都开始对数字经济中的数据和算法问题进行探索性规制。欧盟在2016年通过的《通用数据保护条例》在全球范围内第一次将基于算法的自动化决策纳入监管范围，明确规定数据主体对自动化决策的使用拥有反对权，并列明豁免规则。欧盟有关机构在2019年又提出了《算法问责及透明度治理框架》（A Governance Framework for Algorithmic Accountability and Transparency），并于2020年公布了《数字服务法（草案）》（Proposal on Digital Service Act）和《数字市场法（草案）》(Proposal on Digital Markets Act)。这几份文件对数字市场的企业，特别是互联网平台企业利用算法向用户进行内容推送的行为，提出了公平、透明方面的要求，要求它们在服务条款中说明算法决策的基本方法，并禁止某些特定决策仅以自动化方式作出。《数字服务法（草案）》还要求设立一个专门委员会，负责监督中介服务提供商在数据采集和算法使用方面的行为。2020年至今，欧盟还公布了《数据治理法（草案）》（Proposal on Data Governance Act）和《数据法（草案）》（Proposal on Data Act）。前者已于2022年4月获得欧盟议会通过，该法旨在建立以数据保护为前提、最大程度实现数据共享流通的法律框架体系。后者涉及数据共享、数据国际传输、云转换和互操作性等方面的规定，旨在保证个人和企业对其数据有更多控制权，可以自主决定如何使用数据、谁可以访问数据等等，从而在此基础上使所有人更容易获得数据。

美国对数字经济的监管被认为更具包容性，或者被一些人认为具有“包庇性”，因为在全球数字市场上，美国企业目前具有很大的竞争优势。不过在数据的采集和使用以及算法方面，美国也准备加强规制。2019 年，美国国会的一些议员提出了《算法问责法（草案）》（Proposal on Algorithmic Accountability Act），旨在对基于数据和算法的自动化决策所形成的歧视性行为进行规制。该文件对自动化决策作了清晰界定，指出它就是包括机器学习、数据分析处理以及人工智能技术的计算机程序化决策。该文件要求数字企业必须评估其使用自动化决策程序时是否会导致偏见、歧视等问题，是否存在侵犯个人隐私、侵害个人安全等隐患。2020 年，美国国会还提出了《数据问责和透明度法（草案）》（Proposal on Data Accountability and Transparency Act），旨在对更广范围的算法进行监管，譬如禁止通过使用个人信息在住房、就业、金融服务等方面实施歧视性行为，并建议新设一个独立机构来保护个人信息，这个机构可以对违反规定的企业进行处罚，并另设一个民事权利办公室以保护个人不受歧视。2021 年，美国一些议员还提出了《过滤气泡透明度法案》，要求数字平台企业必须允许用户访问不受算法影响的平台版本，也就是必须让用户有打开或者关闭算法功能的选择权。当然，上述法案也引起了一些争议，这毫不奇怪，因为数字经济领域反垄断、反不正当竞争、进行更广泛规制所面临的种种问题非常新颖、非常复杂，既然在学术界争论不休，在政策界和社会界无疑会有更多分歧。

我国也在积极推进这方面的规制尝试。2021 年，市场监管总局发布的《禁止网络不正当竞争行为规定（公开征求意见稿）》就提到，以下均属于不正当竞争行为：经营者利用数据、算法等技术手段，通过影响用户选择等方式，实施流量劫持、干扰、恶意不兼容等行为，妨碍、破坏其他经营者合法提供的网络产品或者服务正常运行；利用技术手段，误导、欺骗、强迫用户放弃使用其他经营者合法提供的网络产品或者服务；利用技术手段，通过影响用户选择、限流、屏蔽、商品下架等方式，减少其他经营者之间的交易机会，妨碍、破坏其他经营者合法提供的网络产品或者服务的正常运行；等等。2021 年，有关部门还颁布实施了《关于加强互联网信息服务算法综合治理的指导意见》，提出要用三年左右时间，逐步建立治理机制健全、监管体系完善、算法生态规范的算法安全综合治理格局。2021 年，有关部门颁布实施了《互联网信息服务算法推荐管理规定》，要求算法推荐服务提供者应当以显著方式告知用户其提供算法推荐服务的情况，并以适当方式公示算法推荐服务的基本原理、目的意图和主要运行机制等；算法推荐应当向用户提供不针对其个人特征的选项，或者向用户提供便捷的关闭算法推荐服务的选项。2021 年颁布实施的《中华人民共和国个人信息保护法》明确指出，在取得个人同意，为订立、履行个人作为一方当事人的合同所必需，为履行法定职责或者法定义务所必需等七种情形下，方可处理个人信息。不过也要看到，这些法律和规定的原则性比较强，目前还不可能做到很细致、很具体。

需要指出的是，在对数据和算法实行规制取得进展的同时，仍然存在一些重大困难和困惑。一个重要的困难就是，基于数据和算法的不当行为不但有很高的技术含量，而且往往具有自动性的特点，数字企业可以通过机器和程序而大规模和隐秘化地实施。这无疑给规制带来了极大的难题，不但发现那些非同寻常的行为非常不易，而且要搜集足够有力的证据从而判定这些属于不当行为并实行正确问责就更加困难。一个以科技应对科技的政策思路自然而然地诞生了：是否可以通过计算机系统和算法来反垄断、反不正当竞争？全球著名的数字经济领域反垄断专家 Schrepel (2021) 就是这种思路的代表，他认为，基于计算机系统和算法的强大力量，自动化的分析程序可以快速识别和判断是否存在政府界定的垄断和不正当竞争行为，从而可以帮助决策者高效地应对此类问题。显然，这是一种以科技之盾挡科技之矛的思路。规制机构能否有效地以自动化和智能化手段来监控和制裁数字企业的自动化、智能化反竞争行为，说到底，一方面取决于政策本身的取向，另一方面取决于政策机构能否比数字企业更好地理解新技术、掌握新技术、运用新技术，而政策机构在这方面并不占优势。虽然政策机构可以在这方面作出尝试、付出努力，但这样的思路是否真的可以奏效，还需要花费很长的时间才能得到答案。

对数据和算法实行规制不但存在困难，而且存在困惑。一个重要的困惑就是如何把握数据的主体权利及国家主权与国家安全之间的关系。尤其在我国，数据越来越多地被认为涉及产业安全和国家整体安全。2021 年颁布实施的《中华人民共和国数据安全法》明确指出，国家建立数据分类分级保护制度，对数据实行分类分级保护，关系国家安全、国民经济命脉、重要民生、重大公共利益等数据属于国家核心数据，实行更加严格的管理制度，各地区、各部门应当按照数据分类分级保护制度，确定本地区、本部门以及相关行业、领域的重要数据具体目录，对列入目录的数据进行重点保护；国家建立数据安全审查制度，对影响或可能影响国家安全的数据处理活动进行国家安全审查。2022 年开始实施的《网络安全审查办法》也明确规定，网络平台运营者开展数据处理活动，影响或者可能影响国家安全的，应当按照这个办法进行网络安全审查。而关于工业领域的数据安全，有关部门还制定了《工业和信息化领域数据安全管理办法（试行）》等政策性文件。数据安全规制政策可能比反垄断、反不正当竞争等方面的规制政策对数字经济领域的影响要更大。

保护数据权利也不是随着法律条文的出炉就自然而然地落地了。首先，一些规定本身也存在较大的灵活空间，譬如《中华人民共和国个人信息保护法》就规定，在法律、行政法规规定的其他情形下，并不需要取得个人同意，也可处理个人信息。这些都需要在未来的实践中加以完善。其次，对政府规制本身的效率和效果也不应该持过分乐观的态度。譬如在算法规制方面，对于算法合谋这些由智能程序实施的行为，取证和举证存在很大的困难，而在数据采集与使用规制方面，对侵犯个人数据权利的不当行为，到底是应该依照《中华人民共和国个人信息保护法》，主要通过行政规制途径进行有力纠处，还是应该通过私人诉讼来获得救济，仍然存在不少疑惑。因为从法治的发展历史来看，如果私人诉讼不能发挥强有力的作用，法庭体系不能满足私人发起诉讼的强烈要求，司法体制不能督促广大机构和人们对私人权利建立基本敬畏和尊重，再多的法律和规制条文都可能无济于事。不过在许多国家，至今为止，法庭力量、法官队伍是否支持人们在大数据和算法时代的权利保护要求，是否有足够的专业能力满足这种要求，的确令人困惑。

完全可以看出，设立并实施数据和算法方面的规则在很大程度上已经超出了工业经济时代的法律范围和知识范畴。对数据权、利、责的界定，对数据采集、流转、加工、利用各环节的监管，对算法程序的设立和使用中的偏向性问题、隐秘性问题的掌握与调节，可能是新规制谱系中最重要的内容。新规制不但面临新鲜的科技议题，而且面临新鲜的社会甚至伦理议题。在数字经济快速发展的时代，新规制如果只是原则性规定，就会缺乏可操作性；如果偏向保守主义和民粹主义，就会阻碍科技创新和经济增长以及社会发展。同时，数据与算法方面的技术应用所带来的挑战并不仅仅依赖规制而得到回应，私人诉讼应该得到大力鼓励，相应的司法体系建设也应该得到大力强化。可以预料，对数据和算法的新规制并不会随着几部法律法规的颁布实施而“万事大吉”。

四、一些讨论

通过上述分析可以看出，数字经济领域诸多涉及垄断和不正当竞争的企业行为在工业经济中也不鲜见，但数字经济中的这些行为是基于数据和算法等手段的，因而成为自动性、隐秘性很强的系统性行为。因此，这些行为的要害在于它们基于数据和算法，对数据和算法进行规制应该成为数字经济中的关键性规制议题。

对于绝大多数人而言，数据的采集和加工利用，尤其是算法的奥秘与微妙，简直是黑箱，或者是魔球，他们根本不能意识到、认识到其自身所处的境地和所受的影响。实际上，在前算法时代，在数据成为大数据之前，许多数据毫无用处，恰如随处可扔的废料，所以个人和机构并没有足够的数据权属意识，更不会索取数据的价值。但大数据和算法等技术改变了这一切。现在，就算他们有足够的意识和认识，也缺乏相应的谈判能力。即使在数字企业之间，数据和算法也可以成为排斥竞争的一种有力手段。这并不是说数据和算法注定是一种危害物，恰恰相反，它们是新的赋能工具。但是，赋能也可能涉及不公平、不公开和其他风险。总体而言，对数据和算法实行新规制是推动数字经济向前发展的必然选择。在全球范围内，强化数据采集的知情权利和同意权利，设置算法的透明度、可解释性、可选择性要求，成为共同趋势。

但麻烦的是，这些权利和要求的认定和实现具有很强的技术复杂性和诡异性，这不但造成了大量的灰色地带，而且增加了巨大的执行成本，更遑论人类伦理和价值观的多样性、演进性以及技术创新与人类规范之间存在的张力给立法和执法带来的困惑与挑战。在机器学习和人工智能浪潮到来的时候，在虚拟世界与现实世界深度交融与高度重叠的时候，数据与算法到底意味着什么，人们现在还难以完全想象，譬如，个人的智慧和力量是否可以在很大程度上由数据和算法决定，科学原理和技术设计是否可以在很大程度上定义社会活力与秩序，这些规范性与实证性交织的问题将更多地呈现于世界面前，不管人类是善于还是不善于回答。在如此新奇而又复杂的情景中，把新规制置于广泛讨论之中，并与法庭判决高度结合就尤为重要，这样一方面可以让政府设立的专门机构以及社会团体、个人、企业发起必要的诉讼，另一方面又可以让被指控者进行辩解并提出证据与理由，恰如 2021 年美国联邦贸易委员会和 40 多个州对脸书提起的诉讼那样，指控者与被指控者可以就数据与算法等技术性很强的问题进行详细交锋。只有经过许多次这样的"回合"，新规制才可以变得更正确，法庭才可以变得更公正。

从长远来看，在数字革命浪潮中，在全世界范围内，可能需要建立一个数权（data rights）体系，就如过去几百年里，在工业革命浪潮中，建立了一个包括物权、债权、股权等权利主张的产权体系一样。这将花费较长的时间，并将经历较多的纠葛。世界上最早、最完备地建立产权体系的国家是英国，这个过程经历了诉讼与判决互动、普通法与衡平法交织的数百年的漫长时间。比较完备的数权体系的建立尽管不需要上百年时间，但很可能需要几十年时间。与数权体系相配套，可能还需要建立算责（algorithmic responsibilities）体系。数权和算责体系应该告诉人类社会，数据的权利如何分配、如何确定、如何保护、如何重置、如何获利，算法和其他此类的自动化、智能化程序产生的行动应该如何界定责任、追究责任。尽管这是人类历史上一个前所未有的新范畴，不可能一蹴而就，但重要的是应该树立这样的意识，并以这个意识引导人们迈出第一步和后续的坚定步伐。而广泛讨论和无数回合正是通向这个目标的道路。

最后需要强调的是，数字经济具有天然的跨越物理隔阂、地理障碍的特点，数据更可以轻易地跨越物理隔阂、地理障碍进行流动。因此，无论是数字企业，还是政策制定者和执行者，都应该把自己置身于全球化的环境中，不断审视自己的行为和策略，不断开展交流与合作，并共同制定一些重要规则，而不是过分强调自己的国界和安全，唯有这样才能与时俱进地回应数字经济快速发展中不断浮现的新挑战，并促进数字经济的继续发展。

第四章　数字市场集中度与企业的进入-退出

可以预料，数字经济在相当长时间里将处于快速发展阶段，不但产值规模会不断膨胀，而且行业种类和行业边界也将不断变动，技术、产品、模式创新都会不断推进，所以对市场集中度的测度，乃至对相关市场进行界定，都存在很大困难。研究数字经济的产业组织，维护数字市场的公平竞争和创新动能，虽然应该重点关注企业的策略性行为，但也需要对其市场结构有一个大体认识。本章将从一些主要数字行业的集中度入手，进而重点分析这些行业的进入和退出情况，以为数字市场的反垄断和反不正当竞争、数字行业的创新发展提供政策视角。本章将重点分析门户网、综合电商平台和网约车平台等行业，因为这些行业的市场集中度比较高，但同时进入和退出又比较活跃，是产业组织学者需要进行研究的典型行业。

一、市场结构的变化与互联网业务的演化

互联网商业化应用初期所形成的主要行业应该是门户网行业。在 20 世纪 90 年代，门户网从传统的纸质印刷媒体或广播电视媒体获得新闻报道内容，并将这些来自不同传统媒体的大量内容以简单、显眼的方式分门别类，形成分类索引，以及编制引人注目的标题，让读者在电脑屏幕上点击标题即可进入内容页面。门户网由于可以非常快速地提供大量内容，并提供不同于传统的可选择性，加之免费阅读，从而迅速催生了一个新行业。美国最早的门户网是美国在线以及雅虎等等，这些企业曾经风靡一时。美国在线，1989 年正式定名并成为互联网公司，属于数字经济的开拓者和元老企业，在 20 世纪 90 年代成为美国最大的互联网服务提供商，

业务遍及新闻资讯提供、网络游戏、网上聊天、邮箱等等，在其鼎盛时期，股票市值一度超过 1 600 亿美元，是 IBM 的两倍，高于通用汽车和波音公司的市值总和；2000 年，它以1 650 亿美元并购老牌电影公司时代华纳，并购后的新公司总市值高达 3 500 亿美元；后来美国在线被宽带技术引发的高速上网模式所颠覆，从而迅速衰落下去，2009 年时代华纳从美国在线剥离时，美国在线市值不到 30 亿美元，2015 年被美国最大电信公司 Verizon 以 44 亿美元的价格收购并实行退市。雅虎创立于 1995 年，在其鼎盛时期，业务领域横跨新闻资讯提供、分类广告、搜索、邮箱、邮购等等，成为互联网霸主，譬如其搜索引擎在全球市场有着近 50%的份额，公司在证券市场上的市值达到了 1 250 亿美元，成为第一家市值超过千亿美元的互联网公司；而后来，雅虎错失了电子商务、搜索引擎、社交等方面的发展机会，被其他互联网平台远远甩在后面，最后以 48 亿美元的价格被 Verizon 收购。雅虎和美国在线等互联网元老企业现在基本上从数字市场消失了，但一批美国的新兴数字企业却迅速崛起，譬如谷歌、亚马逊，以及脸书等等，它们的市值早已超过万亿美元。

我国在 21 世纪初的个人电脑时代，形成了以新浪、搜狐、网易为主导性企业的门户网行业，雅虎在我国也曾有一定的市场份额，但后来落了下风并基本退出中国市场。新浪、搜狐、网易均于 2000 年在美国上市。后来又有一些跟随者进入，包括腾讯网和凤凰网等等。腾讯于 2004 年在我国香港上市，凤凰新媒体于 2011 年在美国上市。传统传播巨头新华社和人民日报社也进入了这个领域，创立于 20 世纪 90 年代末的人民网和新华网最开始是事业单位，后来转制为企业，并分别于 2012 年和 2016 在上海证券交易所上市。而到了以智能手机为重要终端的移动互联和算法推荐时代，上面这些门户网也推出了客户端，但新进入的企业今日头条则成为最重要的新型门户巨头企业。

在 21 世纪起始的 2000 年，新浪、搜狐、网易三家企业基本上瓜分了中国门户网市场。雅虎等企业的市场份额比较小，所以本章进行市场集中度分析的时候忽略它们的市场份额，尽管这影响了分析的精确性，但不会影响基本结论。很难知道新浪、搜狐、网易这三家企业各自的市场份额，因为连用什么指标来衡量市场份额都是一个难题。譬如，是用月活跃用户数量，还是用日活跃用户数量？每个用户的上网时长呢？他们的点击量呢？不过，由于当时的客户基本上是免费阅读门户网的内容，而门户网的营业收入绝大部分来自广告收入，广告主愿意投放多少广告大致是根据其对门户网的读者数量和点击率来确定的，所以可以认为，这些企业的营业收入份额基本上反映了市场份额。三家企业根据上市公司要求公布的财务数据显示了各自的营业收入，可以将三家企业的收入之和视为市场总规模，而各自的占比则为其市场份额。需要说明的是，由于企业公布财报的时段并不一致，一些企业公布的是日历年的数据，一些企业公布的是财务年的数据，所以数据口径存在一定问题，但本章的分析只是为了大致掌握市场结构情况，所以并无大碍。新浪、搜狐、网易三家企业在2000年的市场份额见表4-1。

表4-1　2000年新浪、搜狐、网易的市场份额

	新浪	搜狐	网易
2000年营业收入（美元）	1 420万	600万	830万
2000年市场份额（%）	49.8%	21.1%	29.1%

资料来源：根据公开资料整理。

说明：新浪的营业收入为截至2000年6月30日财年的数据；搜狐的营业收入为2000年日历年的数据；网易的营业收入为2000年日历年的数据。

还可以通过赫芬达尔-赫希曼指数（HHI）来透视市场结构，具体情形见表4-2。三家企业的HHI之和接近4 000。显然，从HHI的维度来看，可以认为，这是一个寡占性很强的市场。

表4-2　2000年新浪、搜狐、网易的HHI

新浪	搜狐	网易	三家企业之和
2 480	445	847	3 772

资料来源：根据公开资料整理。

不过，这个寡占型市场也是一个典型的可竞争性市场，因为这个行业的进入比较活跃。腾讯在设立之初似乎并没有从事新闻门户业务，其比较正式地进入门户网领域是2003年前后的事情，新闻门户业务在整个腾讯业务体系中只占很小的份额；腾讯于2004年在香港联交所上市，首次公开发行（IPO）的融资额约为2亿美元，估值约为6亿美元。凤凰网在开始的时候是凤凰卫视的内部网站，比较正式地成为市场化的门户网是

2006 年前后的事情；2011 年，以门户网为主的凤凰新媒体在美国纽约交易所上市，IPO 融资额约为 1.4 亿美元，开盘市值约为 8.4 亿美元。凤凰新媒体在招股书中披露，2010 年，公司净利润从 2009 年的 28.8 万元增长至 7 410 万元，营业收入从 2.6 亿元增长至 5.3 亿元。相关资料显示，2011 年 3 月，个人电脑端的凤凰网日均页面浏览量超过 3.1 亿，手机端的凤凰网日均页面浏览量超过 8 800 万。此后的 2012 年和 2016 年，人民网和新华网先后在国内上市。人民网 IPO 融资额约为 13.8 亿元，开盘市值约为 85 亿元；新华网 IPO 融资额约为 15 亿元，开盘市值约为 83 亿元。

互联网业务的演化极大地冲击了门户网行业。到了人民网和新华网上市的时候，以个人电脑端为主的门户网逐渐让位于移动端，也就是智能手机端的接收与阅读成为主流，且自媒体、社交信息传播也快速蔓延。同时，互联网领域的搜索引擎得到较大程度普及，算法推荐正在兴起。在这样的背景下，互联网第一代商业化行业——门户网行业在整个互联网领域已经不占重要地位。此时再计较个人电脑端门户网行业的市场结构已没有太大意义。到底是新浪，还是网易、搜狐，还是其他个人电脑端门户网占有更高的市场份额，几乎没人关注。也没有什么新的企业进入这个细分行业。新进入者将目光盯在移动互联的手机端上，并利用搜索和算法更加精准地进行个性化的新闻推送，今日头条就是其中的典型代表。今日头条创建于 2012 年，基于算法推荐技术，根据上网者的社交行为、阅读习惯、地理位置以及职业、年龄等因素，挖掘他们的阅读兴趣，进行主动推送，推送内容不仅包括新闻，还包括音乐、电影、游戏、购物等资讯。今日头条还于 2014 年设立了头条号，这是服务于企业以及自媒体的专业信息发布平台。此外，今日头条于 2016 年宣布投资 10 亿元用于补贴短视频创作，后来这项业务独立发展，成为现在的抖音。不过今日头条的行为引起了很大争议，也引发了一些诉讼。2016 年 11 月，凤凰网起诉今日头条恶意劫持其客户端流量，要求赔偿经济损失 2 000 万元；2017 年 4 月，腾讯和搜狐起诉今日头条侵犯它们的网络传播权；2017 年 5 月，南方日报发布公告，指控今日头条盗取其 2 000 多条新闻。2017 年 12 月，国家互联网信息办公室指导北京市互联网信息办公室，针对今日头条传播色情低俗信息、违规提供互联网新闻信息服务等问题，约谈今日头条负责人，责令整改；2018 年 4 月，国家广播电视总局通报，今日头条在不具备《信息网络传播视听节目许可证》的情况下，持续顶风拓展视听节目服务，扰乱网络视听行业秩序，责令今日头条对低俗、血腥、色情等节目立即下线。

个人电脑端门户网行业还先后受到了新浪微博、微信的极大冲击。新浪微博本是新浪的一个分支业务，后独立发展，并于 2014 年在美国纳斯达克上市，2021 年在香港联交所上市。新浪微博在美国纳斯达克的市值曾经超过 300 亿美元，到了 2021 年 12 月由于中国概念股的退潮而下跌到 70 多亿美元；2021 年 12 月在香港联交所的上市市值约为 600 亿港元。新浪微博到 2021 年 6 月的月活跃用户达到 5.7 亿人，平均日活跃用户为 2.5 亿人。新浪微博的营业收入一直保持较高增速，营业利润率也维持在较高水平。反观新浪这个门户网巨头，在 2021 年 3 月退市时，市值只有 25.8 亿美元，而同日的新浪微博市值为 118.8 亿美元，是新浪的 4.6 倍。微信更非新浪等门户网企业可比。微信本来是社交平台，但也日益成为互动式传播平台，到 2021 年 6 月，月活跃用户达 12.5 亿人，平均日活跃用户超过 10 亿人，公众号达到 3.6 亿个，每天的视频内容就超过 1 亿条。此时腾讯总市值则达 4.2 万亿港元。

即使在手机端新闻阅读 App 这个细分领域，新浪也不占优势，搜狐、网易更居下风。2020 年 12 月，腾讯新闻的月活跃用户约为 3 亿人，位居第一；今日头条的月活跃用户约为 2.8 亿人，位居第二；新浪新闻的月活跃用户约为 1.4 亿人，位居第三；网易新闻、搜狐新闻的月活跃用户只有几千万人。① 而此时，个人电脑端的新闻阅读市场小得几乎不受关注。

人们获取新闻资讯的渠道还极大地被语音和短视频所改变。微信语音使得不识字和不写字的人们可以使用语音进行交流和传播，微信视频更是如此。以短视频为主的抖音、快手的进入使得这个行业形成了激烈的竞争。抖音和今日头条都属于字节跳动旗下的企业。抖音于 2016 年正式上线，到 2020 年时，平均日活跃用户数超过 6 亿大关，字节跳动旗下产品全球月活跃用户数达到 19 亿。字节跳动 2020 年实际收入达 2 366

---

① 2020 年中国新闻资讯行业 APP 用户规模、用户活跃渗透率及使用时长分析 [图]. 产业信息网，2021-03-30.

亿元，在资本市场上的估值已经超过 3 000 亿美元。快手于 2013 年正式上线，到 2020 年时，平均日活跃用户也达到 3 亿人，当年营业收入达到 588 亿元。

显然，即使在互联网新闻阅读这个细分行业，2020 年的市场结构与 2000 年也已经大为不同。即使不考虑短视频和微信等社交平台的资讯传播作用，仅仅考虑新浪、搜狐、网易、凤凰新媒体、人民网、新华网、今日头条这几个企业，市场集中度也极大地改变了。仍然以它们的营业收入来衡量市场份额。新浪 2019 年总营业收入为 21.6 亿美元，仅比上年增长 3%。由于新浪退市后没有公布 2020 年的营业收入，鉴于其营业收入的年增速很低，所以仍然以 2019 年的 21.6 亿美元来代替 2020 年的总营业收入。但此时，新浪总营业收入中约有三分之二来自微博，还有约 15%来自金融科技等业务，只有约 10%来自门户网广告等。所以，假定新浪的新闻阅读业务收入只有 2.2 亿美元。而搜狐 2020 年营业收入为 7.5 亿美元，其中游戏收入约为 5.4 亿美元，品牌广告收入约为 1.5 亿美元。所以，假定搜狐的新闻阅读业务收入为 1.5 亿美元，占搜狐总营业收入的 20%。网易在 2020 年的营业收入为 737 亿元，其中游戏收入为 546 亿元，但并不知道其新闻阅读广告收入，估计这项收入的占比微乎其微，其绝对数额也不值一提。但是，为了分析市场结构，仍然需要一个相应的数据，所以假定这个数据为 20 亿元。凤凰新媒体在 2020 财年的营业收入为 12 亿元。人民网在 2020 年的营业收入为 21 亿元。新华网在 2020 年的营业收入为 14 亿元。此处假定凤凰新媒体、人民网、新华网的全部营业收入都来自新闻阅读业务。而今日头条的营业收入则不得而知。根据字节跳动内部材料披露的数据，字节跳动 2020 年营业收入达到 2 366 亿元。① 还有一则报道称，根据分析师的调研，今日头条在 2016 年的营业收入达到 60 亿元。即使以 50%的复合增速来计算，今日头条在 2020 年的营业收入也可以达到约 304 亿元，在字节跳动的营业收入中占比约为 13%。这样的推算应该不算冒进。

根据上面的数据，可以对互联网新闻阅读领域的市场结构进行大致分

① 字节跳动 2020 年收入达 2 366 亿元，日均营收已超 6 亿元．搜狐网，2021－06－17.

析。此处将营业收入全部换算为美元，2020 年人民币对美元的平均汇率约为 6.9。2020 年新浪、搜狐、网易、凤凰新媒体、人民网、新华网、今日头条的大致市场份额见表 4－3。这几个企业之外的其他企业，此处不予考虑。

表 4－3　2020 年互联网新闻阅读行业的市场结构

	新浪	搜狐	网易	凤凰新媒体	人民网	新华网	今日头条
营业收入（美元）	2.2 亿	1.5 亿	2.9 亿	1.7 亿	3.0 亿	2.0 亿	44.1 亿
市场份额（%）	3.8	2.6	5.1	3.0	5.2	3.5	76.8

资料来源：根据公开资料整理。

还可以对 2020 年互联网新闻阅读行业的赫芬达尔-赫希曼指数进行计算，结果如表 4－4 所示。

表 4－4　2020 年互联网新闻阅读行业的 HHI

新浪	搜狐	网易	凤凰新媒体	人民网	新华网	今日头条	七家企业之和
14	7	26	10	27	13	5 868	5 965

资料来源：根据公开资料整理。

2020 年互联网新闻阅读行业的 HHI 比 2000 年门户网行业的 HHI 还要高，这显然也是一个寡占型市场。但是具有寡头地位的企业早已不是新浪，而是后来进入的今日头条。这不是反垄断执法带来的结果，新浪等企业并没有被强制拆分，甚至没有受到其他方面的反垄断执法影响。这是数字技术进步和互联网业务演变带来的结果。

需要再次强调，到 2020 年，人们接收新闻资讯早已不再依赖这些正式的互联网新闻资讯平台。社交和娱乐平台，甚至电商平台，以及大量的自媒体，成为人们接收资讯的主渠道，并且与交流、讨论等互动活动交织在一起。也就是说，数字技术进步推动的互联网业务的演变、互联网业态的改变，使得市场结构乃至市场本身处于不断的迭代之中，从而没有哪一个寡占者、垄断者的地位是稳固的、坚实的。

二、企业的进入-退出与企业转型

我国互联网领域有活跃的进入，也有一些退出，尽管退出并不多。我国早期的互联网试水企业，如创立于 20 世纪 90 年代的瀛海威、8848 等门户网企业，都失败关闭了。早期还有一些网络游戏企业，如盛大网络，创立于1999年，在鼎盛时期有2 000多名游戏研发人员，累计注册用户数超过8亿，并于2004年在美国纳斯达克上市，但后来在移动端游戏的冲击下，业务遇到瓶颈，市值不断下滑，于2012年退市。早期的三大门户网中，新浪已经从证券交易所退市，搜狐在证券市场的市值已经很低，网易则已转型到游戏等领域。雅虎是曾经的全球第一门户网站，并于1999年开通了中国雅虎网，但由于受到中国本土门户网的挤压，再加上其他因素，中国雅虎网在2005年被阿里巴巴收购，此后业务发展也没有多大起色。2021年，雅虎彻底关闭了在中国的业务。

我国电商行业的进入和退出更加频繁。一方面，阿里巴巴、京东、拼多多进入这个领域并抢占了很大的市场份额，而且到2020年仍有一些企业努力进入电商行业。另一方面，不但早期的8848退出了市场，就连一些曾经占有很高市场份额的电商如服装电商凡客诚品也明显衰落了。凡客诚品创办于2007年，很快就成为服装电商的头部企业，到2011年，已完成七轮融资，累计筹集资金达到4.2亿美元，最高估值曾超过30亿美元，但后来陷于库存积压境地，引发供应链和资金链危机，基本上退出了电商市场。

由于数字技术发展非常快，数字市场的业务迭代节奏非常强，企业跟不上发展与迭代的步伐，或者企业经营战略和管理方式出现阶段性失误，就会遭遇灭顶之灾。在这样的境况中，企业能否及时实行业务转型决定了其是否可以避免退出市场。中国早期的几大门户网后来都致力于业务转型，不过有的比较成功，有的却备尝苦涩。新浪在门户网业务的顶峰时期及时借鉴了美国推特（Twitter）的业务模式，推出了新浪微博。新浪微博诞生于2009年，到2013年，注册用户就超过5亿人，当年还与阿里巴巴签署战略合作协议，双方在用户账户互通、数据交换、在线支付等领域进行深度合作，后者以约5.9亿美元购入前者股份并占总股份的18%。2014年，新浪微博在美国纳斯达克上市，并开始细分出时尚、旅游、电影、美食、寻医等垂直领域，2016年又启动视频、直播、图文等多种功能，并大力运用算法推荐来开拓业务，从此确立了其在微博这个细分领域的霸主地位，甚至在新浪退市的时候，新浪微博仍然有高得多的市值。几乎在同一时期，网易、搜狐也努力开发微博业务，试图进行业务转型。网易在 2010 年开始发展微博业务，到 2012 年的注册用户数达到约 2.6 亿，但此后，网易很少对外披露微博业务数据，大约在 2014 年底放弃了微博。2010 年前后，搜狐、腾讯也正式上线微博，但它们的微博几乎没有值得关注的市场份额。不过，搜狐、网易、腾讯等企业向微博之外的其他领域转型所获得的发展远远优于向微博转型。早在 2004 年，搜狐就推出了中文搜索引擎——搜狗，虽然搜狗在搜索引擎这个细分行业也有一些市场份额，但一直被百度所压制，后来与腾讯的搜索业务合并，并接受腾讯近 4.5 亿美元注资，于 2017 年在美国纽约证券交易所上市。直到目前，搜狗的营业收入和利润均明显好于搜狐的新闻门户网业务。网易则在 2002 年开始了在线游戏业务，到 2006 年，在线游戏业务占其营业收入比例就超过 80%，此后一直基本维持这样的比重，目前网易已成为全球第二大移动游戏公司，2020 年网易营业净收入为 736.7 亿元，其中游戏业务收入为 546.1 亿元。当然网易也进入了电商领域，但业务表现一般。

阿里巴巴的数字巨头地位其实也是业务转型的结果。1999 年，阿里巴巴创立，所开展的主要业务是“中国黄页”，即将卖家商品制成分类索引并可以搜索，事实上也属于门户网，不过这是企业与企业之间（B2B）的门户网业务。1999—2000 年，阿里巴巴两次从软银等投资机构融资共约 2 500 万美元；而 2003 年，阿里巴巴创办了淘宝网，开始抢夺美国的电子湾（eBay）等企业在中国的个人与个人之间（C2C）的电商市场，2004 年又创立了第三方网上支付平台支付宝，进一步强化了其面向个人的电商业务，并为移动支付、互联网金融业务埋下了伏笔；2011 年，阿里巴巴将淘宝网分拆为三家企业——一淘网、淘宝网、淘宝商城，其中淘宝商城于次年更名为天猫；此后，阿里巴巴成为面向消费者的电商巨头，也成为移动支付和互联网金融的巨头。

进入和退出行动以及业务转型行动也在互联网领域的其他细分行业不断发生。进入-退出以及业务转型最活跃的领域之一是短视频领域。互联网行业进入 21 世纪第二个十年之后，随着第四代移动互联网得到普及，短视频业务迅速兴起。2011 年，快手诞生，这本来是一款用来制作和分享 GIF（Graphics Interchange Format，图形交换格式）图片的手机应用，到2014年，快手转型为面向社会的短视频业务，其注册用户在2017年底就超过7亿人，平均日活跃用户数超过1亿人。从2018年开始，快手大力向电商渗透，推出了快手小店。2020年，快手电商交易总额为3 812亿元，比上年增长5.4倍。快手2020年的总营业收入达到588亿元，并于次年实现在香港交易所上市，IPO融资额达到54亿美元。而短视频领域的另一个企业——抖音的业务渗透与转型更加激进。抖音是一个非常年轻的企业，2016年才面世，但短短两年多之后，2018年底的月活跃用户超过5亿人。抖音于2020年正式开辟电商业务，当年的总交易额就达到5 000亿元，比上年增长了3倍。根据抖音自己的表述，其致力于“兴趣电商”，就是在用户没有明确购物计划的情况下，要通过寻找他们的兴趣，从而激发他们的购物欲望。显然，抖音电商将极大地使用数据与算法，推行精准性匹配和个性化分发。在很大程度上可以说，抖音电商就是算法电商。当然，目前来看，抖音电商的补贴力度非常大，被认为是“硬核补贴”。除了快手、抖音等企业，腾讯也通过微信小程序直播、微信小商店等方式，尝试向电商业务渗透。如果这些企业的渗透行动成功，就很有可能显著地改变目前由阿里巴巴、京东、拼多多主导的电商市场结构。

总的来看，进入互联网领域，不存在工业行业的征地、建厂房、订购设备、掌握工艺、通过产品检测与认证、建立供应链和销售渠道等方面的壁垒。工业行业的这些壁垒是非标准化的，非常细微烦琐，导致了巨大的进入困难。互联网行业的进入壁垒即使很高，也具有较高的标准化程度，这很可能与数字技术的通用性有关，通用性在一定程度上意味着标准化。标准化的进入壁垒似乎可以通过标准化的货币来克服，只要获得足够资金，就可以进行招聘、租楼、设立企业构架、确立工作流程、布置业务管道，从而快速地进入营业状态。标准化的进入壁垒也意味着资产的专用性较低、通用性很强，从而进入者即使失败，沉没成本也远小于工业投资。事实上，互联网行业被认为是轻资产行业，不需要大量的重资产，从而减少了资产专用性造成的沉没成本。也正是因为没有非标准化、细微烦琐的壁垒，再加上数字经济具有广阔前景，特别是互联网领域的业务边界不断扩张、市场规模不断膨胀，促进了风险投资者把大量资金投入这些行业，助推了许多创业者克服进入壁垒。即使面对在位大企业的规模经济性和压制性竞争手段，创业者也可以在技术迭代、商业模式迭代、应用场景迭代中实现追赶和超越，恰如面对阿里巴巴、京东这样的在位大企业，拼多多通过拼团杀价等商业模式，成功地获得了较大的市场份额，而抖音等企业也有可能通过算法运用和兴趣激发来抢占电商市场。

当然需要指出，数字经济领域活跃的进入-退出和企业转型，并不意味着进入者大多数能够立足、转型者大多数能够如愿以偿、退出者大多数能够避免债务等纠纷。事实上，成功者的背后隐藏了很多失败者。但是，只要进入-退出和企业转型保持活跃，就可能改变市场的竞争-垄断格局。而在这个过程中，企业家，特别是年轻的创业型企业家，以及投资者，是不可或缺的角色。

三、竞争-垄断与企业家、投资者

应该认识到，新企业的进入、在位企业的转型与技术迭代、商业模式迭代、应用场景迭代相辅相成，从而使数字经济领域形成了动态竞争性市场。但是不应该仅仅将认识停留于这个层面，而是应该进一步认识到：企业的进入实际上是企业家的进入；企业的转型实际上来自企业家的决策。

数字经济领域要形成动态竞争性市场虽然在很大程度上得益于企业家的进入，特别是年轻创业者的进入，以及他们的转型决策，但投资者的踊跃投资也不可或缺。可以说，如果这样的进入停止了，这些投资停止了，市场的动态竞争性将难以继续维持，而很有可能滑向垄断性。

中国互联网行业的早期进入者都是比较年轻的创业型企业家。创业型企业家在促进新兴领域发展中的作用，进而在构造经济增长新动能中的作用，可能超过许多人的想象。美国经济学家鲍莫尔等（2008）在其著作《好的资本主义，坏的资本主义：增长与繁荣的经济学》中就论述了企业家型资本主义的重要性，他所谓的企业家型资本主义是指不断有大量初创小企业涌现出来，这些小企业具有较强的创新和进取精神。鲍莫尔（2010）在《企业家精神》一书中进一步指出，依托于、表现于创业型企业的企业家精神也需要良好的环境、正确的政策加以引导，才能成为生产性力量，而非破坏性力量。Altomonte 等（2012）对英国、法国、德国、西班牙、意大利、奥地利、匈牙利等 7 个国家的 15 000 家企业的实证性研究清晰地表明，大量中小企业进入市场是经济活力的基础，而中小企业在获得外部融资和参与外部竞争的情况下，更容易实现转型和生产率提升。我国互联网行业的发展恰好展现了这样一幅综合性图景，那些闯入市场的创业者既有从国内大学毕业不久的年轻人，也有“海归”年轻人，他们的企业家精神在国家发展政策的重大转变中，在数字技术不断获得突破的浪潮中，在风险资本的加持下，得到了比较充分的发挥。

所谓国家发展政策的重大转变，就是在20世纪末和21世纪初，国家对民营企业、民营企业家的政策发生了转折性变化。在1978年实行改革开放政策之后的一个时期里，民营经济只是被当作拾遗补阙的“补充成分”，甚至时常陷于“姓社姓资”的争论。1997年党的十五大提出，公有制为主体、多种所有制经济共同发展，是我国社会主义初级阶段的一项基本经济制度；对个体、私营等非公有制经济要继续鼓励、引导，使之健康发展。这是民营经济发展的一个里程碑。1999年，我国《宪法》修改为，“在法律规定范围内的个体经济、私营经济等非公有制经济，是社会主义市场经济的重要组成部分”。“重要组成部分”与从前的“补充成分”相比，明显扩大了民营经济可进入领域的范围，并且意味着民营企业可以做大做强。同时，国家也扩大了对外资的开放力度，特别是2001年我国正式加入世界贸易组织（WTO）之后，开放力度空前加大。国家关于民营经济发展和对外资开放政策的转折性变化，正好与互联网兴起的大潮相契合，激励了许多年轻人带着在互联网领域创业的热情，设立企业，筹集资本，开发技术，探索商业模式。后来的一些政策，譬如2005年出台的《国务院关于鼓励支持和引导个体私营等非公有制经济发展的若干意见》（老36条），以及2010年出台的《国务院关于鼓励和引导民间投资健康发展的若干意见》（新36条），进一步清理了不利于民间投资和民企发展的法规政策，并简化了政府手续，使得数字经济领域的投资创业活动更加活跃。

而且，进入21世纪第二个十年以来，国家还特别重视“互联网+”、倡导创业创新（即“双创”）、大力推进“放管服”改革。国家提出，要在中华大地形成大众创业、万众创新的热潮，先后颁发了《国务院关于大力推进大众创业万众创新若干政策措施的意见》《国务院关于积极推进“互联网+”行动的指导意见》等文件，提出要着力弘扬敢于进取、创新创业的企业家精神，调动企业家干事创业的积极性，推动互联网领域的创业创新，促进互联网向其他领域渗透。这些政策取得了良好效果。许多地方政府还开展了“双创”大赛等活动，激励年轻人进入互联网等领域进行创业创新。

国家鼓励创业创新，力促数字互联网等数字经济行业的发展，当然离不开大量的资本投入。在很大程度上可以说，新经济由新式资本所推动。这个新式资本主要就是以民间资本为主的风险资本。何枭吟（2007）曾对美国数字经济引领世界潮流的原因进行了探讨，认为风险资本是美国数字经济发展的重要力量，风险资本通过独特的创新试错机制和风险分散机制，把资本和知本联系在一起而形成发展合力。王国刚（2001）则从创业资本如何实现退出的角度，论述了创业资本（实际上就是风险资本）在高新技术产业特别是互联网产业发展中的重要作用。Kaplan 和 Stromberg（2003）则从理论的角度分析了风险投资者和创新创业者如何通过灵活的合约来分配风险，从而使得商业化得以实现。我国从 20 世纪 90 年代开始，就重视美国等国家通过风险资本促进互联网等产业发展的经验，并着手发展自己的风险投资机构、建立自己的风险投资市场。1998 年，由民建中央主席成思危在全国政协提出的《关于加快发展我国风险投资事业》的提案，后来被誉为我国风险投资一号提案，对我国风险投资行业的发展起到了推动作用。事实上，我国那些有着较好市场表现的数字经济企业基本上都获得过风险投资机构的投资。例如，搜狐在 1996 年创立时，就获得了美国两位风险投资人极为宝贵的 22 万美元的投资，1998 年又获得了来自晨兴资本、IDG 等机构的 220 万美元风险投资；新浪在 1997 年获得了三家国际风险投资机构 650 万美元的投资；网易于 1999 年获得了 200 万美元的第一轮投资，后来又获得了 5 500 万美元的第二轮和第三轮投资。阿里巴巴获得的投资更加具有全球化特点。1999 年，阿里巴巴正式成立，2000 年初就从软银等国际风险投资机构获得了 2 000 万美元的投资，2004 年又从几家国际风险投资机构获得了 8 200 万美元投资，这是当时中国互联网行业最大规模的私募融资。京东的累计融资规模更大，在上市前获得多轮来自风险资本的超过 20 亿美元的投资。到了 21 世纪第二个十年，风险资本对数字经济的投入空前加大，譬如，快手在 2012 年和 2013 年获得来自五源资本的 30 万美元天使投资和 130 万美元 A 轮融资之后，2014 年的 B 轮融资达到 1 000 万美元，2015 年的 C 轮融资则达到 1.3 亿美元，此后经过多次融资，到 2021 年 2 月上市前，共获得风险投资机构的投资超过 100 亿美元，IPO 融资额则超过 400 亿港元。字节跳动在 2012 年获得数百万元天使轮融资和 100 万美元 A 轮融资之后，2013 年的 B 轮融资达到 1 000 万美元，2014 年的 C 轮融资达到 1 亿美元，此后累计融资超过 70 亿美元。这些数字企业的融资方式和融资规模在传统的融资市场是不可想象的。

互联网等行业是全新行业，没有在位的国有大企业主导，当境内民营资本、境外资本进入这个行业时，就不会有在位的国有大企业认为民营企业冲击了国有企业、扰乱了竞争秩序。在很长一段时间里，也没有关于互联网和数字经济是否属于国家安全领域的讨论，所以境内民营资本和境外资本基本上可以自由地进入这个行业。可以说，企业家精神的张扬、资本的自由进入，是数字经济领域动态竞争性市场结构的最有力维护者。

四、公司治理及资本市场监管

在一定程度上，数字经济是数字技术创新者、数字服务创业者和风险投资者相结合的产物。因此，数字企业的重大行为受到他们的共同影响。一些学者已经注意到了这一点。Kaplan 和 Stromberg（2003）就分析了创业者和风险投资者之间的合约如何影响他们的后续行为。于左等（2021）则分析了交叉持股、共同股东如何促成了竞争性企业之间的合谋，他们通过理论模型论证了交叉持股、共同股东在达成合谋方面的可能性；并专门分析了数字经济领域的典型案例，指出在全球网约车市场上，优步和滴滴两个原本在全球市场进行激烈竞争的企业，在交叉持股并有一个共同的大股东之后，涉嫌重新划分全球市场，优步先后退出了中国市场、俄罗斯和东欧国家市场、东南亚市场，而滴滴则逐步退出美国市场，进入东南亚市场和日本市场，而且优步和滴滴在重新划分市场后，还停止了原先存在的补贴，涉嫌制定垄断性高价。这些研究和事例告诉我们，数字经济领域的反垄断和反不正当竞争以及其他方面的规制行动，当然要把眼睛盯在数字企业身上，但同时也应该把一些视线分配到风险投资者身上。

在很大程度上，数字经济的发展离不开风险资本，这是资本发挥积极作用的一面。但也应该意识到，风险投资者的介入很可能会对企业行为产生较大影响，甚至主导企业的某些行为。这完全符合逻辑，因为他们是创业型企业的重要股东，甚至在一定时期内是最大的股东。他们不但要考虑不断提升公司在资本市场的估值，以便以更高定价吸引后续资本投入，而且要考虑能否最终通过并购或上市方式实现资本退出并获利。他们极有可能进入创业型企业的董事会。一般而言，数字经济的许多行业，特别是互联网领域的那些细分行业，存在巨大的赢家通吃现象，这种现象被称为“数一数二，不三不四”，就是市场排名处于第一、第二的企业才有可能存活下来并获得后续投资者的青睐，所以绝对不能落到第三、第四位。市场排名可能以注册用户、活跃用户数量来衡量，也可能以点击量、交易额来衡量，有时还会以营业收入来衡量，但很少以利润来衡量。因此，不但管理层自己会极力追求增加用户数量、点击量、交易额，而且风险投资者也会施压让他们这样做。风险投资者还可能发挥自己在资本界的影响力，促成或者“促败”创业型企业的融资，譬如，我国网约车市场曾经有数家重要企业进行激烈竞争，其中一家企业——大黄蜂在资金即将“烧光”的时候，一度找百度进行融资，但其竞争对手——滴滴对此加以阻止。① 风险投资者如果“撮合”两家相互竞争的企业实现合并或者其他方面的联合，则更不奇怪，因为这样也可以消除激烈竞争。风险投资者也不会忘记资本退出的终极目标，他们一直都有强烈的欲望去提升受资企业的融资估值和上市估值，他们为实现这些目标所采取的行为可能不仅会涉及反垄断、反不正当竞争问题，还会涉及会计、金融、资本市场规则等问题，譬如，有可能会出现虚假陈述、错误披露方面的问题，也有可能会出现串通一气、联手操纵估值与定价的问题，等等。这些都是风险投资给规制带来的议题。总而言之，对数字经济进行规制，很难忽略风险投资者的存在和他们的巨大作用、巨大能量。而且，他们的巨大作用、巨大能量不仅涉及产品

---

① 滴滴最早投资人：4 年前投 70 万、如公回报超 35 亿，回报率 5 000 多倍．搜狐网，2016－08－07.

市场的垄断与竞争问题，还涉及资本市场与金融问题。

还应该注意到，一些在位的数字巨头企业往往也是活跃的风险投资者，它们所投资的众多企业要么存在竞争关系，要么存在互补关系或者其他方面的关系，如果它们“出手”，的确可能施加力量，改变受资企业的行为。在位数字巨头投资众多企业，就会构成结构十分复杂的企业集团或企业系族，进一步增加了规制的难度。为了应对规制上的困难，是否需要进行股权穿透，如何实现股权穿透，穿透之后应该监督什么，都具有极强的专业性。如果穿透的终点到达在位的数字巨头以及数字巨头的最终大股东、实际控制人，那么这些人可能会被监管机构施加更多的透明度要求以及其他的责任要求。这将是一个艰难的话题，也将是一个敏感的话题，但很可能是一个真命题而非伪命题。

在这个复杂的市场体系中，对受资企业公司治理的要求不应该被忽视。周小川（1999）早就指出，应该区分监管与治理，尽管他那时将治理翻译为督导。他认为，监管的责任与治理的责任完全不是一回事，后者涉及股东特别是控股股东、董事、内部人的责任问题。我国已经颁布实施了《中华人民共和国公司法》《中华人民共和国证券法》等法律，特别是对于上市公司还有更加详细的规则，这些法律和规则为公司治理确立了基本框架。但是，正如《二十国集团/经济合作与发展组织公司治理原则》所指出的那样，市场的透明度和公平性至关重要，而随着市场经济的发展，公司的资本结构和持股方式越来越复杂，都会给实现良好公司治理带来挑战。数字经济领域企业的投融资和管理不但涉及复杂性很强的金融工具，而且涉及灵活性很强的合约，进一步增加了挑战。应对这方面的挑战，需要在实际当中不断识别问题和总结经验，并吸纳到制度创新当中。

五、结语

很显然，当数字经济领域特别是互联网行业存在大量的市场进入-退出活动时，市场集中度呈现出不稳定状态，2020 年的市场结构与 2000 年相比已经大不相同，一些曾经具有重要市场势力的头部企业已经严重落后甚至关闭破产了，而活跃的进入却使得一些年轻企业迅速崛起并成为巨头。即使那些维持经营的企业也在技术创新、产品迭代的浪潮中寻求业务转型，有的比较成功，有的并不成功。在过去二十多年里，我国对民营经济的包容性和鼓励性政策，以及对“双创”的提倡，极大地激发了年轻一代的企业家精神。完全可以说，在数字经济领域，有多个企业充分竞争的市场结构不是天然存在的，而是由多个在市场中成功立足的企业家构造的。许多行业的市场缺乏足够的竞争，是因为缺乏足够的企业家。充分竞争的市场绝不是像行人弯腰捡钱那样那么容易得来，不是随时都处于出清状态。市场结构研究绝对不能忘了企业家因素。当然，传统企业向数字企业转型（也可被视为进入数字经济领域）也会增加市场的竞争性。不管怎样，先行企业家冒着很多不确定性和很大风险进入一个市场并立足了，后发者自然享受高确定性和低风险，这实际上是先行者为后来者打掉了进入壁垒。从这个角度来说，即使没有后来者，先行者独占了市场，也是自然形成的垄断，未必一定要分拆先行企业。最重要的就是，数字技术特别是互联网技术正在成为新通用技术，从而创新不断涌现，迭代不断产生，这是增进竞争的最好利器。

过去二三十年里，我国数字经济快速发展，一批数字企业奇迹般地诞生和崛起，一些企业倒闭而一些企业进入，风险资本功不可没。风险资本当然不是奉献资本，是为了逐利而投入数字经济领域的。但是，在面临前景高度不确定的经济活动时，风险资本拥有一套独特的制度安排，可以比较巧妙地处理利益与风险、现在与未来、个体与群体之间的关系，从而适应也推动了数字经济活动的开展。我国的风险资本市场从一开始就带有高度的民间化和国际化的特点。即使是二级市场，也以境外市场为主，譬如，我国多数数字企业都到美国纳斯达克证券市场上市和融资，因为这是一个全球化的、在较大程度上面向风险资本的市场，对上市企业没有营业收入规模、盈利等方面的要求，所以我国一些数字企业在亏损累累时就实现了在纳斯达克的上市。这些在我国国内资本市场就很难做到。当然，无论是境外的风险投资者，还是境外的证券交易所，在信息披露方面均有很高的要求，对违规者有很严厉的惩罚措施。因此在未来，我国要继续推动数字经济的发展，仍然不能忽视在资本市场、公司治理等方面与国际接轨，不能拒绝开放性而转向封闭性。

自 2020 年以来，由于对国家安全的关注度骤然上升，数字经济许多行业被认为与国家安全密切相关，数据本身也被认为事关国家安全，从而面临着更加严密和严格的监管环境。因此，民间资本以及境外资本下一步在数字经济领域的进入-退出应该会面临新的政策挑战。而国有资本则可能面临更多的扩张机遇，因为事关国家安全的领域是国有资本进入受到鼓励的领域。早在1999年，党的十五届四中全会就指出，国有经济需要控制的行业主要包括涉及国家安全的行业，自然垄断的行业，提供重要公共产品和服务的行业，以及支柱产业和高新技术产业中的重要骨干企业。2013年，党的十八届三中全会提出，国有资本投资运营要服务于国家战略目标，更多投向关系国家安全、国民经济命脉的重要行业和关键领域，重点提供公共服务、发展重要前瞻性战略性产业、保护生态环境、支持科技进步、保障国家安全。2020年颁布的《中共中央 国务院关于新时代加快完善社会主义市场经济体制的意见》提出，推动国有资本更多投向关系国计民生的重要领域和关系国家经济命脉、科技、国防、安全等领域。可以预料，在新的政策环境中，国有资本应该会在数字经济领域更加活跃。但是需要提示的是，数字经济领域中的资本与创业创新者之间的关系非常复杂也非常灵活，譬如设计非常激进的薪酬结构和股权激励方案，不知道国有资本是否可以顺利地对接这样的制度安排，也不知道这样的制度安排是否会引发国有资产流失的争论。而且，一些数字企业在运营中大量地“烧钱”，陷入长期亏损甚至最后走向破产，这对国有资本监管方式也会带来挑战。如果在新的政策环境中，民间资本以及境外资本的进入更加消极，退出更加积极，对我国数字经济发展而言并不一定是好消息。

当然，不管是什么类型的资本投入，也不管是什么人创立企业，对数字市场加强反垄断、反不正当竞争等方面的规制已经不可避免，而这些规制必将与工业领域的规制有所不同。面对这样的新规制，数字市场的进入-退出活动以及数字市场结构变化和竞争格局改写将会沿着怎样的路径开展下去，需要进一步观察，也值得深入跟踪研究。

第五章　数字经济领域的技术进步、创新与竞争格局变化

数字经济的迅速发展受益于相关技术不断进步和各式各样的创新不断推进，而且随着技术突破和创新推进，竞争格局也发生变化甚至出现颠覆。在个人电脑技术和产品为主流的时代，新闻信息的门户网企业是互联网行业的骄子，而到了移动端技术和产品为主流的时代，社交平台特别是得到了第五代移动通信技术（5G）支撑的视频社交平台则极大地改写了以前的市场结构和竞争格局，连电商平台也要防止社交平台的渗入和冲击。相关硬件行业也是如此，支持移动端的芯片企业把从前的个人电脑芯片企业甩在了后面。本章将说明，在数字经济的许多领域，技术进步、各式各样的创新可能比政府的反垄断行动更能给企业带来压力，更能促进动态竞争局面的形成，更能提升客户的价值和体验。因此，政府一方面需要反垄断，另一方面应该考虑技术进步和创新是否会导致企业难以形成垄断，特别是要防止出现反垄断行动反而不利于创新的开展，从而最终不利于动态竞争的开展的情况。

一、芯片技术进步、产品创新及其带来的竞争格局变化

人们往往把互联网摆在数字经济的核心位置。但从技术角度来看，芯片应该真正处于核心位置。事实上，我国公布的《数字经济及其核心产业统计分类》中，第一大类就是包括芯片设计与生产在内的计算机通信和其他电子设备制造业。从全球范围来看，20 世纪 50 年代美国德州仪器公司发明了集成电路，70 年代美国英特尔公司开始生产微处理器并催生了个人电脑的兴起，80 年代美国国际商业机器公司（IBM）大量生产桌上型

个人电脑并带动了日本基于DRAM（动态随机存取内存）的芯片行业的崛起，此后，日本电气公司、东芝、日立等日本企业雄霸全球芯片行业，而美国的德州仪器公司和英特尔公司则被挤到了第二梯队。到了20世纪90年代，随着互联网的兴起，操作软件具有了前所未有的重要性，美国微软的Windows操作系统占据了绝对主导地位，而英特尔在1992年与微软结成战略联盟，英特尔生产的芯片专门为微软的操作系统配套，从而使英特尔很快超越日本电气公司等企业而成为全球芯片行业龙头，此后长期雄踞行业第一。此时，韩国的三星也在芯片领域开始占据一席之地，我国台湾的台积电则专注于代工，也有不错表现。而欧洲的西门子将其芯片业务独立为英飞凌公司（Infineon），日本电气公司、日立、三菱将它们的DRAM业务合并设立尔必达公司（Elpida），它们试图改变颓败的趋势，但在很长时期里劳而无功。

进入21世纪以后，世界真正步入了互联网时代，数据从有线传输发展到超高速度的无线传输，特别是美国黑莓公司和苹果公司生产的智能移动设备的出现引发了对效能极高、体积极小芯片的爆发式需求，能够抓住需求变化的企业势必成为行业赢家，而不能抓住需求变化的企业将成为行业输家。而且，芯片行业的业态也发生了重大变化，主要就是研发设计与代工制造实现了分离，譬如高通（Qualcomm）专注于芯片设计，而台积电专注于代工，均显示出极大的专业能力。到了21世纪第二个十年，随着大数据和物联网时代的到来，数字化物体、智能化终端所接收或发出的庞大数据都需要极大的数据储存、处理、运算能力，从而形成了对高性能芯片需求的巨大浪潮，并推动了芯片行业的不断创新，功能越来越强、体系越来越小的芯片取代了功能较小、体积较大的芯片，那些抓住潮流和趋势的企业不断壮大，而与之相反的企业则没落了。例如，尔必达即使一度得到日本政府输血救助，也在2012年宣布破产，剩余资产被美光（Micron）收购。在芯片行业过去四十年的发展历史中，曾经雄踞行业前几位的企业，唯有德州仪器公司和英特尔公司依靠创新仍然保持在第一方阵的位置，日本的企业、欧洲的企业则退出了第一方阵，而韩国的三星、中国台湾的台积电则成为最大的赢家。

韩国三星在芯片行业的起步较晚，但是三星却极其敏锐地抓住了移动智能终端芯片的需求浪潮，凭借其连续的高额投入和严厉的成本控制能力，不断扩大了市场份额。而台积电则把商业模式创新和工艺技术钻研的有机结合几乎做到了极致，其首创的代工（foundry）模式将芯片的制造与研发设计分立，创造了两个 F（foundry，fabless）并行发展的业态，获得了巨大成功。目前，高通、博通（Broadcom）、联发科等无工厂（fabless）业态的代表性企业，与台积电、三星已经形成了生态体系，使得其他可能的新进入者面临极高的进入壁垒。而英特尔、三星等兼有研发设计和制造环节的综合性芯片企业则两面开弓，与两个 F 同时进行竞争。不过在纳米制程的竞赛中，英特尔已经处于下风，台积电和三星处于上风。如果英特尔还是不能在纳米制程方面扭转劣势的话，全球芯片行业的竞争格局将会发生极大的变化。这就是技术进步和创新的残酷无情。

21 世纪以来，随着摩尔定律的实现和大范围创新的推进，芯片行业的产业链、供应链也发生了革命性的变化。在复杂的产业链条、供应链条中，光刻技术及光刻机产品处于关键环节，并对芯片市场结构产生了重大影响。在 21 世纪末，芯片的光刻工艺还在一百纳米左右。那时全球有三大光刻机生产企业，即荷兰的阿斯麦（ASML）及日本的尼康（Nikon）和佳能（Cannon），它们生产的第一代浸没式光刻机是在干式光刻机基础上发展起来的。到了 21 世纪初，IBM 开发了低于 30 纳米的光刻技术，打破了长期存在的技术瓶颈。而到了 21 世纪第二个十年，极紫外（EUV）光刻技术则突破了 10 纳米及之后的 7 纳米、5 纳米甚至 1 纳米工艺。在这项技术占主流的时代，尼康和佳能在光刻机市场不再占有重要地位，1984 年才成立的阿斯麦则成为唯一的霸主，在极紫外光刻机市场的占有率为 100%。在过去二十多年里，面对日本的竞争对手，阿斯麦敏锐地抓住了极紫外光刻技术的创新趋势，于 2010 年在全球率先推出了极紫外光刻概念机，于 2016 年批量推出了面向生产的极紫外光刻机，此后牢牢占据市场，一举超越尼康和佳能的地位。但是，并不是极紫外光刻机的所有零部件都由阿斯麦自己生产，恰恰相反，阿斯麦是整机厂商，核心能力在于研发设计和模块集成，其供应链涵盖了 5 000 多家供应商，包括美国的硅谷公司、欧洲的蔡司公司和西盟科技公司，其中硅谷公司被阿斯麦于 2000 年收购，西盟科技公司被阿斯麦于 2012 年收购，蔡司公司 24.9%的股份被阿斯麦于 2016 年获得。在这个复杂的产业链、供应链中，也有台积电和三星及英特尔的身影。2012 年，台积电、三星和英特尔共同收购了阿斯麦 23%的股份，以帮助阿斯麦提高研发资金的投入，同时也享受极紫外光刻机的优先供货权。此外，英特尔于 1997 年牵头创立了极紫外联盟，这个联盟的成员可以共同商量研发项目，并共享研究成果，而阿斯麦是联盟中唯一的光刻机企业。

很显然，在过去四十年里，特别在过去二十年里，在技术进步、工艺创新、分工方式变革的带动下，芯片行业以及制造芯片的关键设备行业的市场结构发生了极大变化，虽然这些行业并没有经历过重大的反垄断行动，并没有哪个企业被反垄断机构分拆。大多数曾经的龙头企业已经无足轻重，其中一些已经退出了市场，即使是当前的龙头企业，其地位也并不十分稳固。未来的芯片到底会沿着什么样的技术方向和技术路线发展，目前很难预测，而未来的芯片行业到底会有哪些企业进入第一方阵，更加难以预料。可以认为，在这些行业，技术进步的力量远远大于反垄断的力量。

二、互联网终端设备的技术进步、创新及其带来的竞争格局变化

数字经济的快速发展与互联网终端设备的技术进步密不可分，特别是随着个人终端的普及化、小型化、移动化，以及功能的强大化，数字经济便深入许多角落。个人终端的普及化始于个人电脑（PC）。IBM 将电子计算机带到了桌上型个人电脑时代，它因此一度在个人电脑市场独占鳌头，后来即使在国际上有惠普（HP）、苹果等企业，在国内有联想等企业大力进入桌上型个人电脑行业，IBM 也占有很高的市场份额。但随着液晶显示屏技术的突破和电脑芯片的小型化，膝上型个人电脑也即笔记本电脑得到迅速普及，个人终端市场就形成了群雄割据局面，虽然 IBM 和惠普具有技术积累和经销网络等方面的优势，仍然占有较大的市场份额，但是戴尔（Dell）这个新兴的美国企业迅速占领了相当一部分市场，而且其他国家和地区的企业，特别是亚洲的企业，包括日本的日本电气公司、东芝、富士通，韩国的三星，中国的联想，以及中国台湾地区的宏碁、华硕，都纷纷进入这个行业。到 21 世纪初，市场格局发生重大变化，IBM 在个人

电脑行业的全球市场份额勉强维持第三位，且与戴尔、惠普的差距在拉大，其个人电脑业务于2004年被联想收购。2005年，全球笔记本电脑出货量首次突破5 000万台，从2004年的4 900万台跃升到6 500万台，其中戴尔出货量超过1 100万台，惠普出货量超过1 000万台，东芝出货量超过700万台，宏碁出货量超过650万台，而联想在并购IBM之后则以500多万台的出货量首次跻身前五。

进入21世纪以来，个人终端设备行业的一个破坏性创新就是智能手机的出现，并且日益呈现出体积小型化和功能强大化的特点。智能手机与个人电脑相比当然更具移动性。智能手机实际上就是一台掌上型个人电脑。是液晶技术的快速进步，芯片工艺的不断突破，加工产业链的日益改进，以及设计师的超乎寻常的想象力，成就了智能手机这样一个破空而来的产品。当然，无线通信技术从第二代（2G）、第三代（3G）向第四代（4G）、第五代（5G）的跳跃，互联网基础设施和应用场景的快速发展，为智能手机的广泛使用提供了巨大空间。当智能手机成为主要的个人终端时，个人终端市场的竞争格局无疑受到了颠覆，桌上型个人电脑已经不太重要，笔记本电脑不再是竞争主战场。在21世纪初，诺基亚、黑莓等企业开始生产智能手机，但功能还比较简单。苹果在2007年推出的第一部典范化的智能手机——iPhone则迅速风靡市场。不过直到2010年，在全球智能手机出货量达到一亿部的情况下，诺基亚仍然以30%以上的份额保持第一名的位置，排名第二的苹果则只有15%左右的市场份额。21世纪第二个十年开始的时候，智能手机的颠覆力开始爆发，而其市场结构也被严重颠覆。2011年，苹果以19.0%的市场份额排名第一；三星排名第二，但与苹果的差距非常微小；而诺基亚滑落到第三名；华为的智能手机刚刚起步，出货量不到苹果的十分之一。到了2012年，全球智能手机出货量首次突破7亿部，三星以30.3%的市场份额排名第一；苹果以18.7%的市场份额排名第二；华为以4.0%的市场份额排名第三；诺基亚的市场份额无足轻重。2012年，苹果智能手机出货量首次突破1亿部，2015年则突破2亿部，此后大部分年份保持在2亿部之上；华为智能手机出货量于2015年突破了1亿部，2018年突破了2亿部，迅速接近苹果的出货量；而三星智能手机出货量早就超过了苹果。2013年以来，三星和苹果几乎一直保持市场份额前两名的位置，但它们的市场份额都明显下滑，三星市场份额从2012年超过30%滑落到2020年约20%，同期苹果从20%滑落到不足15%，原本排名第三的华为的市场份额不断攀升，从2012年不足5%上升到2020年在15%以上。2019年，华为的市场份额超过苹果，达到16%，排名第二。

在考察个人终端设备市场时，还可以将智能手机与个人电脑合并考虑。21世纪第二个十年开始的2010年，智能手机出货量为2.93亿部，而个人电脑出货量为3.46亿台。2010年的智能手机市场中，诺基亚的份额达30%以上，排名第一，苹果以15%左右的市场份额排名第二。2010年的个人电脑市场中，惠普、戴尔、宏碁、联想、东芝分别以0.64亿台、0.43亿台、0.42亿台、0.34亿台、0.19亿台的出货量，占有18.5%、12.4%、12.1%、9.8%、5.5%的份额，居前五位。

2011年，智能手机出货量第一次高于个人电脑，此后此起彼伏。到21世纪第二个十年结束时的2019年，智能手机出货量为13.71亿部，个人电脑出货量只有2.68亿台。2019年的智能手机市场中，三星、华为、苹果出货量分别为2.96亿部、2.41亿部、1.91亿部，市场份额分别为21.6%、17.6%、13.9%。2019年小米和VIVO出货量分别为1.26亿部和1.10亿部，市场份额分别为9.2%和8.0%。2019年的个人电脑市场中，联想、惠普、戴尔、苹果、宏碁分别以0.65亿台、0.63亿台、0.47亿台、0.18亿台、0.17亿台的出货量，占有24.2%、23.5%、17.5%、6.7%、6.3%的市场份额。

显而易见，在21世纪第二个十年中，包括个人电脑和智能手机两类产品的互联网个人终端设备市场，出货量从6.39亿部增长到16.39亿部，整整增加了10亿部，但是其中的个人电脑出货量却萎缩了22.5%，智能手机出货量则增长了368%。曾经的个人电脑巨头，无论是IBM、戴尔、惠普，还是宏碁、东芝，以及后来的联想，在整个终端市场已经不占据很重要的地位。即使在智能手机这个细分行业，市场结构的变化也十分明显，诺基亚基本退出了这个市场，苹果、三星、华为形成鼎足之势，而中国的后起之秀，如小米、OPPO、VIVO等等，则成为全球市场上不可忽视的新兴势力。

2010年和2019年个人电脑行业的市场占有率见表5-1；2010年和2019年智能手机行业的市场占有率见表5-2。

表5-1 2010年和2019年个人电脑行业的市场占有率

	第一位	第二位	第三位	第四位	第五位
2010年	惠普（18.5%）	戴尔（12.5%）	宏碁（12.3%）	联想（9.9%）	东芝（5.5%）
2019年	联想（24.2%）	惠普（23.5%）	戴尔（17.4%）	苹果（6.7%）	宏碁（6.4%）

资料来源：根据公开资料整理，不尽精确。

表5-2 2010年和2019年智能手机行业的市场占有率

	第一位	第二位	第三位	第四位	第五位
2010年	诺基亚（30%以上）	苹果（约15%）			
2019年	三星（21.6%）	华为（17.5%）	苹果（13.9%）	小米（9.2%）	VIVO（8.0%）

资料来源：根据公开资料整理，不尽精确。

到了2021年，全球智能手机出货量约为13.2亿部，出货量前六大品牌依次为三星、苹果、小米、OPPO、VIVO及传音，其中小米、OPPO、VIVO及传音等中国品牌的出货量年增长率都达到了两位数。中国的OPPO和VIVO的发展是两个非常有意思的案例，它们并不掌握行业的核心技术，甚至也不掌握行业的重要技术，但这并不意味着它们不可以创新。它们的创新集中于产品的功能设计和制造流程方面。在功能设计方面，它们改进和强化了智能手机的照相功能，并配置更具美颜效果的软件，从而得到了许多年轻人的喜爱。在制造流程方面，它们力图简约化和柔性化，从而很好地控制了成本和售价。因此，各式各样的创新，包括技术之外的创新，是突破其他企业的“护城河”、建立自己的“护城河”的根本手段，是维持市场动态竞争的最大利器。

可以预料，这个行业的市场结构仍然不稳定，竞争仍然非常激烈，新兴势力随时都有可能冲击前三位企业的市场地位。是市场上的创新力量而不是反垄断机构的行政力量改变了竞争格局，同时也维持着竞争格局。

三、网络设备的技术进步、创新及其导致的竞争格局变化

数字经济是基于互联网的一系列经济活动。互联网发挥作用需要网络设备。至今为止的网络设备主要有交换机、路由器及无线产品，其中交换机的市场规模最大，主要是因为数据中心的快速扩张带动了对交换机的强劲需求。根据一些专业机构统计的数据，2019 年，全球交换机市场规模约为 288 亿美元，路由器市场规模约为 155 亿美元，无线产品市场规模约为 62 亿美元。在网络设备市场，由创新带来的竞争也非常激烈。

在全球市场上，生产交换机的主要企业是思科、华为和阿里斯塔（Arista）。根据一些专业机构统计的数据，2019 年，它们的市场份额分别约为 50.9％、9.6％、7.0％。生产路由器的主要企业是思科、华为和瞻博（Juniper），它们在 2019 年的市场份额分别约为 37.2％、29.8％、13.2％。至于无线产品，思科的全球市场份额遥遥领先于其他企业，其在 2019 年的市场份额约为 44％，而排名第二的慧与公司（HPE）的市场份额只有约 14％，排名第三的尤比奎蒂（Ubiquiti）的市场份额约为 7％。不过，在过去十几年里，华为生产的网络设备，特别是路由器，在全球市场上的份额得到了很大提高。在 2010 年之前，不但在全球市场，而且在中国市场，路由器和交换机的供给基本上被思科所垄断，国际和国内的电信运营商几乎全部使用思科的网络设备。但到了 2017 年，华为的路由器在全球运营商市场的份额就跃升到第一位，此后在这个市场一直保持龙头位置。尽管运营商市场并不代表全部路由器市场，但这也足以证明华为路由器产品的市场地位。2010 年，思科的营业收入达到 400 亿美元，华为的营业收入只有约 274 亿美元；而到了 2019 年，思科的营业收入只有 493 亿美元，而华为的营业收入则突破 1 000 亿美元。当然，华为在一些重要的细分领域譬如以太网交换机领域的市场份额与思科相比仍然有较大差距，思科的市场份额超过 40％，华为的市场份额只有约 10％。但华为也掌握了核心路由器的一些关键技术。特别是在中低端产品市场，华为和其他企业，譬如中兴、领势（Linksys）、普联（TP-LINK）等，迅速抢占了市场份额。2019 年，在我国企业路由器市场，华为、中兴等企业已经占据 90％的市场份额，而思科的市场份额大约只有 1％。

华为在全球市场中的地位迅速提高，中国其他企业也在市场中分得一杯羹，有很多原因，譬如华为等中国企业可以很好地控制成本和售价，以及自美国“棱镜门”事件后中国政府和企业更加注重使用国产网络设备等等，但也与网络设备技术进步有关。特别是在过去十几年里，英特尔、联发科推出了路由器整套解决方案，并开发出路由器芯片，极大地降低了路由器行业的进入门槛，吸引了很多新企业的进入。这些创新带来了对思科等在位大企业的颠覆性力量、对华为等第二梯队企业的挑战性力量，而赋予了其他企业以颠覆和挑战的能力，譬如在路由器和交换机领域，瞻博和阿里斯塔的市场份额虽然比不上思科和华为，但有着较好的发展势头，绝对不应该轻视。

四、操作系统和软件的创新迭代及其对市场竞争格局的影响

软件行业是数字经济的核心行业之一。操作系统在软件中占有十分重要的地位，如果没有操作系统，终端设备就无法运行。微软正是凭着其Windows操作系统，曾长期保持着全球资本市场市值最大企业的地位。而在移动互联时代，谷歌的安卓操作系统和苹果的iOS操作系统就有了很大的优势地位，而且还助其建立了兼容各种应用程序的强大生态。

当个人电脑开始普及的时候，操作系统就具有了极为重要的地位，并改写着数字经济领域的竞争格局。IBM推出个人电脑时，采用了微软的DOS操作系统，从此微软就大行其道。在20世纪80年代，微软为IBM开发出Windows操作系统，并与英特尔、IBM形成战略联盟，相互捆绑在一起，共同推进个人电脑、软件、芯片的联合创新，形成了初步的创新生态系统。在很长一段时间里，IBM个人电脑、微软Windows操作系统、英特尔中央处理器（CPU）结成了难以撼动的市场势力。而且，微软还对Windows操作系统不断升级，以适应个人电脑功能的日益强大化和用途的日益多样化，后来又开发了适用于平板电脑的操作系统，并开发了互联网浏览器。

在个人电脑时代，曾经有一些竞争性的操作系统。除了Windows操作系统，还有Linux操作系统，以及苹果的Mac操作系统，等等。Linux操作系统是一款开放性的操作系统，但正因为如此，没有一支稳定和强大

的专业团队去对它进行不断升级和完善，以及去开拓市场。这导致其可以支持的应用和游戏比较少，处理图像、视频的能力较差。最终，Linux 操作系统逐渐退出了市场。Mac 操作系统虽然也有苹果的专业团队去进行不断升级和完善，但它仅仅是苹果个人电脑专用的操作系统，其他电脑基本不能使用，所以其市场占有率取决于苹果个人电脑的市场占有率。苹果个人电脑过于独特，价格也比较昂贵，不可能像其他多种品牌个人电脑那样占有很大的市场份额。而且 Mac 操作系统的应用软件太少，难以满足多样化办公以及游戏方面的需要，根本不能形成生态。总之，微软在个人电脑时代占据了操作系统市场的主导地位。

但是到了智能手机时代，操作系统的市场格局发生了重大变化。智能手机的最初霸主诺基亚的手机大部分采用塞班（Symbian）公司的操作系统。2008 年，诺基亚收购了塞班公司，并设立塞班基金会。这个基金会相当于一个联盟，加入这个联盟就可以免费使用塞班操作系统。后来，索尼爱立信、摩托罗拉、三星等智能手机企业以及一些移动运营商都加入了这个联盟。而几乎同一时期，苹果 iPhone 的 SDK 操作系统以及谷歌开发的安卓操作系统也实行开放性策略。相比而言，塞班操作系统的历史更长、系统更完善、使用者更多，其市场份额大约为 60%，而 SDK 操作系统和安卓操作系统处于下风，它们的市场份额很低。但是在后来的竞争中，塞班操作系统随着诺基亚的衰落而退出了市场；而苹果开发了新的操作系统 iOS，作为其智能手机 iPhone 的主要操作软件，也占有了一定的市场份额；安卓操作系统则占据了主导地位。苹果的 iOS 操作系统不但有一些自带的应用程序，还设立了应用程序商店（App Store），极大地扩充了应用程序的内容，形成了生态体系。安卓操作系统实际上是一种以 Linux 为基础的开放源代码操作系统，谷歌在此基础上进行深度开发、不断改进，并组建了开放手机联盟，联盟成员既包括芯片企业如高通、英特尔等，也包括移动通信运营商如美国的 T-Mobile 和中国移动等，还包括三星、华为等众多的手机生产企业，形成了一个更大的开放式生态系统。安卓操作系统的全球市场份额在 2011 年的时候首次超过塞班操作系统，跃居第一位，此后一直稳居第一的位置。

在智能手机操作系统市场，即使在谷歌的安卓操作系统和苹果的 iOS

操作系统形成寡头市场之后，也不缺乏竞争，甚至微软也加入了竞争行列。微软向市场正式推出了 Windows Phone 操作系统，但其市场份额一直无足轻重。印度的企业推出了 KaiOS 操作系统，在印度市场有一定的份额。我国的华为于 2020 年前后推出了鸿蒙操作系统，目前还处于生态构建过程中。

可以看出，在操作系统和软件行业虽然时常能形成寡头市场格局，甚至形成几乎独家垄断的市场格局，但是创新和迭代给这个市场带来了可竞争性，从而寡头和垄断的市场格局是不稳固的。在个人电脑时代，操作系统市场曾经存在激烈的竞争，后来虽然微软的 Windows 操作系统占据了近乎垄断的地位，但很快，个人终端进入智能手机时代，微软推出的 Windows Phone 操作系统在市场中无足轻重。即使在智能手机操作系统市场，曾经雄踞市场龙头地位的塞班操作系统也衰落了，而安卓操作系统崛起了。2010 年的时候，在全球智能手机操作系统市场上，塞班操作系统还以 32%的份额勉强保持了第一的位置，安卓操作系统则以 30%的份额位居第二，苹果的 iOS 操作系统以 16%的份额位居第三；而到了 2019 年，安卓操作系统以 85%的份额位居第一，苹果 iOS 操作系统以 11%的份额位居第二，印度的 KaiOS 操作系统以 4%的份额位居第三（见表 5-3）。

表 5-3　2010 年和 2019 年智能手机操作系统的市场占有率

	第一位	第二位	第三位
2010 年	塞班（32%）	安卓（30%）	iOS（16%）
2019 年	安卓（85%）	iOS（11%）	KaiOS（4%）

资料来源：根据公开资料整理，不尽精确。

五、通信技术变革及其带来的竞争格局变化

数字经济从本质上来看建立在数据传输和数据处理的基础之上，正是信息和数据传输技术的变革掀起了互联网革命。信息和数据传输在 20 世纪很长一段时间里是赖于金属线缆，但随着光通信技术获得突破，光缆代替了金属线缆。不过这都属于有线传输技术。光缆技术的突破以及相关领域的重大创新推动了个人电脑的普及，将人类带到了有线互联网时代。而

无线通信技术的突破则将人类带到了移动互联网和万物互联时代，并有力地推动了互联网行业和整个数字经济领域竞争格局的变化。

在数字经济领域，无线通信技术尚处于第一代（1G）、第二代（2G）、第三代（3G）的时候，并没有导致革命性的变化。1G、2G只有语音传输，3G传输速度也只有2Mb/s。而从第三代到第四代（4G），则是一次飞跃。4G相较于3G，不但在传输容量、传输速度方面有了很大突破，而且更重要的是图像传输能力实现了飞跃，从而可以使手机功能扩展到网游、购物、视频直播等等，可以使手机进行快速搜索并获得结果，以及可以使大数据、云计算通过移动互联得到实现。而5G则具有了满足万物互联要求的基本能力。国际电信联盟（ITU）定义了5G的三大类应用场景：增强移动宽带（eMBB）、超高可靠低时延通信（uRLLC）、海量机器类通信（mMTC）。增强移动宽带能满足流量的爆炸式增长，超高可靠低时延通信能满足自动驾驶和工业数字化转型等方面的需求，海量机器类通信则可以面向智慧城市等方面更广泛的场景。在21世纪第二个十年开始后不久，5G就得到了全球许多国家的高度重视，我国在2013年就由工信部、发改委、科技部等部门组成了5G推进组，并于2019年向中国电信、中国移动、中国联通、中国广电发放了5G商用牌照。在3G到4G这场技术变革中，在互联网行业，移动互联网逐渐取代有线互联网占据了主导地位，曾经的新闻资讯门户网走向了衰落，而建立在移动互联基础上的短视频平台、社交平台、购物和旅游平台则获得了巨大的流量；在个人终端行业，智能手机逐渐取代个人电脑占据了主导地位，大量的个人电脑生产企业衰落了，而一些新兴的智能手机生产企业则涌现出来。可以预料，在由4G向5G飞跃的进程中，应该会发生同样的情形，一些在位企业，包括曾经居于市场结构第一方阵的寡头企业，将会受到严重的挤压，而一些新兴企业则会在竞争中获得较大的市场份额，甚至会成为龙头企业。在5G时代，大数据和算法将成为最重要的竞争利器，掌握大数据和先进算法的企业，无论是对需求的挖掘，还是对应用场景的开拓，都将给数字经济领域带来颠覆式竞争。

通信技术变革当然不会停留于5G。据称，第六代移动通信技术（6G）的传输速度将是5G的100倍，而且时延、移动性、定位能力等指标远优于5G；6G将使用太赫兹频段，并采用空间复用技术，其容量将可达到5G的1 000倍。事实上，国际上一些重要企业已经开始了6G的研发。2019年，美国联邦通信委员会（FCC）一致投票通过了开放太赫兹频段的决定，为6G打开了绿灯。韩国三星于2019年设立了6G研发中心。日本政府于2020年发布了6G发展战略，希望在2030年实现6G实用化。我国的龙头企业华为也开展了6G研发工作。6G技术变革会给数字经济领域带来什么样的新产品、新产业、新生态，会给竞争格局带来什么样的变化，只能让时间来回答。但可以肯定的是，当进入6G时代之后，无论是网络设备制造行业、芯片制造行业、终端设备制造行业，还是互联网平台行业、操作系统行业，都将与5G时代有重大不同，必定会有一些新兴企业取代在位大企业而居于业界龙头地位，一些曾经占有较多市场份额的企业将会衰落。

通信技术变革也不只局限于地面。美国的太空探索技术公司（SpaceX）就有一个星链（Starlink）项目，计划发射数万颗低轨通信卫星，组成一个星链，从太空为人们提供互联网服务。目前，已经有两千多颗卫星在轨，并开始运营。星链技术目前看来也有一些重要缺陷，而且直到现在所获得的客户人数并不多，但它的覆盖面无疑更加广阔，如果一些缺陷能够得到弥补，可能会有较好的发展前景，或许会成为改变行业竞争格局的另一种力量；即使这样的技术路线和商业路线失败了，也可能还会有其他类似的项目出现，使得来自天空的竞争对地面竞争的威胁永远不会停下脚步。这就是创新的力量。

六、一些讨论

技术变革、产业创新对竞争格局的影响，是产业组织研究领域的重大议题。如果技术处于静态，创新陷入停滞，市场竞争行为将主要在价格层面展开，并辅之以广告等手段。在这样的情形下，规模经济性将成为最重要的壁垒，而反合并、反合谋也会成为基本的反垄断内容。但在引入技术变革、产业创新等变量后，一切都将改变。

数字经济之所以成为新经济，之所以成为增长新动能，在于其技术突破和创新推进带来了新应用、新产业。数字经济领域中的许多创新都属于熊彼特（schumpeter）所说的破坏性创新，不但会对传统的工业经济形成冲击或引致改造，而且会给数字经济领域已有的产业和在位的企业带来颠覆与迭代。正如梯若尔（2020）所描述的那样，数字化是21世纪经济与社会变革的核心，它不但改变了贸易、金融、媒体，而且影响着人类的其他活动，而我们必须迎接这场变革。因此，数字经济不少行业曾有的竞争格局被极大地改变了。数字经济领域的产业创新呈现出较强的生态化趋势（张文魁，2021），生态圈将很多企业和机构联结在一起，并赋予了它们以不同角色，使产业的竞争与合作关系更加复杂，从而可以改写产业组织格局。但在这种变革的背后，是创新活动整个过程所面临的各种不确定性，正如克里斯坦森（2014）所指出的那样，延续性创新和破坏性创新交织在一起，一些看似技术含量不高的来自小企业的创新性产品却给在位大企业带来了厄运，而墨守成规、不思进取就意味着被颠覆、被淘汰。不过，这些新兴企业一点也不能掉以轻心，被它们挤掉的企业的命运也许就是它们的命运。反过来，新老企业的交替、市场结构的改变也会影响创新的进程和创新的效果，正如经济学家 Scherer 和 Ross（1990）所指出的那样，从理论上来说，过于分散的市场和过于集中的市场都不利于创新的开展。也就是说，创新和竞争相互影响对方，创新会改写竞争局面，而竞争局面会促进创新，在一个创新和竞争可以相互强化的市场中，产业生态实现了进化，而经济增长得以维持。

这意味着，在政策层面，应该注意反垄断和反不正当竞争行动以及其他规制行为是否会对创新造成伤害。在某些情况下，大企业占据很大的市场份额，看起来像是垄断，但这种市场地位实际上是一种创新果实，而并非排斥竞争的结果；也有一些看似不太公正的经营策略，实际上是利用了由创新建立起来的优势，或者是为了保护创新而采取的行动。概括而言，这些都属于创新租金。如果企业不能获得创新租金，它们就没有动力也没有能力继续创新，因为后续的创新需要投入大量的资金，这也是熊彼特（2016）强调过于分散的市场结构、过度的竞争不利于创新的原因。因此，重要的是要区分创新租金和垄断租金。问题在于，对垄断租金的评估和对创新租金的评估不但技术性很强，而且分歧性很大，并不容易达成一致意见。因此，政府机构应该充分发挥各方面专家的作用，听取不同意见，以便执法更加科学、合适。

不过也需要指出，技术突破、产业创新改变竞争格局，颠覆垄断结构或寡头结构，并不会在瞬间发生，而要花费较长的时间。从本章的分析来看，那些典型行业的市场结构被显著改变、被颠覆，都要花费十几二十年的时间。十几二十年对于产业组织分析专家来说似乎不值一提，但对每个人来说，都是漫长的时间。在这个漫长的时间里，如果没有反垄断、反不正当竞争法等法律的实施，我们能期望产业巨头们洁身自好，不要滥用市场势力、远离垄断行为吗？这当然是一个很难给出肯定回答的问题。因此，从实际层面来看，反垄断、反不正当竞争当然不应该缺席，尽管这是一项技术与艺术相结合的工作。

数字技术应该是新通用技术，数字经济领域的技术突破和创新远未完结。现在，在通信技术领域，6G、星链技术或者其他尚未可知的技术正在孕育、正在研发，这些技术的颠覆性不容小觑。在芯片领域，碳基芯片会不会取代目前的硅基芯片？摩尔定律会不会从此走入坟墓？光刻机会不会被其他的卡脖子机器所颠覆？未来将由哪些企业主导芯片行业和互联网平台行业？没有人能给出十分肯定的回答。而在网络终端和网络设备行业，可穿戴设备会不会取代智能手机？路由器会不会被其他设备所取代？也没人能给出明确的答案。在计算技术领域，量子计算会不会在不远的将来获得实质性突破并得到应用？人工智能技术会在多大程度上代替人类思维甚至人类情感？这些问题都令人着迷。可以说，很难确定未来的技术突破和创新推进会带来什么样的新产品、新产业、新生态；但唯一可以确定的是，它们会带来竞争格局的改写和企业地位的变化。

当然，并不是所有的新式活动、新颖事物都是好的。创新更不能成为一张可以畅行天下的标签。数字经济领域各式各样的创新中也可能会有一些出发点就显然不正当的行为。譬如，即使是芯片和计算机这些纯粹的高科技产品也有可能会被用于明显带有欺瞒性的看相、算命、赌博，以及所谓“众筹”的集资类活动，其中一些活动即使不算明显违法，也应该被纳入监管范围。而互联网行业更有可能滋生出一些普遍带有不良意图的细分领域，譬如曾经在我国风靡一时的互联网金融，其中大部分企业经事后调查得知，在开始设立商业模式时就以不可能实现的高利息、高投资回报为诱饵广泛地吸收资金，且重点吸收不易引发激烈维权行动的小额资金，从而聚沙成塔、集腋成裘，把资金转移到其他用途，甚至个人挥霍上。而比特币（Bitcoin）等虚拟货币以及非同质化代币在互联网上得到了一些人的大肆操作，特别是元宇宙（Metaverse）相关概念的虚拟物品现在受到热捧，这些行为都有可能被诱导甚至被操纵，其中一些带有诈骗或其他类型犯罪的性质。因此，在鼓励数字经济领域发展的同时，在欢迎创新的同时，政策机构也应该保持敏锐，防止有些企业在创新旗号下开展显而易见的欺骗性活动，以及其他较难一眼识破但意在违法的活动。

第六章　数字经济的开放性竞争与全球化发展

引发数字革命的当代信息技术和互联网方案，最早兴盛于美国等发达国家，不过很快就传到我国并在此迅速发展。可以说，数字经济与生俱来具有很强的开放性特征和全球化色彩，我国数字经济的发展在很大程度上正是得益于开放性和全球化。毫无疑问，数字经济的市场结构以及发展进程也必然深受开放性和全球化的影响。审视数字市场的竞争格局，部署数字市场的反垄断和反不正当竞争，必然要有开放性和全球化视角。不过，当数字经济发展到一定程度时，国家根据环境和情势的变化对开放性政策和全球化策略作出一些调整，完全可以理解。本章从我国数字经济的开放式发展入手，分析数字市场的开放性竞争格局发生了怎样的变化，并阐述我国数字经济应该如何继续迈好全球化发展步伐。

一、我国数字经济开放性竞争与全球化发展简况

20 世纪六七十年代，电子计算机在美国科研界得到了比较多的应用，美国国防部有关机构便设立了阿帕网（ARPANET），这是世界上第一个计算机互联网络，尽管范围很狭小，功能很简单。大约在 20 世纪 70 年代初，科学家在阿帕网上第一次发送电子邮件，这可以说是一个石破天惊的创新，是互联网历史中的一个里程碑事件。在 1986 年或 1987 年，我国有个别科学家在与欧美科学家进行学术交流与沟通的时候，也尝试性地将本机构的计算机与境外的计算机网络联结起来，向境外同行发出了电子邮件。我国的第一封电子邮件就是跨国邮件。完全可以看出，我国互联网从一开始就具有跨国界、全球化的特点。

到了 20 世纪 90 年代，随着个人电脑在美国普及程度的提高，以及互联网技术不断获得突破，美国的互联网商业化运用掀起了一股很大的浪潮，特别是新闻门户网站迅速崛起，其中的代表就是雅虎。雅虎不但在美国吸引了大量用户，而且在我国也受到许多年轻人的追捧。由于那时的互联网信息流通过跨国光缆传输到我国几乎没有受到管控，所以我国的上网者很自然就能进入雅虎网站和其他境外网站冲浪。雅虎等新闻门户网企业后来专门设立了中文网站，算是正式进入中国市场。那时，境外互联网企业进入中国市场并不一定需要在中国设立任何实体机构并在政府部门注册登记，只要中国网民在电脑上下载有关软件和设置网址并点击进入就可以了。由于其商业模式是向用户免费提供服务，而通过广告或其他活动来获得收入，所以进入中国市场就变得更加简单，基本上不需要获得政府的许可和监管。这就是数字经济实现开放与工业经济、农业经济实现开放的巨大不同之处，工业经济、农业经济要实现开放，需要国家出台开放政策，而数字经济的开放是自发的、自然的。

也是在 20 世纪末，我国本土有一些创业者进入了门户网领域和互联网其他领域，他们都非常年轻，要么在美国等国家有过留学和工作经历，要么在本土较早接触和使用互联网。不过，他们的这些创业活动所需要的资金很难从银行获得，国内当时也没有市场化的另类投资机构，所以他们的大多数融资来自境外机构。这些投融资活动也为我国普及了风险资本的概念和有关知识。当然，我国很快就出现了一些风险投资者。这些互联网企业创立之后，大部分选择了到境外证券市场上市。即使进入了 21 世纪第一个十年和第二个十年，我国发展出一批本土互联网企业，它们的业务模式和运营方式也在很大程度上是效仿美国的互联网先行企业，无论是搜索引擎领域、社交领域，还是电商领域、支付领域，甚至共享经济领域，几乎都是这样。这些企业的文化也效仿了美国硅谷，譬如创始人喜欢穿 T 恤等便装，管理层和员工之间的交流比较随意。可以说，我国互联网行业的起源与崛起，无论是技术路径、行业途径、商业模式，还是资本获得、挂牌上市，以及治理结构、行为方式，在很大程度上都是开放的产物。

与互联网有关的技术和设备制造行业，以及数字经济更广阔领域的其他行业，基本上是同样的情形。数字经济的发展以个人数字化终端为基础。在个人电脑时代，美国 IBM 的台式机大量进入我国，占据了大部分市场，即使国内冒出了一些组装的台式机，也是从 IBM 等企业进口核心部件。后来笔记本电脑风靡全球，我国笔记本电脑市场在很长一段时间被境外品牌所主导，这些品牌有来自美国的 IBM、戴尔、惠普，也有来自日本的东芝、日本电气公司，还有来自我国台湾地区的宏碁、华硕，等等。后来，我国也出现了一批生产笔记本电脑的本土企业，特别是联想有了较大的市场份额，不过这些本土企业所生产的产品，无论是核心零部件，还是功能配置和外观设计，大多借鉴了境外的同类产品。到了智能手机时代，美国的苹果以及韩国的三星在很长时期里占据了全球市场和我国市场的主导地位。不过我国一些本土企业在消化吸收国外技术和设计的基础上推进适应性改进和自主创新，从而迅速崛起，特别是华为在 5G 上掌握了核心技术和主导权，而 VIVO、OPPO、小米等其他本土企业也有不错的表现，它们如今都已成为全球化发展的企业，在全球市场中占有着不可忽视的竞争地位。即便是在网络设备、光缆、芯片等行业，尽管较长一段时间里我国市场由境外企业生产的产品所占据，但后来也有大量本土企业崛起了，并显著地改变了国内和国际市场竞争格局，譬如华为、中兴等企业生产的产品不但在我国市场上占有很高的份额，而且在全球市场上的份额也明显上升了。在软件行业、云计算行业、人工智能行业，我国本土企业在市场开放中不断发展壮大，总体而言与美国等国的领头企业的差距在缩小。完全可以说，在数字经济的绝大部分行业中，我国本土企业在开放性竞争中提高了竞争力，在全球化发展中获得了一部分全球市场。

当然，在我国本土数字企业崛起的同时，有一些细分行业的开放性政策受到了调整，并且一些境外企业遇到了来自中国企业的竞争，因此一些境外数字企业开始退出在中国的运营，或者进入中国市场会受到严格监管。雅虎是最早进入中国市场的美国互联网企业，后来遭到了迅速崛起的中国本土企业的挑战，业务发展不如预期，从而主动退出了中国市场。美国电商巨头亚马逊也曾进入中国市场，并且收购了中国本土电商企业，但是其在中国的发展远远不如阿里巴巴、京东、拼多多等中国本土企业。美国搜索引擎巨头谷歌曾经几乎没有障碍地进入中国开展业务，但是随着中国政府对数字经济监管意识的增强，特别是对搜索引擎监管政策的完善和监管手段的升级，谷歌后来基本上退出了中国市场，以至中国的搜索引擎市场在此后一个时期里几乎由本土企业百度所独占，后来的本土追赶者搜狗也占据了一部分市场份额。在互联网共享经济领域，中国政府与其他许多国家的政府一样，对这样一种新生事物、新兴业务一度没有设定明晰的监管政策，美国的优步曾经由中国用户自发地引入国内市场，但后来本土创业者设立了滴滴、快的等企业，优步在激烈竞争中与中国本土企业实行合并，也等于是境外企业退出了中国市场。在社交网络领域，情况复杂一些。美国的社交网络企业包括由脸书部分品牌更名而来的 Meta、推特等等曾经试图进入中国，但中国政府对这个领域设立了比较稳健的准入门槛和监管政策，所以这些境外企业没有进入中国市场，但是本土社交网络平台包括新浪微博以及腾讯的微信业务发展得非常快，拥有数以亿计甚至十亿计的活跃用户。

在我国本土数字企业不断跟跑、并跑甚至在一些方面领跑的时候，它们也在走出国门，开拓全球市场，求得全球化发展，譬如字节跳动的业务在美国就有着很大的竞争力。当然，我国政府以及其他国家的政府也在逐步建立和完善数字市场的开放政策和监管政策。一些国家，譬如美国，在数字经济发展的早期，实行比较完全的单方面开放政策，但是现在也开始考虑实行对等开放政策。即便在开放政策的框架下，一些主要国家的政府也日益重视对数字经济进行必要的规制，特别是大力推进反垄断、反不正当竞争方面的立法和执法。可以预料，从全球范围内来看，总体而言，数字经济的开放性政策在许多国家将会得到基本程度的维持，数字企业的全球化发展步伐将会进一步推进，但是一些国家会对开放性政策进行调整，而规制政策则会得到强化和完善。

二、美国、欧盟数字经济开放政策与规制政策的新趋势

美国是信奉市场经济的典型西方国家之一，再加上在长时间里其许多产业都有很强的全球竞争力和引导力，所以总体而言提倡自由竞争与高度开放。尤其是在数字经济领域，美国有关企业在全球范围内处于技术领先、创新活跃、竞争力占优的地位，所以政府保持着开放性竞争的思维。不过，这并不意味着美国政府完全采取不干预主义立场。实际上，美国有

着深远的反垄断、反不正当竞争的政策传统。早在1890年，美国就颁布实施了《谢尔曼法》，后来又在进步主义时代的1914年颁布实施了《克莱顿法》，这些法律对企业的垄断经营、不正当竞争、导致高集中度的并购都进行强力规制，一些大企业还被分拆了。尽管自20世纪七八十年代以来，随着产业组织理论中芝加哥学派的兴起，反垄断执法总体上有所放松，但美国政府对市场竞争的公平性和市场开放性一直保持执着的态度。随着信息技术的进步和信息产业的发展，新经济领域的公平竞争问题也日益引起美国反垄断机构的关注，譬如美国司法部在20世纪90年代就对微软的垄断和不正当竞争问题进行了调查，并于1998年提出诉讼，当时微软Windows操作系统占据了个人电脑操作系统市场80%以上的份额，司法部认为微软将其IE浏览器与Windows操作系统绑定限制了用户选择其他浏览器的权利，从而损害了市场竞争的公平性。2000年，美国有关法院判决微软违反了法律，要求将微软分拆成两家公司，一家专门经营操作系统，另一家专门经营浏览器等其他软件；不过这个判决于2001年被联邦上诉法院推翻，后来美国司法部与微软达成和解，微软避免了被分拆，而选择向第三方开放接口，并接受严厉的合规审查。

随着美国数字经济的快速发展，虽然这对促进美国经济繁荣和国际竞争力提高发挥了积极作用，但是整个社会对数字经济巨头的负面评论也在迅速增加。这些数字巨头企业不但在证券市场的市值不断攀升，而且对市场竞争方式、市场竞争文化乃至老百姓的日常生活都产生了日益巨大的影响。譬如，数字企业可以通过对大数据和算法的运用，更加隐秘、更加系统性地实行价格歧视、捆绑销售、自我优待和拒绝交易等行为，可以通过市值高估和不断融资来实行营业补贴和策略性低价行为，它们滥采滥用数据的行为对老百姓的个人信息和隐私构成了威胁。特别是所谓的新布兰代斯主义思潮还认为，一些数字巨头企业已经把触角渗透到了经济之外的其他许多领域，对社会舆论和政治民主产生了不可忽视的引导力。这些都引起了美国反垄断政策的反应。进入21世纪第二个十年的最大反垄断行动，就是2020年美国司法部对谷歌提起诉讼，指控其在搜索引擎和广告领域的反竞争行为。2021年，美国总统任命了新布兰代斯主义的重要人物执掌联邦交易委员会，预示对数字经济领域的反垄断行动将得到进一步强化。

不过，不应该认为美国政府对数字市场的开放性政策发生了转折性变化。美国政府不但在本国继续奉行数字市场开放性政策，而且对其他国家开放数字市场还施加了越来越大的压力，以助力美国数字企业在全球开拓市场和建立优势。大体而言，中国的数字企业进入美国市场并不存在太大的障碍，譬如中国的社交与娱乐互联网、搜索引擎、电商和其他交易平台都可以进入美国。然而由于语言和文化、习惯方面的隔阂，中国企业很难在美国市场占有较大的市场份额，恰如美国互联网企业在中国的情形一样。不过也有一些受语言、文化隔阂影响较小的细分行业在美国市场就有着非常不错的表现，甚至给美国本土企业带来了很大的竞争压力。例如中国短视频平台抖音所推出的国际版 TikTok，到 2021 年秋季的时候，月活跃用户数已达到 10 亿，2021 年 TikTok 的访问量超过美国的谷歌，成为全球访问量排第一的互联网平台，而 2020 年 TikTok 的全球访问量位居第七。面对 TikTok 在包括美国在内的诸多海外市场的杰出表现，美国的脸书推出了 TikTok 的拷贝版 Reels，试图狙击 TikTok，不过从市场表现来看，Reels 所受欢迎的程度远远不及 TikTok。美国政府会不会因为 TikTok 等企业在美国市场上对其本土企业造成了威胁，从而改变对数字市场的开放性政策？从美国行政部门的行动来看，的确存在这种可能性。但是，美国的法治仍然具有一定的可靠性，美国的政权是一个分权制衡体系，所以要根本性地改变其开放性政策，并不是一件轻而易举的事情。此外，在数字经济的其他行业，譬如设备制造行业，美国市场的开放程度也非常高，中国企业和其他国家企业所生产的智能手机、网络设备等等一般而言都可以进入美国市场。

但是，美国的外国投资委员会（CFIUS）自 2018 年以来调查了多起涉及中国企业的互联网投资项目。2019 年，美国总统颁布了一项行政令，即《信息通信技术和服务供应链安全保障令》。该行政令规定，美国商务部、财政部、国务院、国防部、司法部、国土安全部、美国贸易代表办公室、国家情报局、联邦通信委员会经过讨论，可以对美国实体参与的，或涉及美国资产的安装、使用、经营、并购等形式的信息通信技术服务领域相关交易进行审查，并可以禁止具有以下情形的交易：交易所涉及的信息通信技术服务由外国对手拥有、控制或约束的实体所设计、开发、制造或供应；交易会对美国的信息通信技术服务的设计、制造、分销、安装、运营或维护造成严重不利影响；交易会对美国的关键设施建设或数字经济安全造成严重不利影响；交易会对美国国家或实体的安全造成无法接受的风险。这类审查其实有很大的自由裁量权和随意性，也没有给交易对手方提供申辩机制，而且还可以以国家安全为由，省略审查程序而直接作出决定。几乎在同一时期，美国国务院公布了“清洁网络”（clean network）计划，包括清洁商店、清洁应用程序、清洁云、清洁运营商、清洁海底电缆等五个方面，如果真正得以实施，将会禁止所谓不受信任的中国电信运营商和应用程序进入美国市场，而且不受信任的中国企业不能向美国企业提供云服务、不能参与全球海底光缆建设。毫无疑问，美国政府的这些行动将国家安全的概念泛滥化，以维护国家安全为由而伤害了数字市场的开放性，对境外企业，特别是中国企业进入美国数字市场，设置了不可预知的障碍。2020 年，美国白宫宣布，根据美国的《国际紧急经济权力法》（International Emergency Economic Powers Act，IEEPA），美国总统签署了一项针对 TikTok 的行政令，禁止任何受美国法域管辖的个人或有关资产与相关互联网公司及其附属公司，在美国市场开展被美国商务部所列举的经营活动。虽然这项行政令后来不了了之，但对中国数字企业发出了非常负面的信号。此外，美国商务部产业安全局在 2018 年发布了关于受管制新兴技术的立法意见，并列出了 14 类需受管制的新兴技术，其中有多项数字技术。2020 年，美国证券交易委员会和财政部还提交了一份计划，要求在美国上市的外国公司必须让美国上市公司会计监督委员会（Public Company Accounting Oversight Board，PCAOB）共享审计底稿。这些文件如果得到实施，将会有更多的境外数字企业受到影响。

欧盟数字市场的开放性也比较高。事实上，欧盟许多国家现今的数字市场大多由外国企业，主要是美国企业占主导地位。欧盟在数字技术方面明显落后于美国，而且对数字经济的快速发展抱有一种谨慎的态度，再加上社会结构和文化等方面的复杂原因，欧盟至今仍然未产生本土的数字巨头企业。欧盟所奉行的开放性政策并不阻止他国数字企业进入欧盟市场。不过，欧盟针对数字经济领域的反垄断、反不正当竞争政策比美国要更加严厉。早在2010年，欧盟委员会就启动了对谷歌涉嫌滥用其搜索引擎主导地位一事的调查，后来虽然谷歌提交了反垄断和解协议，但欧盟与谷歌双方未能达成和解，欧盟遂升级对谷歌的调查。欧盟的调查结果认为，谷歌要求安卓设备厂商预装谷歌搜索App和Chrome浏览器等行为，限制了竞争对手的竞争和创新能力，损害了消费者福利，从而于2018年宣布对谷歌实施43.4亿欧元的反垄断罚款。后来，欧盟委员会又启动对亚马逊的调查，调查结果认为，亚马逊制定实施了一系列规则而实行自我优待，并使第三方卖家对亚马逊平台产生过度依赖，而且第三方卖家的产品和交易数据都能被亚马逊一览无余，亚马逊因此可以对自营商品的品类和价格进行优化管理，这些行为都违反了欧盟的反垄断法律。此外，欧盟的一些成员国还自行对谷歌、亚马逊等数字企业实施了反垄断罚款，例如2021年12月，意大利反垄断机构认定，亚马逊滥用其市场主导地位，引导卖家参与网络星期一、Prime日等亚马逊推广活动，并选用亚马逊物流公司的配送服务，参与者、选用者将会获得更高的搜索排名，所以宣布对亚马逊处以约11.3亿欧元的罚款。

欧盟对数字企业的数据活动也实施了严厉规制。2018年，欧盟实施了《通用数据保护条例》(GDPR)，被认为是欧盟有史以来最为严格的网络数据管理法规，其最大的特点在于限制企业对个人用户数据的使用权。2021年，欧盟认为亚马逊对于个人信息的存储、处理、使用不符合《通用数据保护条例》的规定，违反了数据隐私法律，遂对其处以8.88亿欧元的罚款。这也是欧盟有史以来最大的一笔涉及数据隐私的罚款。2021年，卢森堡国家数据保护委员会也认定，亚马逊对卢森堡用户的数据保护不力，违反了《通用数据保护条例》，对其处以约7.5亿欧元的罚款。欧盟还计划推出《数字市场法案》《数字服务法案》，如果这些法案得到通过并实施，无论是数字企业的数据与算法方面，还是其他竞争行为方面，都会受到更加严厉的规制。

欧盟还积极推进数字税。数字税是指专门对数字服务征税的税种。2018年，欧盟就提出了《数字服务税法案》，规定成员国可以对进入本国市场的境外互联网企业征收数字税。此后，欧盟个别成员国开始制定自己的数字税法案。2019年，法国通过了征收数字税的法案，成为全球首个开征数字税的国家。2021 年，西班牙也通过了征收数字税的法案，对全球营业收入超过 7.5 亿欧元的互联网企业的广告服务、中介服务等服务征收 3%的数字税。到 2021 年，已经有奥地利、法国、匈牙利、意大利、波兰、西班牙、英国等国家开始征收数字税。

概括而言，美国、欧盟总体上实行数字市场开放性政策，它们的数字经济领域具有较好的开放性竞争格局，境外的数字企业、数字产品和服务可以比较自由地进入。但是，美国和欧盟，尤其是美国，已经将国家安全的概念泛滥化了，以此为借口对外国数字经济领域的企业，主要是中国的企业制定了一些行政措施，甚至准备推进立法来阻止境外企业进入其本土数字市场。不管怎样，这些行动弱化了它们数字市场的开放性，损害了竞争的公平性。不过欧盟与美国有所不同。欧盟尽管实施了对数字企业的严厉规制，包括在反垄断、反不正当竞争、数据保护方面实行严厉执法，人们可以认为这些规制过于严厉，在一定程度上会抑制数字经济的迅速发展，但是欧盟的严厉规制并不直接针对境外数字企业，至少在形式上是公平的。即使欧盟一些国家实施的数字税对于被征税的企业设置了营业收入方面的门槛，也很难认为这个门槛就是针对美国企业而豁免欧盟企业。从实事求是的角度来看，欧盟在数字经济领域的高标准立法和严厉执法很可能符合趋势、引领潮流。所以，尽管欧盟缺乏本土有竞争力的大型数字企业，但其数字市场较高程度的开放性是值得肯定的。当然，欧盟在未来是否会改变态度，是否会针对中国企业特别是数字企业设立专门的监管政策，还不得而知。

三、我国数字经济的开放性与安全性之间的平衡

在我国数字经济领域，几乎是完全得益于开放性的发展环境，才有一批数字企业的诞生成长和相关产业的发展壮大。的确，在新兴产业的发展初期，我国对行业的规制政策、对外资的开放政策基本上是一片空白。在政策空白的环境中，境外资金可以比较自由地投资于我国的数字企业，境外互联网也可以比较自由地为我国境内居民和企业提供服务，数字市场自然而然地具有很高的开放性，企业在一个开放性、全球化的市场中进行竞争。当然，这个有些“放任自由”的市场也出现了一些不规范现象。随

后，国家逐步认识到了数字产业发展规律，并制定了相关政策，从而境外数字企业进入中国经营需要获得许可或受到监管，境外资本投资中国数字企业也未必像以前那样完全由双方自主决定。政策的建立健全当然会对我国数字经济的开放性竞争格局产生一些影响，给我国数字企业的全球化发展带来一些变数。

从我国数字经济发展的简短历史来看，开放性市场虽然也会带来一些问题，所以必须对开放性市场进行必要的管理，但总体而言，开放性竞争格局对于促进产业发展、提高消费者福利、规范企业行为都有明显的积极作用。一些境外数字企业虽然在后来退出了中国市场，甚至经营状况不如中国企业而被并购，但它们带来了技术、模式、产品、业态，以及不同于传统的经营管理方式和风格。而在它们退出中国市场或被中国企业并购之后，一些细分行业的竞争格局有所退化。譬如，境外搜索引擎企业退出中国后，中国搜索引擎市场在一段时间里几乎属于垄断性结构，本土企业的经营行为有朝着竞价排名方向发展的倾向，受到了客户和社会的诟病。强化市场的开放性竞争格局，并不意味着境外企业就没有上述行为，但引入外来竞争有利于比较，有利于给消费者提供更多选择，有利于通过更多竞争来实现良币驱逐劣币。

因此，总体而言，我国应该维持甚至进一步扩大数字经济领域的对外开放，在此基础上一视同仁地以反垄断和反不正当竞争方面的法律法规，以及保护数据权利和信息隐私方面的法律法规，来严厉规制本土企业、境外企业。最近一两年以来，我国加快了数字经济领域法律法规的建立进程，其中许多内容具有全球化视野，采纳了国外的有益做法。只要进一步健全法律法规，并正确实施，就必将有利于我国数字经济健康快速发展。

当然，一国经济不可能完全开放。在某一时段，不同行业的开放度可以有所区别，一些行业的开放度可以高一些，另一些行业的开放度可以低一些。这方面的政策可以由一些专门的法律法规来确定。2020 年初开始实行的《中华人民共和国外商投资法》指出，我国实行高水平投资自由化便利化政策，建立和完善外商投资促进机制，营造稳定、透明、可预期和公平竞争的市场环境，对外商投资实行准入前国民待遇加负面清单管理制度。但同时也规定，在中国境内进行投资活动的外国投资者、外商投资企业，应当遵守中国法律法规，不得危害中国国家安全、损害社会公共利益。我国于2021年底分别发布了《外商投资准入特别管理措施（负面清单）（2021年版）》和《自由贸易试验区外商投资准入特别管理措施（负面清单）（2021年版）》，将负面清单进一步缩减，但仍然禁止外资进入互联网新闻信息服务、互联网文化经营（音乐除外）、互联网公众信息发布服务、网络出版和视听节目服务等领域。可见，从正式的法律法规条文来看，我国数字经济领域绝大部分行业都具有开放性，禁止外资进入的行业比较少。在实际工作当中，可能需要增加审查和评估的透明度，减少自由裁量权和随意性、摇摆性，特别是应该对哪些行为属于危害中国国家安全、损害社会公共利益的活动作出比较明确的、可信的解释，以提高吸引外资、维持开政策的明确性。

但同时，我国数字经济领域的开放也要接受《中华人民共和国国家安全法》《中华人民共和国数据安全法》的规制。《中华人民共和国数据安全法》规定：国家建立数据分类分级保护制度，建立集中统一、高效权威的数据安全风险评估和监测预警机制，建立数据安全应急处置机制及数据安全审查制度；利用互联网等信息网络开展数据处理活动，应当在网络安全等级保护制度的基础上，履行数据安全保护义务，重要数据的处理者应当按规定定期开展风险评估，并向有关主管部门报送风险评估报告，关键信息基础设施运营者在境内运营中收集和产生重要数据的出境安全管理，适用《中华人民共和国网络安全法》规定；法律、行政法规规定提供数据处理相关服务应当取得行政许可的，服务提供者应当依法取得许可；有关主管部门在履行数据安全监管职责中，发现数据处理活动存在较大安全风险的，可以按照规定的权限和程序对有关组织和个人进行约谈并要求整改；危害国家主权、安全和发展利益的，由有关主管部门处以罚款，并根据情况责令暂停相关业务、停业整顿、吊销相关业务许可证或者吊销营业执照，构成犯罪的，依法追究刑事责任；向境外提供重要数据的，由有关主管部门责令改正，给予警告，可处以罚款，并可以责令暂停相关业务、停业整顿、吊销相关业务许可证或者吊销营业执照，构成犯罪的，依法追究刑事责任。《中华人民共和国网络安全法》规定：网络运营者应当为公安机关、国家安全机关依法维护国家安全和侦查犯罪的活动提供技术支持和协助；关键信息基础设施的运营者在中华人民共和国境内运营中收集和产生的个人信息和重要数据应当在境内存储，因业务需要，确需向境外提供的，应当按照国家网信部门会同国务院有关部门制定的办法进行安全评估。工信部公布的《工业和信息化领域数据安全管理办法（试行）》（公开征求意见稿）则把工业和信息化领域数据分为一般数据、重要数据和核心数据三级，后两级数据与国家安全相关。数据安全已经上升到了国家安全的高度。可以认为，我国数字经济在未来的对外开放，一部分不确定性可能来自数据监管政策。由于数据无处不在，且数据具有天然的流动性，所以给监管带来了极大的困难。许多数据其实是互联网使用过程中的副产品，起初并没有什么价值，也并没有被有意识地收集和利用，譬如客户在上网时的位置信息就是这样，此时很少有人将这一信息与国家安全联系起来。但当数字企业的业务得到进一步深化，或者数字技术进步、数字经济发展跨过了某个“奇点”时，这些数据突然变得有价值，而且很可能被认定为事关国家安全，这就会导致监管升级，乃至监管政策的急剧转弯。总的来看，国家对数据进行安全方面的规制，将会是未来开放政策不确定性的一个来源；而要进一步扩大数字经济领域的开放，就需要细化有关法律规定。

在实施涉及国家安全方面的规制时，应当适度考虑其他国家的做法和一些国际规则。美国泛化国家安全的做法并不值得效仿。我国正在考虑加入由新加坡、新西兰等国发起的《数字经济伙伴关系协定》（DEPA），这是我国优化和细化数字经济开放政策、平衡数字经济发展与国家安全政策的一个良好契机。该协定规定，各缔约方不应对数字产品施加关税，各缔约方应对数字产品提供非歧视待遇，各缔约方不应对使用密码学技术的数字产品施加不合理的监管要求；该协定还就数据流动的自由度、监管透明度等议题提出了要求。执行这些规定，有助于构建可预期的数字经济发展环境，有助于促进数字经济的开放性竞争和全球化发展。我国应该就这些内容与有关国家开展谈判，并以此为契机，细化和修订我国的有关政策，为我国数字经济的开放式发展创造良好环境。

国家还应该大力鼓励我国本土数字企业走全球化发展的道路。我国数字经济领域的一些硬件产品生产企业已经走到了国际市场，实现了全球化销售，甚至实现了全球化生产与研发。我国互联网平台企业中，也有一些在境外市场获得了很大发展，甚至对境外数字巨头企业构成了竞争压力。但是总体而言，我国数字企业的全球化程度与全球领先的数字企业相比还有较大的差距。我国政府不但应该鼓励这些企业的全球化发展，而且应该给它们提供一些服务和帮助，包括帮助它们熟悉境外的反垄断、反不正当竞争法律，以及帮助它们依法维护自己的正当合法权益。

四、一些讨论

数字经济的对外开放和全球化发展比工业经济更加敏感，也更加复杂。从本质上来看，数字经济把许多从前的不可贸易行业变成了可贸易行业，数字产品和服务克服了农业产品和工业产品传输的物理负担，使得国界不再成为交易界限，从而天然地具有全球化基因。同时，数据成为数字经济最独特的资源，也给人们带来了国家安全和个人隐私方面的新困惑。这些因素使得数字经济的开放性竞争、全球化发展与国家安全维护、个人隐私保护等因素交织在一起。新布兰代斯主义思维的崛起也给政府对数字企业在政治和社会方面的规制提供了理论支持。因此，数字经济到底在多大程度上应该实行开放性竞争、全球化发展的政策，注定难以得到一个简单明了的答案。

还应该看到，数字经济与工业经济一样，也会引起是否要实行产业保护和实施产业政策的争论。现代经济增长与区域化和全球化进程密切联系在一起，即使在工业经济发展的早期，也存在着要不要阻拦别国工业企业进入本国市场这个议题。在美国工业化的起步时期，时任财政部部长的汉密尔顿（Hamilton）于 1791 年向国会提交了《关于制造业的报告》，提出大力发展本土制造业的设想，并建议通过关税等手段对本土制造业进行保护。而 19 世纪的德国经济学家李斯特（2017）则从理论上论证了一个国家以保护性手段促进本土工业发展的重要性。到了 20 世纪，关于自由贸易、自由投资和国家是否应实行产业政策的争论不但没有停息，反而更加激烈，譬如日本产业组织专家植草益等（2000）就描述了日本在经济起飞过程中的这类政策纠结。吴敬琏等（2016）也对产业政策作了梳理和反思。总的来看，如果国内产业比较弱小且处于发展关键时期，国家不实行开放性竞争的政策，而对国内产业进行一段时间的保护，可能有利于本土产业的发展，但这样的政策能否成功取决于一些条件，譬如官僚体系是否足够明智和廉洁，本土企业是否有足够的进取精神，保护时间是否恰到好处地不长不短，等等。从理论上来看，数字经济的发展也应该遵循同样的道路。现在，数字经济仍然处于发展周期的较早阶段，我国数字经济领域许多行业的企业的竞争力与全球领先企业相比仍然存在差距，所以收缩开放性竞争的政策也并非完全不符合逻辑。而且，数字经济涉及一些具有独特性的国家安全问题，譬如网络空间安全就被许多学者认为是一种新型的安全问题（崔传桢和曾昭平，2019），从而国家必须完善数字经济的安全战略，进行必要的安全性监管。本土产业发展、国家安全维护这两个重大问题交织在一起，使得对数字经济的开放性政策的把握更加扑朔迷离。而数字经济本身的内在特性又使其天然地具有冲破国界、向往全球化发展的气势，这就会增加政策的紧张感。

在防止资本无序扩张、为资本设置红绿灯的政策背景下，数字经济发展所高度依赖的风险资本是否要在较大程度上与国际化、全球化脱钩，将面临抉择。我国有关部门颁布实施的《网络安全审查办法》规定：掌握超过 100 万用户个人信息的网络平台运营者赴国外上市，必须向网络安全审查办公室申报网络安全审查；当事人申报网络安全审查，应当提交的材料包括关于影响或者可能影响国家安全的分析报告以及网络安全审查工作需要的其他材料等；网络安全审查办公室应当重点评估的国家安全风险因素包括核心数据、重要数据或者大量个人信息被窃取、泄露、毁损以及非法利用、非法出境的风险，上市存在关键信息基础设施、核心数据、重要数据或者大量个人信息被外国政府影响、控制、恶意利用的风险及网络信息安全风险，以及其他可能危害关键信息基础设施安全、网络安全和数据安全的因素。可以预料，一些互联网公司、数据公司将会切断其与境外资本市场的联系。数字经济发展与风险资本市场之间关系的重要性可能超出许多人的想象。而发达的风险资本市场，特别是其背后独特的制度与文化，主要存在于美国社会。我国当然也应该大力发展自己的风险资本体系，以及发展鼓励数字经济创新的证券交易二级市场，但这一方面无疑需要较长时间，另一方面也需要对资本的特性和作用有更深入的认识。政府需要对资本市场进行必要的监管，特别是应该严厉打击虚假陈述、蓄意欺诈、恶意操纵市场的行为。但是，如果现在就导致我国数字经济与境外资本市场关系的退化，并不利于下一步的发展。当然，政策的具体实施到底会达到怎样的程度，以及政策实施的影响到底会对我国数字经济开放性竞争和全球化发展带来多大影响，目前还无法准确判断，需要时间来回答。

从我国数字经济发展的简短历史来看，开放性竞争、全球化发展政策的正面效果远远大于负面效果。当然，开放性竞争不可能全是多赢的结果，企业在竞争局势中地位的变化也会促使国家调整开放性政策。所以，数字经济领域的全球化竞争以后将会如何演变，还有待观察。不过，我国应该对自己的数字企业抱有与工业企业一样的信心，相信它们能够在开放性竞争中得到更好发展，在全球化发展中占据重要地位。

第七章　数字经济的生态化发展与规制难题

数字经济发展的一个显著特征就是生态化。当然在工业经济时代，就出现了生态化发展的苗头，可以认为，产业的生态化发展是一个新词汇，但并不是一个从未有过的全新现象。不过，产业生态的形成需要数量众多、种类多样的参与者，正是互联网极大地扩展了组织间和个人间的相互联系、互动边界，并能构筑氛围、产生动能，形成互联互动、相生相杀、若合若分的新型结构，这种结构既是虚拟的，也是现实的。因此很容易理解，基于互联网和信息、数据的数字经济比工业经济更容易形成产业生态。而且，在数据和算法以及各种新技术、新场景、新模式的带动下，数字经济发展到21世纪第二个十年的时候，生态化趋势似乎魅力难挡，而且花样繁多。生态化发展一方面推动了数字经济的繁荣，另一方面也给工业经济时代形成的规制理念和规制手段带来了难题。研究数字经济时代的规制，不能不研究其生态化发展议题。

一、数字经济领域的生态圈现象

简单明了的商业生态应该是一个古老现象，尽管以前并不使用这个词汇。乡村或街区的小商店，与其比较固定的供应商、钱庄、客户之间，以及各个小商店之间，就可以形成一种生态。当然随着技术的进步、商业的发达、市场的扩展，生态圈特性会越来越强，生态参与者也会越来越多。在20世纪末，学术界就对一些产业的生态型特征进行了关注，譬如管理学家Moore（1993）就意识到了一些行业的竞争格局和商业态势所呈现的生态化现象，但他主要还是从平台经济的角度来理解生态，而商业生态系统当然不仅仅限于平台经济。而到了21世纪，随着跨地区、跨国界的产业活动达到前所未有的程度，特别是随着互联网得到广泛应用及相关产业的崛起，产业行为可以极大地克服物理隔离和时间隔断，将全球大量的人们和机构联系起来，结成关联世界，形成互动社会，甚至产生特定文化和语言体系，并造成强大的外溢效应，对产业态势的形成、产业创新的推进、企业经济地位的改变，乃至一个区域的经济发展和社会变迁，都产生了重大影响。

数字经济的生态化发展趋势在个人电脑时代就已显现。在20世纪八九十年代，个人电脑企业IBM与中央处理器企业英特尔、操作系统企业微软结成了联盟，并在互联网工具的加持下，联结了一批供应商、经销商、研发设计公司、重要用户，以及信息技术和软件爱好者，甚至媒体，成功地将个人电脑这样一个全新产品推向全世界，成为人们不可或缺的生产和生活工具。在这个生态圈中，开发Windows操作系统的微软成功地将生态体系营造成竞争优势，使得Windows操作系统，而不是比其更早也许更好的其他操作系统，成为个人电脑的主流操作系统，不但使得个人电脑用户对微软形成了依赖性，而且使得进入这个行业的众多电脑制造厂商对其产生了附着力，并助推了微软符号和微软文化成为一种时代潮流。这个生态圈极大地扩张了Windows操作系统的用户群体，带动了大量使用Windows操作系统的电脑厂家和经销商、维修店的兴起，也促进了依附于Windows操作系统的丰富多彩的应用软件的流行。当然，微软也利用生态优势实施搭售和预装等行为，以至1998年美国司法部对微软发起诉讼，指控其利用Windows操作系统占据80%以上的市场份额，将其浏览器产品与操作系统绑定销售，从而限制了用户选择其他浏览器的权利，损害了市场公平竞争。这就是生态的力量，也可能是美国反垄断机构首次处理生态力量的事件。

自21世纪以来，数字经济迅猛发展，互联网广泛地渗入生产和生活领域，互联网语言和互联网文化风靡到许多领域，进一步助长了一些产业的生态化发展趋势。特别是围绕个人移动终端而展开的一些数字产业，呈现出更加强大、更加复杂的生态圈现象。人们已经看到，智能手机及其操作系统以及各种应用将大量的企业、机构、团体和人群集结起来所形成的生态圈跨越了很多国家的国界。这个生态圈不是以微软那样的操作系统开发商为核心，也不是以 IBM 那样的制造商为核心，而是以苹果公司这个综合集成企业为核心。这个生态圈链接了大量的供应链企业、加工组装企业、设计室、技术开发者以及软件开发者、忠诚用户，形成了庞大的“粉丝群”，苹果公司不但通过售卖手机获利，而且通过向其他参与者的销售额收取佣金而获利，同时自己还涉嫌实行自我优待、搭售等行为。到了 2021 年底，苹果的市值达到 3 万亿美元的高度，超过了世界上绝大多数国家的年度 GDP。在数字经济领域，除了以苹果为核心的生态圈，还存在着以亚马逊、谷歌等互联网平台为核心的生态圈，这些生态圈的食物链和依存关系更加复杂，并涉及许多引起重大争议的生态圈行为，譬如，对不同参与者实行差别性待遇，对生态圈之外的机构和个人拒绝链接，以大数据和算法手段来诱导参与者的行为，等等。

在数字经济领域，就连比较单纯的硬件行业也出现了生态化发展的趋势。在芯片行业，由芯片研发设计公司、芯片代工公司、芯片用户、产业链企业、产业团体，以及某些政府部门等机构所结成的生态圈，对芯片的研发进度、技术路径选择、工艺和流程创新、供货时间、下游产品技术标准的确立等诸多方面都产生了决定性的影响。国际半导体产业协会（SEMI）董事长洛伊（Loy）就明确认为，芯片行业是一个高度复杂的生态系统，美国政府如果想促进美国芯片产业的发展，就应该针对整个生态系统而不是针对某几个美国企业来制定支持政策。在数字经济的一些其他硬件行业，譬如网络设备行业，也多少存在同样的现象。可以设想，针对生态系统，而不是针对单个企业来思考政策和制定政策，将具有越来越重要的意义。

围绕数字经济最重要的投入品——数据，也形成了生态系统。在世界上许多地方，由于可使用数据的范围急速扩大，数据产业链越来越长，一个分布式数据生态系统正在形成。在数据生态系统中，不仅有专业化的数据公司，有传统的大企业和金融机构，还有大量的新参与者，包括大量的团体、中小企业和个人。在美国等发达国家，数据生态系统更加庞大、更加复杂，一方面极大地增加了数据的采集量和处理量，另一方面也给数据透明度、数据流动性、数据权属界定带来了许多新问题。数据生态系统还处于萌生和演化之中，但可以肯定的是，它比硬件产业生态系统、互联网平台生态系统更具复杂性、隐身性、动态性，学术界和政策界对其的认识和研究还远远不够。

许多传统产业在互联网工具和互联网思维的强烈影响下也显现出了生态化发展的苗头。例如，在面临颠覆的传统行业——汽车行业中，新能源技术和无人驾驶技术以及全新体验模式已经导致了产业发展的生态化，像美国的特斯拉（Tesla）这样的企业正在成为生态圈的主导企业。尚未面临颠覆力量的传统行业，例如工程机械行业，也正在充分利用物联网技术与用户进行联结，进行数据采集和服务，也进行产品的改进与更新。服务型行业也可以看到生态化发展的许多行动，不但大型零售连锁企业通过开发信息化和智能化技术，致力于构筑线上线下融合的生态圈，并以此推进服务方式和服务项目的创新化，而且连一些小型餐厅都开发出应用程序，实现与用户联结，以推行个性化服务和各种优惠促销活动，并培养忠诚客户群体。生态圈使得越来越多的经营和创新活动在开放而广阔的交互过程中实现，不仅触及产品、科技、服务，也触及话题、文化、潮流，更有对未知的讨论和探索。生态圈将现实世界和虚拟世界紧密地结合起来，从而可以延伸到世界上的任何角落。

总而言之，数字经济领域的许多行业，甚至一些传统行业，在互联网、大数据等因素的推动下，生态化发展势头越来越明显，生态圈，或称生态系统，已经或正在许多产业形成。美国管理学家蒂斯（2021）对此进行了很有针对性的分析，他指出，当个人移动终端得到普及、数据成为重要资产之后，数字企业发展出的商业模式就推动了生态系统的形成；在这种生态系统中，网络效应恐怕不是核心，客户数据开始只是互联网平台的副产品，而当智能程序、学习模型、新颖算法获得突破之后，数字企业的能力结构就发生了极大改变，即主要取决于如何创建业务生态系统，而数据所有权的优势得到凸显，数字企业拥有并利用关键的“数据湖”成为竞争优势的关键来源；创造并协调数字化能力以便为最终用户创造价值，需要使生态系统内的预期趋同，这就需要实行生态管理。蒂斯还指出，研究竞争政策的经济学家和其他人士需要认识到，生态系统这样的新组织形式具有非常强的竞争力；竞争政策必须着眼于复杂的生态系统，并且对不同参与者如何发挥议价能力、促进或阻碍价值创造有一定的理解。因此可以认为，数字经济的生态化发展会导致企业行为的复杂化、复合化，并使得对市场结构和市场绩效的判断变得更加困难。正如世界经济论坛2019年发表的一篇研究报告所指出的那样，在数字经济领域，特别是在互联网平台行业，生态系统的复杂性和它的强大力量一样，越来越令人难以忽视，但在看到生态系统促进创新、引领发展的同时，也需要考虑政府是否应该介入并发挥正确作用。

二、生态系统的亚产业和亚社会性质

产业经济中的生态系统，尽管从词汇上来看是一个新颖事物，但事实上很可能是一种古老现象。当然，新经济和互联网的急速发展促进了生态系统的风靡，也壮大了生态系统的规模和影响力、带动力，并使生态系统呈现出一些新特点。数字经济方兴未艾，数字经济领域的生态系统必将继续演化和发展，而不会停留在目前的状态。不过，作为生态系统，特别是数字经济领域的生态系统，其基本特征应该会得到长期保持。认识其基本特征对于理解生态系统并探讨是否需要规制、如何进行规制具有基础性意义。

生态系统是一个有着数量众多、种类不同参与者的系统。这应该是第一个特征。单个实体或人物都不可能构成生态系统；众多的同一种类的实体和人物即使联结在一起，也不会构成真正的生态系统。经济活动所形成的生态系统，一方面有产品和服务的生产方、提供方，另一方面有需求方、接受方；而且即使在每一方，还有供应链、产业链、使用链、服务链上不同环节的厂商、机构、人物，譬如有独立经营的研发设计机构、制造企业、配套零部件生产企业、软件和应用程序开发机构、分销商、大量客户及忠诚“粉丝群”、宣传推广机构和相关媒体、维修和升级商店，等等，不一而足。在前一阶段的数字经济时代，还可以形成小小的生态系统，但在分工更加细致、更加新颖的现阶段，数字技术和互联网手段把极大数量的个人和组织联结到一起，实现“拉群”和“点击”，进一步增加了参与者种类的多样化，从而使得生态系统更加巨大、更加强劲有力。

第二个特征就是，参与者有着各自不同的且相互依赖的个体利益和种群利益，不同的种群利益一般而言会形成循环体系，同时还存在生态系统的整体利益，整体利益的增加会带来种群利益和个体利益的增加。参与者有个体利益，这非常易于理解。参与者由于有不同种类，所以也会有种群利益，譬如，产品和服务提供商与用户各有不同的种群利益，即使在产品和服务提供商这一方，硬件生产商和软件开发商各有不同的小种群利益，平台企业和进入平台的商家也有着各自不同的小种群利益。用户从平台获得免费服务，平台从其他企业获得广告费用，其他企业向用户销售商品，这就使得不同种群的利益形成了循环体系。当然，生态系统也有整体利益，因为生态系统的存在让每一种类的参与者都获益，用户获得了服务，这个服务本身甚至还是免费的，平台增加了用户数量从而增加了广告收入，其他企业向一些用户出售了产品；如果生态系统不复存在，他们就不能获得这些利益；如果生态系统更加巨大和强盛，他们将获得更大利益。

第三个特征是，数字经济生态系统通过互联网将现实世界和虚拟世界结合在一起。互联网将现实中的人物和企业等类型的组织联结起来，形成了一个现实中的小世界；同时，互联网构筑了虚拟世界，譬如现实中的人可以有虚拟身份，发表虚拟意见并结成虚拟性关系，包括进行虚拟结婚、虚拟房产交易等等。数字技术手段还可以创造虚拟人物、虚拟社会，特别是智能技术可以促成自动化的创制，下一步还不知道会有多少出乎人类主动设计的虚拟创制出现。但是，虚拟世界终究会穿透到现实世界。数字经济生态系统之所以迥异于传统上的产业生态系统，不仅仅是因为互联网使得生态系统的参与者更多、更广，更重要的是现实与虚拟的结合使得生态系统从现实世界的三维扩展到了四维。现在看来，第四维不但可能增加三维世界的黏结性，而且可能增加三维世界的扭曲性。毫无疑问，这是一个新问题。

第四个特征是，数据在数字经济生态系统当中具有重要意义，并带来巨大价值。难以想象的人物和组织参与到一个生态系统就带来了难以想象体量的数据。自动化技术使得数据采集、储存、传输、分析、利用极为容易，所以数据采集、储存、传输、分析、利用可以无时不在、无处不有，每个人、每个组织的每个行动和每个状态都可能成为数据，这在传统生态系统中是无法想象的事情。生态系统及其核心企业有这样的权利对其生态参与者的数据进行采集、储存、传输、分析、利用吗？生态系统越大，数据所能创造的价值就越大，在这样一个正向循环中，价值如何分配？权责如何界定？私法和公法如何介入？这些都是数字经济生态系统带来的新挑战。

第五个特征是，数字经济生态系统具有社会性外溢效应。数字经济生态系统联结了太多的人和组织，且将现实世界和虚拟世界联系在一起，其许多活动带来的影响无疑会超出经营活动影响的范围，而会对社会造成外溢效应。不但一些互联网平台生态系统所涉及的主业就是社交，而且就连电商平台在拥有数亿活跃用户的情况下，也难以避免地影响到时尚潮流和社会热点话题，而游戏平台则会改变人们的时间分配和角色认知。社会性外溢效应的存在给政府规制提供了极大的理由，但政府应该如何行事并不是一件清晰明了的事情。

总而言之，数字经济生态系统已经客观存在，其呈现的特征使其与过去也曾有过的产业生态不尽相同。当然，从研究反垄断和反不正当竞争政策的角度出发，首先还是应该认识其产业组织方面的性质。传统的产业组织理论并不涉及生态系统这样的产业形态。生态系统既不是一个产业，甚至不是一个细分行业和特定小市场（niche market），当然也不是单个企业。一方面，一个生态系统并不能代表一个产业，因为并非一个产业的所有企业、所有机构、所有市场份额都会被一个生态系统所覆盖、所吸纳，而且在一个产业中存在两个或以上生态系统的现象也很寻常；生态系统还会跨越产业界限，横跨许多产业甚至不同的产业链，尽管生态系统的核心企业会有明确的产业属性，但一些重要企业可能分属于不同的产业。另一方面，一个生态系统也不限于这个产业中的一个企业，而会覆盖、吸纳更多的企业。因此，生态系统是低于但又跨越产业层面，同时高于企业层面的一个系统。正因如此，在产业组织理论的框架中，生态系统不会成为一个分析单元，也不会作为一个规制对象。不过，在企业法律与规制方面的文献中，曾经有一些学者对日本的企业集团进行过有针对性的分析。日本的企业集团往往以一个产业中的大企业为核心，紧密层可能包括本产业中小一些的企业，以及一些金融机构，而松散层则会有许多供应链企业。美国学者 Gilson 和 Roe（1993）在分析日本的企业集团时，不但关注其公司治理，而且从产业组织的角度加以剖析，认为企业集团在一定程度上重塑了产业组织。从现实情况来看，可以认为，数字经济生态系统在更大程度上重塑了产业组织，即使生态系统没有企业集团那么正式，因为后者常常以持股关系进行联结，也有主银行等金融机构的放款作纽带，但生态系统要开放得多，所涉范围也要广泛得多。从产业组织的角度来看，可以认为生态系统是一种亚产业，它可能没有清晰的边界和明确的成员身份，但通过产业链、供应链中的较稳定合同和其他合作协议，以及在共同利益上的默契，建立起利益关系，同时通过影响力和认同性，建立起延伸能力和渗透能力更强的纽带，将许多企业和其他机构、许多个人和群体联系在一起。作为亚产业的生态系统，无疑在较大程度上决定着产业创新、产业行为、产业发展，但它不像企业集团那样是正式组织，从而有可能给规制造成灰色地带和模糊空间。

更进一步，生态系统还是一种全新形态的，融合了现实世界和虚拟世界，极大地打破了物理隔阂和地理界限的亚社会。亚社会在传统社会和传统产业界也大量存在。但互联网工具和互联网思维使亚社会的构筑更加容易，数据和算法以及其他技术和技巧使亚社会更具引导力和影响力。互联网可以将前所未有数量的人员联通起来，使得产业界的生态系统也具有了发布、表达、交流、组织、动员的功能，更遑论专门的社交性互联网生态系统。互联网可以非常方便地实现“物以类聚、人以群分”功能，把世界上远隔千山万水的同声相应、同气相求的人和物聚集在一起，并形成亚社会的文化和气氛。譬如，脸书经过深思熟虑和大量试验于2009年推出了“点赞”按钮，这项小小的创新一方面极大地调动了用户情绪，其16亿用户每天要点击“点赞”60多亿次，这个按钮像胶水一样把用户粘在一起；另一方面这个小按钮每时每刻都在告知脸书，社会上正在流行什么、人们喜欢和不喜欢什么，让脸书得以洞察人们的情绪、预测人们的行为，当然最终有助于脸书更好地针对用户投放广告。脸书的“分享”按钮让人们可以快速地转发，使得无论是真实消息还是虚假消息、好话还是丑话，都可以在短时间里像病毒一样传播开来。这实际上就是亚社会的力量。

无疑，数字经济领域的生态系统作为亚产业和亚社会，可能促进产业创新，推动产业升级、迭代和发展，也可能会催生一些令人难以判断的现象的出现，甚至可能催生一些显而易见的恶劣现象。譬如，在以大型互联网平台为核心的生态系统中，平台即使从事研发设计等创新工作，也可以显著地放大其关联力量、吸引力量、影响力量，并利用这种力量提前锁定生产链、供应链与经销网，链接大量支持者、拥趸者和网红人物，形成浩大声势，构筑“护城河”，排除来自生态系统之外的竞争。而像脸书这样的平台，在生态系统中处于食物链的最顶端，它获得了十几亿人的好恶与喜怒信息之后而精准投放广告，到底是不是不正当竞争？如果其容忍大量虚假消息的转发影响了社会舆论和人们的判断，应不应该受到干预？如果有用户在平台上播放了对未成年人的成长不利的视频，平台到底应该承担哪方面的责任？这些都需要新规制来回答，也需要新规制建立自己的理论基础。美国众议院公布的《数字市场竞争调查报告》以及后续的重要讨论无疑是这方面的尝试，它告诉人们，数字经济给人类带来了一个全新的生产方式和生活方式，这一进程所带来的政策挑战远远不只是禁止大企业合并、拆分大企业、对捆绑销售和恶意低价竞争等行为进行罚款，而是要扩展政策视野，拓宽政策思路。欧盟的政策思维更加宏阔，不但关注个人数据隐私，而且关注个人在知情权、选择权方面的自由性，还关注社会结构、社会文化在传统保守性与现代进步性之间的平衡。可以设想，不管这样的政策思路在更远的未来是否会出现调整，不管使用不使用生态系统这一词汇，在可预期的将来，建立对数字经济生态系统的规制论述，并筹划更清晰的政策思路，都必将是一项重要工作。

三、对数字经济生态系统的规制难题及可能举措

数字经济的发展虽然在很大程度上由市场力量所推动，但数字市场秩序的某些方面的确需要政府介入，政府甚至需要对生态系统进行规制。更进一步，如果要以政府规划来引领和推进数字经济发展，政府就必须与生态系统及其核心企业形成互动关系。不过，总体而言，数字经济是新经济，数字经济生态系统更是新事物，即使要对数字经济生态系统进行必要规制，也会面临认识不足、缺乏现成经验、不易区分性质、难以把握尺度等方面的问题。因此，对数字经济生态系统的规制需要在探索中前行。

生态系统毕竟不是一个正式组织。在日本，是否及怎样对企业集团进

行规制曾经也充满争论，并无从下手。不过后来，日本对控股公司，实际上也是企业集团的核心企业，提出了持股透明度方面的要求和控制权方面的限制，并促使金融与生产适度分离。把对数字经济生态系统的规制重点放在对核心企业的规制上，可能是一个既简单又较安全的方法。对生态系统的核心企业进行重点规制似乎正在成为美国和欧洲的潮流，尽管所谓的生态系统核心企业是一个非正式的概念，而且缺乏正式的认定标准。的确，生态系统核心企业有着极大的影响力和引导力，并且处于利益链的顶端。美国众议院公布的调查报告以及一些重要政策机构开展的讨论，就把那些处于生态系统核心地位的大型平台企业视为需要特别“关照”的平台；欧盟则把这些大型互联网平台视为数字经济的“看门人”。在过去几年里，美国和欧盟对这样的平台企业各自进行了反垄断方面的调查，并提起了一些重要诉讼，也实施了一些罚款。

不过，由于生态系统和核心企业在较大程度上是一个含糊甚至虚拟的概念，并不是一个实在的市场主体和经济单元，所以更需要在法治的轨道上进行谨慎规制，特别是应该给核心企业以法律救济的权利和渠道。譬如在美国，态度强硬的联邦贸易委员会过去几年对脸书进行了大量调查并提出了诉讼。起诉方认为，脸书垄断了个人社交网络市场，而且其杀手型并购、禁止与其他应用程序之间的互操作性，都属于排斥竞争的行为；而法院则充分听取了辩方的申诉，并认为脸书的营业收入、日活跃和月活跃用户数量都不能单独作为衡量市场份额的标准，企业有拒绝与其他公司交易的权利，包括拒绝与竞争对手合作的权利，即使脸书禁止向竞争对手开放API接口，它也没有义务帮助其竞争者。因此在2021年，法院驳回了联邦贸易委员会和40多个州对脸书提起的反垄断诉讼。当然，美国立法界还在积极行动，美国众议院司法委员会就已经通过了六项加强反垄断执法和恢复在线竞争的反垄断相关法案，包括《合并申报费现代化法案》《州反垄断执法场所法案》《通过启用服务交换法案》《平台竞争和机会法案》《美国创新与选择在线法案》《终止平台垄断法案》。其中，《平台竞争和机会法案》关注杀手型并购问题，《通过启用服务交换法案》是为了增强平台兼容性和竞争性，要求提升主导平台和第三方平台之间的互操作性，并赋予消费者数据可携带权，《美国创新与选择在线法案》针对的是大型平台的歧视性行为，《终止平台垄断法案》则针对自我优待问题。仔细分析这些法案，其许多具体内容都涉及数字经济的生态系统。当然，即使这些严厉的法案得以通过并实施，美国的救济渠道也是通畅的。总之，对生态系统及其核心企业的规制一方面很重要，另一方面又存在灰色地带和模糊空间，因而在法治的轨道上赋予规制者和被规制者以控诉和申辩通道就特别重要。当对新生事物缺乏足够认识的时候，实行“一边倒”的规制就容易扼杀新生事物。

生态系统涉及数量众多的参与者。从已经发生的情形来看，误导和欺诈行为的确存在。所以，应该考虑针对生态系统实施反误导与反欺诈，以及反胁迫等方面的政策。生态系统涉及很多企业、机构、社团、个人，以及很多明示的及隐含的契约和规则，这个亚社会有其自治秩序。但是自治秩序并不等于无须国法秩序。生态系统的误导、造假、欺诈和胁迫，比传统的此类行为更加复杂，也更加隐秘；特别是在数字经济领域，借助于大数据和人工智能，误导行为更容易流行，欺诈行为更具有科技含量，所以更值得关注。生态系统也有资本的参与，并且与资本市场联系在一起，而资本在其中既有良好作用，也可能有不良作用。当然，这些政策的标准和尺度并不容易把握，而且极易引起争议，所以需要采取既积极又谨慎的态度，特别是要广泛听取社会各界的意见，并要经过深入乃至激烈的争论，才可以制定和实施政策。特别需要指出的是，反误导、反欺诈、反胁迫方面的规制与反垄断、反不正当竞争方面的规制不是一回事，也就是说，对于数字经济生态系统的规制不可能靠反垄断法、反不正当竞争法“包打天下”。

即使是生态系统的产业创新，也可能会涉及政策层面。创新的生态化使得创新获得了强大的动能与合作力量，同时也可能形成内部冲突和外部排斥。创新也需要保持竞争态势，政府不但应该保障来自特定生态系统之外的竞争，而且应该允许生态系统内部的企业之间保持合理竞争。产业创新必定涉及大量的知识产权问题。尽管企业之间可以自己界定和分配知识产权，但是政府事先划定清晰的知识产权界定原则，可以避免大量的纷争和内耗。同时，政府应该避免选择特定生态系统的制式与标准成为官方制式和标准。产业创新的生态化，一方面可以形成更大合力促进创新活动，另一方面也会使创新竞争更加惨烈，居下风的其他生态系统及其成员将陷入更加惨淡的境地。所以，政府不应该实行典型的选择性产业政策，而是更应该积极地设定政策指南和政策标准。此外，政府可以对生态系统实施研发补贴、创新需求鼓励和提前采购政策，但为了防止利益输送和公共资金的无效低效使用，应该设定补贴、提前采购、需求鼓励的政策标准和政策流程，并要进行严格的事前评估和事后审计。

不过，政府似乎应该针对生态系统的数据行为进行规制。生态系统的形成在很大程度上是因为数据的力量。一方面，生态系统的核心企业，特别是平台企业，可以广泛收集和加工、利用生态系统参与者的数据；另一方面，参与者也可能获得获取和使用数据的优先权。对于生态系统的绝大多数参与者而言，他们的活动、行为以及他们的观点、意见不过是过去的事情，就像身上散发出和蒸发掉的汗水，并没有什么意义和价值；但对于其中一些企业，特别是生态系统的核心企业而言，低价值密度的数据一旦体量膨胀到成为大数据，就具有了挖掘意义，就能产生价值。在这样一个极不对称的博弈中，政府应该对生态系统的数据规则进行监督和规制，因为这种情境中的数据问题已经超出了市场中自由合约的范畴。政府规制应该维护数据被收集的同意权，保护数据隐私，防止数据被滥用。尽管这方面的工作具有很大的迷惘性与艰巨性，但可以肯定的是，政府不应该缺席这项工作。

对于数字经济生态系统，规制机构更应该关注其透明度。尽管生态系统的界限并不十分清晰，但投资入股关系具有较好的透明度，代持股份、层层持股的现象已经非常多见，规制机构应该力求穿透股权烟幕，弄清持股链条，并在此基础上分析控制权体系。除此之外，规制机构还应该高度关注重要交易关系，特别是其背后的合约关系，虽然这方面的工作比辨析投资入股关系要困难得多。交易关系和合约关系，甚至一些非正式的战略结盟方式，在大多数情况下可能具有正面效应，但在某些情况下可能具有负面效应。当然，市场主体之间的交易与合约关系在较大程度上具有隐私性，但在一定条件下，底限的透明度要求或者获取有关信息的政府举措具有规制上的合理性，譬如，美国联邦贸易委员会在分析脸书是否涉及杀手型并购行为时，就获取了其管理层在讨论并购合约时的电子邮件等文件。

如果隐晦和曲折的投资持股关系和交易及合约关系纠合在一起，就有助于生态系统构筑排斥竞争的垄断型力量，就有助于生态系统的核心企业不当利用力量杠杆而不公平地对待其他参与者，也许还有助于不良的亚文化的形成和流行。总之，生态系统可以有一定的封闭性，但也必须有一定的透明性，透明度甚至比规制本身更重要，因为透明度是一种震慑力，是一种合规性警钟，这种震慑力的存在和警钟的鸣响往往使得规制免于实行。

数字经济天然地具有突破地域与国界的动能，其经营触角、创新网络、资本联系一般而言容易形成国际化体系，所以数字经济生态系统往往也嵌入全球体系中。这无疑给规制带来了难题。目前，我国一些数字经济生态系统已经基本实行了国际化，但下一步，是否要改变这样的局面，还面临着一些重要的不确定性。不过，如果我国能够对数字经济全球治理体系形成正确的认知，并找到自己的位置，会有利于这个局面的维持与改进。譬如，加入《数字经济伙伴关系协定》以及《全面与进步跨太平洋伙伴关系协定》（CPTPP）有助于朝着这一方向迈进。

四、结语

研究数字经济生态系统并不是为了赶时髦，而是为了研究产业组织的新形态，以及研究对产业组织进行规制的必要性与合适度。产业的生态化发展可能是一种方兴未艾的趋势，特别是在数字经济领域更加明显。数字技术的运用、互联网手段的渗透使得生态系统十分庞大，也十分复杂。数字经济的生态化发展一方面增强了产业动能，促进了产业创新，另一方面也卷入了从前不可想象的众多人员与组织，使利益关系和利益实现机制更加复杂化，并使产业界的影响力和引导力外溢到整个社会，从而引发了一些前所未有的规制方面的议题。

我国的有关政策已经开始关注数字经济领域的生态问题。有关部门于2021年底颁发的《关于推动平台经济规范健康持续发展的若干意见》就指出，要建立有序开放的平台生态，推动平台企业间合作，构建兼容开放的生态圈；倡导公平竞争、包容发展、开放创新，平台运营者不得利用数据、流量、技术、市场、资本优势，限制其他平台和应用独立运行。国务院于2022年初印发的《“十四五”数字经济发展规划》则强调，要营造繁荣有序的数字经济产业创新生态：发挥数字经济领军企业的引领带动作用，加强资源共享和数据开放，推动线上线下相结合的创新协同、产能共享、供应链互通；鼓励开源社区、开发者平台等新型协作平台发展，培育大中小企业和社会开发者开放协作的数字产业创新生态，带动创新型企业快速壮大。要完善多元共治新格局：建立完善政府、平台、企业、行业组织和社会公众多元参与、有效协同的数字经济治理新格局，形成治理合力，鼓励良性竞争，维护公平有效市场；开展社会监督、媒体监督、公众监督，培育多元治理、协调发展新生态；鼓励建立争议在线解决机制和渠道，制定并公示争议解决规则；引导社会各界积极参与推动数字经济治理，加强和改进反垄断执法，畅通多元主体诉求表达、权益保障渠道，及时化解矛盾纠纷，维护公众利益和社会稳定。可以看出，我国政府不但已经高度重视数字经济生态系统的客观存在，而且意识到引导其健康发展的重要性，所提出的指导性意见和思路虽然原则性较强，但在重大议题上抓住了要害，譬如强调了生态系统的兼容开放和公平竞争、有序发展，强调了建立开放式生态以促进创新，强调了多元参与、多元共治的治理理念，等等。

显然，我国政府部门对数字经济生态系统抱有比较正面的看法，同时也没有忽视对生态系统的引导和规范，并试图建立良好的政策规则。当然，在数字经济日新月异的发展面貌面前，这些工作仅仅是开始，政府对数字经济生态系统的要求和规制还处于初级阶段，因为人们对数字经济生态系统的认识还远远不够，研究更谈不上详细和深入。数字经济生态系统本身也会随着时间推移而继续演变，其所呈现的特征和趋势也许还会发生重要变化。因此，政府对数字经济生态系统如何认知，是否应该和怎样进行规制，即使稍有迟疑，甚至陷入疑惑，也完全可以理解。直到现在，就这方面的所有议题寻求确定的答案，似乎还为时过早；也许唯一可以确定的是，应该就这方面的议题加强调查、讨论、研究。

第八章　数字生态型产业与新布兰代斯主义反垄断

数字经济有一些内生特性，产业组织更趋复杂。在数字经济诸多行业如何实施反垄断与反不正当竞争方面，一个重要动向就是，美国的新布兰代斯主义思维在美国和其他国家扩散，并开始影响政策。本章将指出，数字经济中一些产业表现出强劲的生态化发展势头，从而将影响力从本行业延伸到其他许多行业、从经济领域延展到社会领域，使新布兰代斯主义引起了广泛共鸣。不过，在数字市场实施良好的反垄断与反不正当竞争政策，并对产业生态实行某些规制，仍然需要以细致的技术分析为基础，并在广泛讨论的基础上合理把握尺度。

一、美国新布兰代斯主义反垄断

新布兰代斯主义是一百多年前布兰代斯主义的现代翻版。那时，美国最高法院大法官布兰代斯（Brandes）坚定地认为，反对经济垄断不仅可以促进消费者福利的提升，而且对于保障个人自由、政治民主、社会公平至关重要；也就是说，反垄断不但关乎经济，而且关乎民生、政治、社会。到了21世纪，特别是2008年金融海啸之后，美国社会对经济分化、社会不公的批评越来越强烈，奥巴马政府的经济顾问委员会就认为，这些严重弊病与不断增长的市场垄断力量相关联，从而把强化反垄断、促进公平竞争列入经济政策改革议程。美国一些学者、律师和其他社会人士对影响美国甚久、倾向于庇护大企业的芝加哥学派和后芝加哥学派提出了尖锐批评，其代表人物之一Wu（2018a）就指出，芝加哥学派用新自由主义理论代替了共和主义理论是完全错误的，因为新自由主义理论所假设的有完全信息、有充分进入和退出自由的无摩擦市场在真实世界中并不存在；而后芝加哥学派也并未真正脱离芝加哥学派过于理想化和简单化的窠臼，只不过对芝加哥学派的模型进行了一些技术性修改，总体上继承了芝加哥学派的意识形态立场和基本理论假设，并不能适应目前的反垄断要求；这些学派把反垄断目标局限于提高经济效率，忽视对私营垄断性企业的审查和分拆，给美国经济结构带来了严重问题。当然，芝加哥学派和后芝加哥学派的一些学者对新布兰代斯主义学派也进行了一些反击，认为将经济分化、社会不公以及政治民主被侵蚀的现象与反垄断不力联系起来，是不负责任的民粹主义思潮。譬如，Hovenkamp 和 Morton（2020）就认为，运动式新布兰代斯主义反垄断执法将使这项重要的经济政策脱离专业化的轨道；而 Shapiro（2018）则提醒，反对大公司的民粹主义思潮最终将损害经济增长，并对社会构成根本危险。不过，反对芝加哥学派和后芝加哥学派以及反对更早的哈佛学派的声势，似乎吸引了更多的支持、聚集了更大的声势。这些人物重新阐释布兰代斯主义思想的重要性，所以被称为新布兰代斯主义者。

新布兰代斯主义者强调，反垄断比反托拉斯涉及更广泛的范围，前者重视对广泛存在的不正当竞争行为进行严厉规制，并引入公众问责机制。值得注意的是，2021 年，美国新任总统拜登（Biden）在签署一份反垄断行政令时，就特别指出，过去四十年影响美国反垄断政策甚大的芝加哥学派的思想是错误的，应该以一种更进步的思想来取代芝加哥学派；之后，他任命了几位新布兰代斯主义代表人物担任反垄断部门的重要职务。这显示，至少在目前阶段，新布兰代斯主义开始在美国反垄断政策领域占据主导地位。

新布兰代斯主义的代表人物 Khan（2018）等人阐述道，竞争政策应该体现公平的价值观。其基本的政策思维有几个方面：第一，经济垄断威胁政治民主。民主不仅涉及政治和宗教自由，还涉及工业自由，政府必须具有控制私有经济权力集中的能力，如果私有经济权力集中得不到控制，将会导致政治权力的集中，从而破坏政府的公共性，因此反垄断是在民主基础上构建社会公平和公正的关键工具。第二，市场不会自发均衡。不会自动达到均衡的市场当然不会自然形成公平，所以必须借助法律和规制手段对市场进行管理，否则就是不负责任；即使随着时间推移，技术进步会改变市场结构，会使一些优势企业衰落，政府也不能只是坐等这种情形发生，更不能让科技创新成为私人势力控制市场的有力工具。第三，反垄断不仅仅是反并购。反垄断法只是反垄断众多工具中的一个，联邦储备委员会、证券交易委员会、联邦贸易委员会、联邦政府贸易代表办公室以及许多部门都有反垄断的义务。第四，警惕大企业但未必要分拆大企业。虽然必须考察市场结构，但并不需要一概反对企业规模本身，更不是一概主张对大企业进行分拆，而是强调竞争过程比竞争结果更重要，譬如并不把消费者福利的提高作为一个必须关注的结果，而是要强化公共监管体系，防止大企业滥用市场势力；特别要聚焦于提高消费者福利是否对工人、供应商、创新创业者、潜在竞争者造成伤害，而且提高消费者福利也不能简单地归结为降低商品价格，而应该让消费者可以购买到多样性商品、有更多的可选择性。

但是也应该看到，新布兰代斯主义的一些代表人物之间也有一些重大分歧，譬如关于企业规模，有的人认为大即是坏，而有的人认为大本身并不一定是问题。所以，美国的新布兰代斯主义思潮似乎并不存在一个严格的阵营。我国一些学者如陈永伟（2021）认为，新布兰代斯主义的反垄断思想实际上包含了实施较广泛的行业规制政策的理念，并倾向于对互联网平台行业中的“看门人”企业进行重点监控，但其理念到底会在多大程度上落实到实际执法当中，还有待观察。

二、生态型产业是受新布兰代斯主义影响的重点行业

新布兰代斯主义近两年对美国以及其他一些国家的反垄断政策产生了重大影响，但所影响到的行业主要是数字经济领域。至今为止，新布兰代斯主义并未像一百多年前的布兰代斯主义那样覆盖几乎所有的工业行业，而且种种迹象显示也不会产生那样广泛的行业影响。新布兰代斯主义的重要人物之一哥伦比亚大学法学教授 Wu（2018b）在其著作中虽然也尖锐批评了一些传统行业，譬如认为制药业、设备制造业、航空运输业、零售业具有很高的市场集中度，产生了大量经营者集中行为，还导致了价格上涨，但至今为止，这些传统行业并未受到明显的反垄断调查与执

法。而数字经济领域受新布兰代斯主义反垄断执法的影响要大得多，谷歌、亚马逊、脸书和苹果都受到了调查。不过有意思的是，在数字经济领域，那些致力于“硬科技”开发和相关产品生产的制造行业，譬如芯片研发与生产行业、网络设备研发与生产行业等等，几乎并未受到新布兰代斯主义者的关注，被“盯住”的行业主要是互联网平台行业以及与之密切相关的行业。

为什么数字经济领域的制造行业，甚至单纯的软件行业，当然还有那些传统的制造行业，没有被新布兰代斯主义者“盯上”呢？并不是因为它们的市场份额不够高，也不是因为它们的规模不够大。事实上，芯片研发设计行业、芯片制造行业、网络设备制造行业、光刻机制造行业都有很高的市场集中度，而且一些企业的规模非常大，此外经常发生一些重要的兼并与收购。之所以只有互联网平台等少数行业成为新布兰代斯主义的反垄断目标，很可能是因为，数字经济领域的这些行业在新科技、新社会结构下表现出明显的生态化发展特征。数字经济所构筑的生态系统将数量众多、种类不同的参与者联结到一起，实现“拉群”和“点击”，并在分工更加细致、更加新颖的阶段，进一步增加了参与者种类的多样化，不同种群的利益能够形成循环体系，并在循环中增加生态系统的整体利益，而且还能将现实世界和虚拟世界结合在一起，从而造成亚社会现象、产生社会性外溢效应，甚至将影响力扩展到文化领域、政治领域，这就使得新布兰代斯主义反垄断不单单是经济问题的思维，从而引起了广泛共鸣。

新布兰代斯主义者直接从进步主义时代的布兰代斯主义者那里借用了基础设施和公用事业的监管理念，但似乎又试图在数字生态的背景下进行新的阐述。布兰代斯主义者对基础设施和公用事业非常关注。那时，铁路、电信、供水、供电等行业提供的服务成为美国人的必需基础设施，但这些行业被一些私营企业所掌握，民众对这些企业形成了很大依赖。布兰代斯主义者认为，必须对这些具有公用事业性质的大企业进行规制，例如，要求铁路、电信部门实行公平定价并平等地服务于所有使用者，因为这些企业是通用承运人，必须承担提供普遍性服务的义务。事实上，在布兰代斯主义者眼中，基础设施和公用事业所包括的行业远远超过铁路、电信、供水、供电等行业，而是延伸到公路运输、金融服务甚至牛奶等食品供给等领域，从而实行政府规制；此外，他们还力图在这些行业设立公营企业，这样的举措一方面可以为收入较低的民众提供接受私营企业服务之外的公营服务选项，另一方面还能引入“标尺竞争”，即在服务的价格和质量等方面，公营企业和私营企业可以相互比较、相互竞争。而新布兰代斯主义者将这些理念带到了互联网领域，譬如美国联邦通信委员会在2015年的时候就发布了网络中立性规则，将宽带互联网提供商归类为通用承运人，并公布了严禁阻断、减慢或干扰互联网流量等方面的基本要求。美国联邦通信委员会解释道，提供互联网服务的一些大企业已经拥有了强大的市场地位，以至于普通消费者和其他市场竞争者处于严重的劣势地位，不但无力回避这些大企业的存在，而且也不能对抗它们的差别化定价与歧视性服务等不正当经营手段。而在过去十几年里，随着互联网等数字行业中生态系统的日益强大，它们的市场地位早已超过从前的普通承运人，这令一些新布兰代斯主义者增强了实行规制的紧迫感。

互联网社交领域就是一个典型的生态化发展领域。美国的脸书在全球有超过15亿活跃用户，这在工业经济时代是一个不可想象的数字。这些活跃用户登录脸书平台，发表文字、图片、视频等形式的信息和意见，相互交流与互动，表达观点与情绪，形成群组和圈子。脸书广泛地收集用户数据，以帮助其在线广告业务获得更多收入，并开拓其他业务。美国联邦贸易委员会和40多个州在过去几年对脸书进行了深入的反垄断调查，并提起了诉讼。指控认为，脸书不但垄断了网络社交市场，而且通过收购潜在竞争者、阻止与其他应用程序之间的互操作性等手段，排除了来自外部的竞争。显然，起诉的理由之一就是脸书将潜在竞争者，譬如当时规模尚小的独立经营的社交平台Instagram和WhatsApp纳入脸书生态圈中，而对没有进入生态圈的其他应用程序譬如Circle等则禁止接入。可以看出，控方观点带有比较明显的新布兰代斯主义色彩。不过，法院采取了谨慎态度，并对新布兰代斯主义者强调的必需设施理论作出了回应。必需设施理论与普通承运人理论差不多，就是认为私营企业所提供的某项服务已经为普通大众所不可或缺，所以服务提供商必须保持服务的开放性、非歧视性。但审理脸书案件的法官指出，如果强迫脸书这样的互联网平台向竞争对手开放平台设施，就会抑制企业投资和建立基础设施的动力，反而不利于有关设施的进一步增加和完善。

互联网搜索领域也已演变为一个生态化发展的行业。美国的谷歌在全球搜索引擎市场占有绝对主导地位，但它自己还涉足了许多其他行业，并且与其他行业的企业形成了错综复杂的联合与合作关系。2020 年，美国众议院公布的《数字市场竞争调查报告》对谷歌的指控也明显带有新布兰代斯主义色彩。实际上，这份调查报告的主要撰写者就是新布兰代斯主义阵营的重要人物。这份报告指出，谷歌在桌面端的市场份额达到 81%，在移动端的市场份额达到 94%，搜索服务是免费的，但成为获客的主要渠道，而商业变现则通过向用户推送在线广告而实现，谷歌利用大数据和算法进行不正当的经营行为，并且实行程序预装和默认设定，排斥了公平竞争。该报告还专门分析了移动终端操作系统领域，认为谷歌的安卓系统和苹果的 iOS 系统各自形成了强大的生态系统，但这两个生态系统之间相互封闭，通过把客户和关联企业锁定在自己的生态系统之中而排挤其他竞争对手。

三、新布兰代斯主义反垄断的主要倾向

现在，美国的新布兰代斯主义的一些代表人物已经进入反垄断部门的重要岗位。欧盟尽管算不上是新布兰代斯主义的营垒，也不使用新布兰代斯主义这一词汇，但事实上，其反对垄断和不正当竞争、维护市场公平和社会公正、建立良好规则与秩序的理念，与新布兰代斯主义是相通的，甚至比美国还要更加坚定和一以贯之。而且，美国布兰代斯主义的源头应该是进步主义，进步主义的源头恰恰在欧洲。从过去几年美国和欧盟的政策制定与执法的历程来看，新布兰代斯主义反垄断主要有如下一些倾向。

第一，“紧盯”数字经济领域的龙头企业，或者是生态系统的核心企业。不管是美国的联邦贸易委员会、司法部、各州的司法机构，还是欧盟及欧洲各国的反垄断机构，几乎都对脸书、谷歌、亚马逊、苹果等企业进行了调查，有的机构还宣布了对它们的巨额罚款措施。欧盟有关机构提交的《数字市场法案》更是引入了数字市场“看门人”的概念，这些“看门人”企业至少控制着一种核心平台服务，充当重要门户功能，拥有庞大用户群，在事实上可以确立数字市场规则；它们在欧洲的年营业收入超过

65亿欧元，或市值超过650亿欧元，活跃用户超过4 500万。如果该法案得以通过，“看门人”企业将会承担一些重要义务，譬如应在特定情况下允许第三方与自己的服务进行交互操作，应允许其企业用户在“看门人”平台之外推广服务并与客户签订合同，不得使用从企业用户处获得的数据与之竞争，等等。

第二，高度重视数字经济领域的网络效应。美国众议院于2020年公布的《数字市场竞争调查报告》就专门分析了脸书等互联网企业的网络效应和高转移成本问题，认为脸书在全球拥有十几亿用户，以及积累了大数据，从而构成了显著的网络优势，许多人可以通过加入这个网络而获得大量的社交机会和表达受众，而离开这个网络的人则会损失这些机会和受众，所以新的进入者想从事互联网社交服务，即使投入大量资源，也难以将这些用户从脸书拉出来。这就是由网络效应或称网络外部性所构筑的坚强壁垒。该报告还分析了其他行业的网络效应，并指出，这些行业的平台利用互联网，或者锁定用户，或者实行自我优待，或者对自己在某个市场上的支配地位进行杠杆性传导，而撬动另一个市场。

第三，将禁止链接、阻断互操作性等新型拒绝交易行为，滥用数据、算法和其他数字化技术的新型不正当竞争行为，利用平台和生态势力的新式杠杆行为，作为执法重点。美国的《数字市场竞争调查报告》就指出，在通用搜索引擎市场，谷歌就利用爬虫技术设置了独特的进入壁垒，因为多数网站都会对谷歌这样的大型在位企业的爬虫网开一面；在网络社交市场，脸书以不可互操作、不可互兼容等方式实行拒绝交易；在浏览器市场，程序预装行为非常普遍，苹果的电子设备甚至不允许用户卸除预先安装的浏览器，苹果还利用苹果应用商店的渠道功能，对依靠这些渠道的第三方应用程序开发者的敏感信息进行搜集，并以此来强化自己的谈判优势；在互联网广告市场，谷歌和脸书通过其他业务积累了庞大数据，它们利用这些数据进行广告定向推送；在云计算市场，基础设施的提供者也经常以自我优待的方式提供软件服务，第三方软件提供商通常难以与它们竞争。而欧盟在几年前就对谷歌等生态型数字经济企业进行了调查，并于2017年公布了对谷歌的调查报告，还实施了数十亿欧元的巨额罚款。该报告对谷歌的指控主要集中在如下几个方面：谷歌利用其在互联网搜索市场、移动操作系统和安卓应用商店市场所处的主导地位，将设备制造商和移动网络运营商通过各种方式联结起来，建立了一个安卓生态系统，并通过这个生态系统限制设备制造商使用任何未经谷歌许可的非安卓版本，从而阻断了竞争。谷歌还发明了安卓密码箱，用以跟踪收集第三方应用程序的实时使用数据，并在地图市场实施了搭售等反竞争行为。

第四，对互联网平台以极低价格甚至零价来获得客户，并极力养成客户对该平台的依赖性甚至成瘾性，之后再以其他方式获利的行为，给予警示或处罚。美国的《数字市场竞争调查报告》就认为，亚马逊要求所有与其合作的出版商，无论是纸质书还是电子书出版商，必须给亚马逊平台最低价，从而通过掠夺性定价排挤竞争对手，而且通过低于成本的价格将客户锁定在亚马逊的平台生态中，即便日后亚马逊提高书籍的售价，客户也很难改变消费习惯而被平台锁定。欧盟有关机构提交的《数字市场法案》和《数字服务法案》也对不正当的定价行为以及养成客户依赖性的行为进行了描述，并提出了规制方案。

第五，对互联网平台的社会性外溢效应给予必要关注，并倾向于对数字经济实行联合治理。美国众议院公布的《数字市场竞争调查报告》就建议，要复兴必需设施理论，让社会公众获得享用必需设施的公平权利；反垄断执法必须提高公众透明度，让更多的人能够表达意见并积极参与；要强化私人诉讼，通过私人诉讼获得救济并表达力量。欧盟的《数字服务法案》和《数字市场法案》则要求数字平台必须为公众用户提供有力的和公平的服务保障，平台应该实行高度的透明度措施，特别是提高数据和算法方面的透明度，同时，数字平台应该采取有力措施防止非法内容传播和虚假宣传活动。

当然，新布兰代斯主义仍存在一些尚未明了的执法倾向，特别是对数字生态系统的核心企业到底是否应该分拆，似乎还在犹豫之中。像脸书这样的社交巨头已经成为新布兰代斯主义反垄断的重要目标，《美国流行病学杂志》（*American Journal of Epidemiology*）对 5 000 多人在三年内使用脸书的情况进行了跟踪调查，结果显示，使用脸书平台越多，他们的心理健康水平和生活满意度就越低，受到致瘾性困扰的程度就越高，而且容易陷入不良情绪之中；《美国国家科学院院刊》（*Proceedings of the Na-*

tional Academy of Sciences）发布的分析报告认为，脸书是“说服技术”的先驱，其专业技能是“利用了人类心理弱点”，其目标就是“如何尽可能多地消耗人们的时间和注意力”。这样的调查研究结果引起了新布兰代斯主义者的高度注意。例如，美国倾向于新布兰代斯主义的团体“摆脱脸书”（Freedom from Facebook）曾要求美国联邦贸易委员会将脸书分拆，不过直至目前，尚未看到其被分拆的迹象。而对于谷歌、亚马逊等巨头，同样没有看到被分拆的迹象。这些数字生态系统的核心企业很有可能会在不断的批评和调查中，被不断地处以罚款，当然它们自己也会不断地进行行为整改。

新布兰代斯主义的一些重要理念其实在很多国家是相通的，不管是否使用这一词汇。这是因为数字经济在促进经济发展、改变人类生活方式的同时，本身存在或所引致的问题在各个国家也基本相同。例如在我国，数字技术当然是提高生产和生活效率、改变生产和生活方式的有力手段，数字经济已经成为强劲的增长新动能，但是有些大型数字平台也显现了在美国、欧洲同样广受诟病的问题。我国的短视频互联网平台比美国、欧洲的同类平台更加活跃，但一些内容被公认为是不良、有害内容。2018 年 4 月，针对快手平台播出有违社会道德节目等问题，国家广播电视总局等部门进行调查，发现快手平台除上述问题外，还长期无视法规训诫，在不具备《信息网络传播视听节目许可证》的情况下持续顶风拓展视听节目服务，扰乱网络视听行业秩序。2020 年 9 月，我国网信办称，抖音平台存在大量诱导未成年人参与应援打榜、大额消费、煽动挑拨粉丝群体互撕谩骂的不良信息。2021 年 6 月，我国网信办等部门决定，在全国范围内开展为期 2 个月的“饭圈”乱象整治专项行动，围绕明星榜单、热门话题、粉丝社群、互动评论等重点环节，重点整治如下五类行为：诱导未成年人应援集资、高额消费、投票打榜等行为；互撕谩骂、造谣攻击、人肉搜索、侵犯隐私等行为；鼓动攀比炫富、奢靡享乐等行为；以号召粉丝、雇用水军等方式刷量控评的行为；通过制造话题等形式干扰舆论、影响传播秩序的行为。当然，在反垄断、反不正当竞争这个相对而言更加狭窄的领域，我国有关部门也在近一两年采取了不少规制行动，并出台了一批法规和指南。可以预见，我国将会进一步加强对数字经济领域的综合规制，规制目标不仅仅是反垄断，也会涉及企业间竞争的公平性、市场秩序的公正性、社会行为的合法合规性，等等。

四、一些讨论

新布兰代斯主义在美国开始产生较大的影响力，有些学者如 Shapiro (2018) 将其归于民粹主义泛滥。欧洲虽然不使用这一词汇，但实际上比美国更加“新布兰代斯主义”。我国近一两年对数字经济领域开展的反垄断、反不正当竞争行动以及其他整治行动与美国的新布兰代斯主义有一些不谋而合之处。这很可能意味着进步主义在某种程度上的复兴。

在历史上，进步主义的兴盛和布兰代斯主义的出现，都与当时工业化迅速推进所导致的经济繁荣及其带来的巨大乱象有关，与资本表现出的巨大力量有关。也许，新兴产业繁荣会带来乱象、大量资本进入会显示令人不安的力量是难以完全避免的。现在，数字经济被认为是新经济，繁荣的背后也带来秩序方面的问题，当然也带来认知方面的问题。尤其是数字经济的生态化发展，以及数字技术对大数据和算法的利用，使得反垄断、反不正当竞争远远超出了市场集中、经济效率、消费者福利等传统范畴；互联网还把社会的情绪化、极端化、撕裂化等问题摆到了社会面前。这些都为新布兰代斯主义提供了土壤。但显然，新布兰代斯主义并没有形成理论体系，更没有科学的分析框架和分析工具，所以谈不上是一种学派，更不会取代芝加哥学派及其他学派，正如其旗帜性人物所宣称的那样，这是一个运动，一个不可忽视的、有全球影响的运动。

这样一个运动尽管很难说一定会波及我国，但是我国在近一两年的政策已经显示出不同以往的走向。2022 年 8 月，修订后的《中华人民共和国反垄断法》施行，新法强调，要强化竞争政策基础地位，建立健全公平竞争审查制度。特别重要的是，本次修订对于数据、算法和其他数字技术给予了大量关注，新增的条款明确规定，经营者不得利用数据和算法、技术、资本优势以及平台规则等从事本法禁止的垄断行为；具有市场支配地位的经营者不得利用数据和算法、技术以及平台规则等从事本法规定的滥用市场支配地位的行为。新法专门指出，应当依法加强对涉及国计民生等重要领域经营者集中的审查。这些内容显然是针对数字经济发展而补上规制的短板和漏洞。除了修订《中华人民共和国反垄断法》之外，我国还出台了很多行政法规与指导意见、指南。《国务院反垄断委员会关于平台经济领域的反垄断指南》就指出，平台经济发展涉及多方主体，反垄断监管要着力维护各方主体的合法权益，实现平台经济整体生态和谐共生和健康发展；对于市场支配地位的认定，除了传统的认定标准之外，应结合平台经济的特点，可以具体考虑交易金额、活跃用户数量、点击量或其他指标在相关市场所占比重；具有市场支配地位的平台，可能滥用其市场支配地位，无正当理由拒绝与交易相对人进行交易，分析是否构成拒绝交易，可以考虑在平台规则、算法、技术、流量分配等方面是否设置不合理的限制和障碍，使交易相对人难以开展交易等因素；认定相关平台是否构成必需设施，要综合考虑其他平台的可替代性、是否存在潜在可用平台、交易相对人对该平台的依赖程度等因素。国家发改委等部门颁发的《关于推动平台经济规范健康持续发展的若干意见》则指出，要厘清平台责任边界，强化超大型互联网平台责任，建立互联网平台信息公示制度，增强平台经营透明度，强化信用约束和社会监督；探索数据和算法安全监管，切实贯彻收集、使用个人信息的合法、正当、必要原则，严厉打击平台企业超范围收集个人信息、超权限调用个人信息等违法行为，在严格保护算法等商业秘密的前提下，支持第三方机构开展算法评估，引导平台企业提升算法透明度与可解释性，严肃查处利用算法进行信息内容造假、传播负面有害信息和低俗劣质内容、流量劫持等违法违规行为。另外，我国还颁布了《网络安全审查办法》《关于加强互联网信息服务算法综合治理的指导意见》等文件。显然，我国数字经济的规制范围正在适应数字经济时代的要求，覆盖了许多新内容，包括新布兰代斯主义所关注的新内容。

但是，客观地讲，新布兰代斯主义对产业创新的看法和判断并不十分清晰。尽管由美国新布兰代斯主义者所主导的《数字市场竞争调查报告》也提到了产业创新的重要性，并认为其列举的那些拒绝交易、杀手型并购、杠杆性传导等行为抑制了创新，但 Hovenkamp 和 Morton（2020）则给予了针锋相对的驳斥，认为打击这些行为才真正抑制了创新。正如蒂斯（2021）所揭示的那样，数字经济领域创新是一连串高速运转且充满不确定性的活动，在过去十几年里，数字市场的大数据与算法技术在个人移动终端的支持下，发展出一些重要的生态系统，而知识资产和数据、算法成为核心；当数字市场出现生态系统时，生态系统之间的竞争将围绕创新而进行，非常激烈的颠覆式竞争会时常出现，但新布兰代斯主义缺乏坚实可信的创新和动态竞争模型，也缺乏对复杂组织和大数据的深刻理解；如果新布兰代斯主义不能很好地分析和处理数字化潮流中的创新问题，那么其在反垄断运动中的持久生命力就值得怀疑。可以认为，Hovenkamp 和 Morton（2020）及蒂斯（2021）的观察和观点是客观的，也是中肯的，因为我们不难看到，美国新布兰代斯主义反垄断执法所表现的证据、所表达的意见一方面对数字巨头企业的跨领域势力，特别是它们的杠杆性力量和生态系统能量，以及对资本力量所显示的令人不安的一面，给予了高度关注，这是必要的，另一方面并未准确地区分创新租金和垄断租金，并未正确地识别创新所带来的市场地位和垄断所带来的市场地位，这是难以接受的缺陷。如果新布兰代斯主义导致创新受到抑制，那将无益于数字经济的发展，也无益于消费者福利的提升和社会的进步。

我国在数字经济领域的创新仍然不足，我国现今出台的政策和文件似乎有着更强的保护和促进创新的意识。这是与美国新布兰代斯主义者的一个显著不同之处。我国即使在修订《中华人民共和国反垄断法》时，也没有忘记对创新的保护，例如在总则的第一条阐述立法的目的时，就加上了“鼓励创新”这一表述。而《关于推动平台经济规范健康持续发展的若干意见》专门有一章论述增强创新发展能力，提出要鼓励平台企业不断提高研发投入强度，加快人工智能、云计算、区块链、操作系统、处理器等领域的技术研发突破；要进一步健全适应平台企业创新发展的知识产权保护制度，支持有实力的龙头企业或平台企业牵头组建创新联合体，围绕工业互联网底层架构、工业软件根技术、人工智能开放创新、公共算法集、区块链底层技术等领域，推进关键软件技术攻关；要鼓励平台企业开展模式创新，在依法依规前提下，推动“互联网+”向更大范围、更深层次、更高效率方向发展。还有其他文件也体现了鼓励数字经济创新的方针。当然，我国鼓励数字经济创新的政策也没有压低数字经济反垄断政策的重要性，如果从 2020 年以来出台的许多政策的重心来看，反垄断、反不正当竞争、防止资本无序扩张和野蛮生长等内容占有更主导的地位。因此在我国数字经济未来的发展进程中，如何科学地、准确地评估各项政策的目的和实施效果，如何在各项政策之间保持合理平衡，将显得十分重要。

同时也应该意识到，实施范围广泛的反垄断和其他规制与促进创新到底是一种怎样的机制，不但在数字经济领域十分复杂，而且即使在工业经济领域也不那么一清二楚。过往的历史已经证明了这一点。新布兰代斯主义有着很强的民众导向，而创新却往往由少数人所推动。从根本上来说，民众利益的保障和提升最终还是要靠创新来实现，但在短期内并不一定是这样，更何况许多政策制定者并不一定真正能够认识和理解这一点。因此，关于数字经济，乃至工业经济和整个国民经济的健康而快速发展，不管是新布兰代斯主义，还是其他什么主义，要把握政策平衡，并不是一件轻而易举的事情。

第九章　数字市场的注意力经济、致瘾性问题及规制政策

在市场经济中，商品要卖出去才能实现价值。在有许多商品可供选择的情况下，客户不可能了解每一种商品的价格和性能详情，甚至不可能知道每一种商品的存在。这时，如何让客户知道并使客户产生购买兴趣和意愿就至关重要。而客户的时间、精力和理性都是有限的，所以必须吸引客户的注意力。要素市场也多少存在同样的情况。而数字经济的许多行业都是新兴行业，所提供的是新产品，所采用的是新技术和新模式，争夺注意力就格外重要。事实上，数字市场存在着明显的所谓注意力经济现象，这样的现象也引起了一些争议。比如，过分地投入注意力从而侵蚀自制力，会产生致瘾性问题。许多数字产品并不是生活必需品，致瘾性可能更严重。因此，对数字市场的注意力经济致瘾性问题进行分析，并对是否需要规制作出一些判断，十分必要。

一、注意力经济学

据说是诺贝尔经济学奖获得者、有限理性理论之父赫伯特·西蒙(Herbert Simon)发明了注意力经济这个词，他指出，在一个信息丰富的世界，信息接收者的注意力相对而言变得贫乏，因此当信息供给超过注意力限度时，如何分配注意力就成为一个重要的经济问题。显然，注意力经济的思想与有限理性的思想是一脉相承的。另一位诺贝尔经济学家获得者梯若尔（2020）对数字经济时代的注意力经济学（economics of attention）作了一些论述，他认为，数字经济进一步扩展了一体化市场的边界，从世界范围来看，可供选择的产品似乎无限丰富，而关于产品的信息在全

球各地进行传播的成本几乎为零，困扰人们的是选择太多，而不是太少，所以人们面临的问题就是在这些数量繁多的潜在关系和交易中，如何恰当地分配时间和注意力，这使得注意力经济学从根本上改变着人们的行为和互动方式。

可以认为，注意力经济是一个古老现象。譬如在传统社会，人们在集贸市场听到的叫卖吆喝声，在住宅巷子里听到的货郎叫卖声，在街头看到的卖艺者用以吸引路过者眼球的噱头，都属于注意力经济，所谓“酒香不怕巷子深”可能更多的是一种自我安慰，而更普遍的情况则是“卖什么吆喝什么”。但注意力经济学则是比较新兴的研究领域，因为经典经济学研究的是如何配置物质性的稀缺资源，而在数字经济时代，特别是在互联网平台经济领域，可供选择的物质商品并不稀缺，关于商品的品种、规格、性能、质量、价格的数据非但不稀缺反而显得过剩，相比之下，只有人的注意力才是稀缺物品，所以注意力就很有价值。在这样的情境中，注意力的合理分配不但涉及物质商品的供需对接和资源要素的配置效率，而且涉及信息真实性、信息成本、信息外部性等方面的问题。譬如，高强度、刺激感官的信息即使不存在虚假性，也可能存在过度诱导性甚至胁迫性等问题，大量人员受这些信息的影响而导致跟随性的集体行动、集体风潮，就产生了信息的外部性。

一些学者对注意力经济如何影响市场竞争进行了研究。Newman（2021）就认为，注意力有三方面的特征：首先就是稀缺性，注意力来自人的时间、精力、认知能力等，而人在这些方面的供给都是有限的；其次就是争夺性，即人的注意力不可能同时分配于许多事物上，它要么集中在这些事物上，要么集中在那些事物上，各个注意力的寻找者不可能同时获得一个人的注意力，他们必须相互争夺，这就是注意力竞争的原动力；最后就是可交易性，每天都有大量的人类注意力在市场上买卖，一些企业可以抓住人们的注意力并将之卖给广告商，例如电视台通过电视节目抓住人们的注意力而获得生产商所投放的广告。显然，成功争夺到注意力，就可以在某种程度上达到扩大市场份额或者排斥竞争对手的目的，就能获得更大的市场力量；在商品愈发丰裕、注意力资源显得愈发稀缺的情况下，注意力资源的交易行为可能会以更加专业化的方式演进，从而形成注意力交易商和交易市场，是否进行专业规制也就成为一个政策性议题。

在工业经济时代，由于实现了大批量生产和跨地域经销，注意力经济比在农业经济时代更加重要；为了调动他人的注意力，使自己的商品得到更多的销售，或者使自己获得更多的资源和其他方面的益处，厂商不但经常举办各种活动来吸引客户和推介商品，而且越来越多地使用现代传媒包括报纸杂志、广播电视等等来发展注意力经济。在这样的背景下，广告投放成为一种普遍的竞争行为。经典的产业组织理论对厂商的广告行为进行了分析。有意思的是，较早的经济学家对广告持有强烈的批评态度，如美国著名经济学家加尔布雷思（1965）就认为，厂商竞相投放广告是一种形成社会无谓损失的浪费性竞争，它要么助长了垄断势力的形成，要么给予客户毫无用处甚至虚假的信息。而更多的产业经济学家则认为，广告是一种有意构造进入壁垒的行为，对新进入者形成阻遏作用，不利于竞争的增进。当然，也有一些经济学家认为，广告是一种有意义的信息，可以把产品性能、质量、品味等方面的差异化信息告诉消费者，有利于厂商给客户传达更加有用的信息，从而可以增加消费者的选择，并提升市场的差异化竞争水平。不过，也有很多研究成果显示，现代广告已经越来越脱离差异化信息的轨道，更多地朝着劝服、诱导的方向发展，或者只是为了树立一种良好形象或提升品牌知名度。不管经济学家对广告的研究得出了什么样的结论，在实际经济活动中，广告市场已经形成并稳定存在，对客户的选择行为有着不小的影响。当然，广告为了吸引注意力，也可能会夹带各种各样的出格行为。因此，对广告的规制也成为政策惯例，譬如，关于广告的基本规制就要求，广告不能诋毁竞争对手，不能提供虚假或带有诱骗性、欺诈性的信息，也不能使用第一、首位等自我标榜的词语，等等。

而到了数字经济时代，特别是在互联网快速兴起、功能日益强大的背景下，生态圈现象日益蔓延，注意力经济达到了一个新高度。首先，互联网具有极强的开放性和极大的容纳量，使得商品和服务的可选择性几乎可以在全球范围内展开。一个传统的集贸市场有一千个卖家摊位、一万个购物买家就会非常拥挤。而互联网平台可以把世界上互不相识、毫无见面机会的无数卖家和买家联系在一起，如果一个电商平台有一千万个注册卖家、一亿个活跃买家，一点也不令人吃惊，这样的规模远非传统市场可以想象，这就给许多人提供了交易机会，只要能够获得极小比例的一部分人的注意力，就有交易成功的希望。其次，正因为如此，每个人的可选择性都极大地增加了，而且会遭遇信息爆炸的境况。在传统集贸市场或超市，“货比三家”就可以了，因为大概只有三个同类商品可供选择。而互联网平台给人提供了“货比三十家”甚至“货比三百家”的可选择性，三十家、三百家甚至更多家的商品信息与三家的商品信息相比，出现了爆炸式增长。因而人的注意力分配更加分散化，厂商获得人的注意力的难度更大，可能需要采取一些有力度的、非比寻常的手段才可以获得注意力。再次，赢家通吃现象可能会更加严重，从而对获得注意力的竞争也空前激烈。一方面，互联网的开放性、大容量给所有参与者都提供了机会，另一方面，互联网极大地扩展了市场边界、减少了边际成本，所以也很容易拉大参与者之间的交易差距，一个参与者获得很大的注意力而实现很大的交易量，但并不增加很多边际交易成本，另一个参与者获得很小的注意力而实现很小的交易量，它们之间的收益-成本结构极为不对称。这样的市场较容易出现冠军通吃的现象，这就会极大地刺激参与者想成为冠军的愿望，使得注意力竞争更加激烈。最后，数据的采集、加工、流转、利用，以及算法和程序等技术手段可以广泛地用于获得注意力，使得注意力竞争更加具有科技含量，更加隐形化、自动化、智能化。对于这些注意力竞争手段，如何界定权利和责任、如何进行追踪和穿透，都缺乏现成答案。总而言之，在数字经济中，注意力经济学必将成为一个无法回避的重要研究范畴。

二、对数字市场注意力经济实行规制的必要性

在数字市场，注意力经济成为一种显著现象。美国新布兰代斯主义的重要代表人物吴修铭（2018）就分析道，网络游戏、网络社交和视频等行业的重要经营手段就是争夺注意力，而为了争夺注意力，点击诱饵盛行，成名空前重要。事实上，在数字市场中，互联网平台在注意力经济中发挥着枢纽作用。一方面，互联网平台集中了太多的信息，而且真假难辨，这极大地分散了人们的注意力，使注意力高度碎片化。另一方面，互联网平台不但可以纳入数量众多的交易双方，显示各自的物品或意愿，建立便捷

的分类索引，而且有着强大的搜索功能和匹配能力，再加上算法推荐和精准推送的广泛应用，又使得人们的注意力被高度节约，不需要花很多的注意力就能大致获得所需要的主要信息。好评与差评、打分和评级、展示位置和搜索显示方式，都将注意力经济的应用技巧提升到了一个新高度。数据的采集运用以及算法的广泛使用，使得技术化手段影响了注意力的分配和影响力的扩散，并深刻地影响了市场结构和市场绩效。此外，互联网的注意力经济可以使网上聚众围观和起哄现象，以及其他网上从众现象，甚至大众网暴现象，更加容易发生。互联网的蔓延促成了生态圈的形成，将极大数量的人员和组织联结在一起，形成互动关系，构成利益体系，甚至形成亚文化，使得注意力具有极强的影响力和变现力。完全可以说，要对互联网经济实行科学合理的规制，就绝对不能忽视互联网的注意力经济。

互联网领域的注意力经济在过去二三十年里经历了一些重要演变。当门户网占主导地位的时候，获得注意力的主要手法是以吸睛性较强、冲击力较大的标题来吸引上网者点击并阅读一些新闻报道，一些标题用词夸张、怪异，甚至无视法律法规和公序良俗的底线，从而出现“标题党”现象。这种现象到目前还存在于网络自媒体作品以及商家宣传当中。随着数字生态系统的不断扩张和不断进化，注意力经济的方式已经多样化，目前来看主要体现在如下几个方面。

第一，以出位和出格的语言、声音、表情、画面、风格来获取注意力。特别是在去中心化的自媒体、自表达、自营销时代，以各种各样的出位出格方式，甚至以非常罕见和极端的方式来引起注意，就越来越成为一种手段。这些方式不但引起了社会对审美多样化的讨论，更引发了社会关于审丑的担忧。互联网平台本身也可能会因为参与者实行了这样的注意力经济手段而导致流量增加，从而纵容和鼓励这样的行为。

第二，通过打造网红、塑造所谓的 IP 来获得可持续的注意力。网红不但包括人物，而且包括地点、事件、物品等等，成为网红之后就可以获得流量并寻机变现。而所谓的 IP，本是知识产权“Intellectual Property”的英文缩写，但其含义在数字市场中却有了更多延伸，是指能够吸引到注意力的有知名度的网络人物、作品、物品、店铺、地域，甚至虚拟物品，并有比较固定的标签化形象。大 IP 可以成为网络“宠物”，其本身和 IP

衍生品都可以通过售卖或广告变现。在这方面，资本往往发挥着推波助澜的作用，并被社会所诟病。

第三，粉丝经济和直播经济盛行。获得了注意力之后，特别是成为大IP之后，大量的、忠实的粉丝就可能成为变现渠道，从而出现粉丝经济，以及可能出现粉丝文化和其他粉丝社会现象。为了获得注意力，为了建立粉丝群体，在5G等技术的支撑下，直播成为一种非常普遍的现象。直播与上一代的互联网表达和联结方式，如语言、图片等方式相比，可能产生更加强大的吸引力，人工智能、元宇宙等新技术和新概念的发展则带来了现场式场景和沉浸式体验，同时也把注意力竞争带到了一个新高度，会使得未采用新竞争手段的参与者很快落伍。

第四，数据和算法以及其他高技术手段成为最重要的注意力竞争新利器。通过大量的数据收集和分析，可以清楚地获知他人的兴趣爱好、习惯风格、活动轨迹、收入支出等等信息，从而可以更加精准地获得不同群体、不同个人的注意力，并进行精准营销。自动化、程序化的分发和推送方式可以极大地降低匹配成本，从而把注意力转化为交易。

这些形式和形态的注意力经济尽管显著地促进了数字经济的发展和升级，丰富了人们的生活，但也要看到，在传统市场上，没有哪个企业拥有上亿个甚至十亿个客户，并且重复地、日常地接受企业提供的产品和服务。工业品厂商，譬如鞋袜生产企业，也会有几千万甚至上亿客户，但这些客户不是每天、每月都购买，企业的月活跃、日活跃客户的数量要少得多。而互联网平台有着数以亿计、十亿计的月活跃、日活跃用户，他们不但会对平台产生依赖，而且会通过互动关系形成有别于传统的厂商-客户关系的互联网生态，使得互联网注意力经济引发一些严重的问题。

首先，就是由出位出格发展为触犯法律法规和公序良俗，甚至形成不良的亚文化。为了博取眼球、获得注意力，互联网领域出现了大量的所谓审丑现象。互联网世界的族群亚文化不但可以快速流行，而且会反过来影响商业。在这样的情形下，一些人和一些企业以不良和不法方式成为注意力的中心，并成为注意力经济的最大收割者。

其次，注意力差距可能显著地放大经济差距，进一步刺激企业和个人寻求注意力差距，形成自我强化的循环，从而将市场竞争引向位置军备竞赛（positional arms race）之路。当注意力经济不存在或者不显著的时候，厂商在产品性能、质量、价格等方面的微小差距，个人在才智、外貌、表达方面的微小差距，一般而言不会造成巨大的市场表现差距，但当互联网注意力经济成为一个重要影响因素时，这些微小差距会被剧烈地放大，从而导致市场表现的巨大差距。另外，尽管在前互联网时代，运气和偶然性也是一种难以忽视的重要因素，但互联网的注意力经济使运气和偶然性显得更加重要。由于这种巨大的市场表现差距主要是由注意力差距造成的，个人和企业当然会在注意力竞争中投入非比寻常的资源。激烈的注意力竞争很自然地就会滑向位置军备竞赛的轨道，因为对有限的注意力总量进行争夺是一种典型的存量再分配，而对分配份额高低的争夺是没有穷尽的。追逐注意力市场的位置既需要技巧和方式，譬如出位出格等，更需要投入资源，特别是需要投入互联网入口与通道资源，及其数据和算法资源等等，当然在投入这些资源的背后，都需要基础性的价值尺度和交换媒介——资金作基础。对这些资源的争夺与对注意力资源的争夺必然结合在一起，从而是一场综合性的位置军备竞赛。

再次，由于注意力的分配与传播密切相关，从而产生了“点击农场”（click farm），也即雇用人员进行大量点击、点赞等工作，使得互联网刷量实现专门化。“点击农场”实际上是一种专业化的造假。商家以奖励、返现等形式鼓励人们给予不合实际的好评，实际上也属于这一类型的造假。虚假的点击量和评论通过传播而聚集注意力，但会形成误导甚至欺诈。注意力得到聚集之后，有可能实现更高的收费，譬如真正的大数据杀熟就是这样的收费。这其实是一种注意力收费（attention overcharge）。注意力聚集也可以促成市场的围观与从众，形成聚点（focal point）现象，使得 IP 和“网红”的地位更高，使得逐名竞赛和对位置物品（positional goods）的争夺更加激烈。这些都涉及如何给竞争设立合理规范的问题。更进一步，因为这些活动通过影响人的心理状态和精神状态来完成，所以还涉及数字经济伦理层面的问题。

最后，在很大程度上，数字经济中的数据问题实质上源自注意力问题。不当的注意力竞争会引发不当的数据竞争，这就涉及数据权属、数据利益等方面的扭曲。Newman（2021）就认为，对数据的需要实际上是一种衍生需求；获得数据的目的在很大程度上是获得注意力，因为通过数据来分析不同人有什么样的兴趣爱好、习性风格，以及他们分配时间和金钱的方式，就可以有针对性地获取他们的注意力。也就是说，数据本身并不是目的，只不过通过数据分析，可以更好地达到获得注意力的目的。而为了达到这个目的，数据被滥采滥用的问题就变得十分严重。当然，厂商也可以通过数据分析来改进产品和服务设计、实行产品和服务创新，从而更加精准地满足客户需求，这其中也包含了对注意力的经营，而这很可能是一种出于正当目的而从事的注意力经营。那么，有正当目的的注意力经营，如果以不正当手段获得数据，是否也要进行规制，以及应该实行怎样的规制，也摆在了政策制定者的面前。以数据为基础，算法也大行其道，但很有可能，算法推荐只会根据用户已经表现出的喜好来判断用户喜欢的产品类型，而不会帮助用户接触到更加新颖的产品类型。

所有这些问题都表明了对数字市场注意力经济实行规制的必要性。事实上，无论是欧盟、美国还是我国，都已经开始了这方面的工作。欧盟对一些互联网平台过度采集数据、过度精准推送等问题进行了严厉处罚。美国对“点击农场”等问题有着严厉的规制态度。而我国，中央网信办于2021年12月部署开展了“清朗·打击流量造假、黑公关、网络水军”专项行动，对刷分控评、刷单炒信、刷量增粉、刷榜拉票等流量造假问题，以及制造虚假销量、虚假好评问题，进行严肃整治；对利用人工或技术手段恶意炒作“热搜榜”“排行榜”“推荐榜”等行为，进行严厉打击；对蹭炒社会热点，炮制所谓的“热文”“爆款”或者自我炒作行为，以及有组织地炒作、助推上升热度等行为，进行严格整顿。① 不过也应该意识到，这些工作还远远覆盖不到注意力经济的全部内容，当然也尚未对注意力经济中的良性行为和不良行为进行必要的区分。因此，对注意力经济的规制，还仅仅是开始。

三、致瘾性问题及规制

数字经济中的致瘾性问题并不等同于注意力经济，但与之密切相关。

---

① 中央网信办部署开展“清朗·打击流量造假、黑公关、网络水军”专项行动．财新网，2021－12－13.

当人的注意力被吸引到某一人物和事物身上，并沉迷于此而难以自制和自拔时，就成了致瘾性问题。

致瘾性问题当然不是数字经济带来的。沉迷于喝酒、吸烟、吸毒，都是人们熟知的致瘾性问题。在传统的娱乐市场中，也有打麻将上瘾、看电视上瘾、游戏上瘾等问题。而赌博更是与上瘾密切联系在一起，一些人直到倾家荡产仍然不能自拔。但在数字经济时代，互联网参与者的数量、互联网提供的内容和服务数量远非传统时代可比，吸引人们注意力和兴趣的手段也非比寻常，所以网瘾、手机控、剁手党等致瘾性问题也日益引起关注。特别是由于移动互联终端成为私人化的联结工具，个人上网失去了家人和其他人的监督，因而致瘾性问题，尤其是未成年人的致瘾性问题，比以前更加难以发现和管理。而网络支付的普及和发达使致瘾性问题与不合法、不道德的交易问题更加密切地联系在一起。

在数字经济中，致瘾性问题实际上还与其他许多刺激、放大、利用人性弱点的不当经营行为联系在一起。人性有着一些难以克服的弱点，上瘾是其中之一，其他弱点还包括对美丽容貌、美妙声音、温婉态度、温情氛围更加不设防，以及在热烈、紧张、焦躁的气氛中更加容易作出不理性选择。这些弱点都很容易被数字技术所利用，并且被有意调动起来，通过大数据、推荐算法而与致瘾性行为结合在一起，从而使问题进一步复杂化。

互联网领域的致瘾性问题目前主要存在于游戏行业，当然未来应该还会蔓延到其他细分行业。我国是世界上最大的网络游戏市场，有数亿网游玩家，其中一部分人长期沉迷其中。我国最重要的几个互联网企业譬如腾讯、网易的很大一部分收入，甚至绝大部分收入，来自游戏业务。此外还有不少游戏开发企业在这个行业中生存。我国网络游戏市场过去十几年一直处于快速增长之中，2020 年营业规模超过 2 500 亿元；其中手机游戏规模超过 2 000 亿元，月活跃用户至少有五六亿人，月人均使用时长超过 15 小时。我国手机游戏用户的使用总时长在暑假和寒假期间到达峰值，譬如 2021 年 8 月的总时长为 21 583 亿分钟，2021 年 2 月的总时长为 23 844 亿分钟，这说明学生用户是一个重要群体。

网络社交领域，特别是结合网络社交和网上娱乐业务的短视频领域，也是非常值得关注的致瘾性领域。许多人在互联网社交平台上花费了很多时间而不能自拔。在我国，微信用户突破了10亿，人们不但在微信上社交，而且通过微信进行支付、处理文件和各种事务，并进行创作和娱乐。微信还开发了短视频功能。现在，许多人都对微信上瘾，即使走路和开车，也会看微信。而正宗的短视频平台似乎更令人上瘾。在我国，以抖音和快手为代表的短视频网络平台对人们有着极大的吸引力，许多人迷恋其中，不但看视频，而且自己拍摄和上传视频。2020年，我国短视频行业的月活跃用户高达6.4亿人，行业的营业收入超过1 500亿元。2020年，我国短视频的人均月使用时长超过20小时，远远高于网络游戏的15小时和网络阅读的14小时。我国的抖音和快手也迅速蔓延到海外，英国著名历史学家弗格森（Ferguson）教授直言，抖音海外版TikTok以人工智能技术和算法为基础，向人们提供定制化内容，从而让人上瘾。不管这样的评论是否符合事实，短视频平台的确存在大量的难辨真假甚至明显虚假的内容，而靠夸张和极端方式来吸引注意力的内容更是不可胜数。也可以说，短视频等领域的致瘾性问题也交织着虚假信息、不法表达等问题。

致瘾会导致人们失去基本的判断力和自制力，从而给蓄意欺诈活动打开方便之门。而数字经济的前瞻产业属性和高科技色彩是一件鲜亮的外衣。譬如，利用一些人沉迷于互联网、盲从于数字经济，就出现了互联网看相问卦、算命占星等业务，而人脸识别、后台计算等技术恰好可以对人的面相和特征、人的时空交互特征等信息进行传输和处理，使得传统的骗术可以以现代科技的名义进行、以现代经济的方式经营。而区块链技术与业务也通过区块链游戏等方式使一些人上瘾，然后以虚拟货币和实际货币兑换等手段，以赚钱幻觉来吸引人们投身其中，从而实现欺诈性业务的盈利。

随着虚拟现实技术特别是元宇宙技术的快速发展和有关业务的迅速推进，致瘾性问题必将引起更大的关注。元宇宙概念配合诸多新技术，将人们带入一个比真实世界更加美好的虚拟世界中，而且虚拟世界与真实世界似乎可以无缝结合在一起，形成浑然一体的新宇宙。即使目前处于初级阶段的元宇宙化的游戏内演唱会，也可以把观众带入与歌手热烈互动的场景。这样的场景无疑更加使人沉迷其中。元宇宙之令人沉迷，应该会进一步扩展和巩固生态系统，进一步构建和演化亚文化，使其具有更大的引领性和渗透性。元宇宙将会实现更多的目前尚难想象的场景，人们会如何沉迷其中，只有时间才能回答。美国企业是元宇宙开发的先锋，而我国企业也在迅速跟进，譬如腾讯在 2021 年游戏发布会上提出了“超级数字场景”概念，将通过扩展内容、社交互动、线下活动来模糊现实和虚拟世界之间的界线，网易等企业也有相应的计划。

总的来看，数字经济领域存在着比较普遍的致瘾性问题，有些问题还比较严重。正如 Rosenquist 等（2022）所指出的那样，医疗界的证据已经显示，数字平台的致瘾性问题不容忽视，过度使用这些平台会损害用户的精神健康；许多国家对传统的致瘾物如烟草等已经实行规制，但至今为止仍然没有一个规制构架来应对数字经济领域的致瘾性问题；传统的经济学认为产品和服务的增加就意味着消费者福利的提升，但当一种产品和服务具有致瘾性的时候，这一条就不再成立，因此，致瘾性互联网平台领域的反垄断执法在分析市场结构是否导致消费者福利提升时，就应该拒绝产出增加这样的衡量标准。可以认为，Rosenquist 等（2022）的分析敲响了一记警钟。不过他们似乎对经济学所能提供的规制工具充满怀疑。从乐观的方面来看，当传统的经济学不再适用时，行为经济学似乎可以提供更好的研究视野。行为经济学认为，人们往往高估自我控制与自我认知能力，而实际上，他们可能陷入某种行为而不能自拔，在受到引导和诱惑时尤其如此，因此，政府规制的介入是必要的。当然，行为经济学也可能误导政府，从而使政府实行不必要的过度介入，因为个人也有追求幸福和快乐的自主权利，并有基本的行为自由，所以政府规制应该在哪些层面和何种程度实行，既需要科学依据，也需要大多数人的接受。可以设想，数字经济作为新增长动能，数字市场作为新生事物，数字技术作为高新技术，在给人类社会带来巨大积极变化的同时，如何管理一些致瘾性问题，的确不是一项简单明了的工作。

四、规制政策：超越反垄断与经济

注意力经济不是全新事物，但是在数字经济中，对注意力的争夺和经营远比传统时代更加普遍、更加激烈。注意力经济之所以备受争议，很可能与某些人类天性有关，譬如，人们不喜欢平淡和平庸，既对美的形象更加注意，也对丑的形象和怪异的事物更加注意，并且会陷入一些不切实际的幻想。注意力经济在很大程度上就是对这些天性的利用和有意刺激，这就会引起一些涉及违背社会正义和公序良俗的批评，同时，也的确会导致某些社会不公平，譬如，拥有美貌的人更容易获得注意力经济方面的成功，而不管她或他是否具有一定的才智或付出了平均程度的努力。而致瘾性问题则与酒和烟草一样古老，但可以对烈酒和烟草等实物进行专卖，而在互联网时代，就很难以传统方式对虚拟空间导致的致瘾性问题进行规制，甚至很难以传统标准来认定。我国和其他一些国家虽然在过去几年里强化了数字经济领域反垄断、反不正当竞争的力度，但由于对注意力经济和致瘾性问题的规制超出了反垄断和反不正当竞争的范畴，甚至超出了经济范畴，所以仍然存在大量的灰色空间。

不过我国已经意识到了这一点，并且反垄断机构之外的其他机构也开始了行动。2021 年 12 月，浙江省消费者权益保护委员会就约谈了淘宝、拼多多、快手、京东、抖音等互联网平台，指出个别主播存在夸大宣传、使用绝对性广告语等行为，明确要求进行整改；2019 年 11 月，国家新闻出版署发布了《关于防止未成年人沉迷网络游戏的通知》，2021 年 8 月又发布了《关于进一步严格管理切实防止未成年人沉迷网络游戏的通知》，要求严格限制向未成年人提供网络游戏服务的时间，并加强对防止未成年人沉迷网络游戏有关措施落实情况的监督检查；2021 年 10 月，教育部等部门联合印发《关于进一步加强预防中小学生沉迷网络游戏管理工作的通知》，要求所有网络游戏用户提交的实名注册信息，必须通过国家新闻出版署网络游戏防沉迷实名验证系统验证，验证为未成年人的用户必须纳入统一的网络游戏防沉迷管理。更早的时候，2019 年 1 月，中国网络视听节目服务协会发布了《网络短视频平台管理规范》和《网络短视频内容审核标准细则》，要求对短视频平台出现的问题进行全面规范。不过这些整治行动以及相应规章制度的建立，效果还有待观察。

还应该指出，将新技术、新模式单纯地用于争夺注意力，在短期内，不过相当于允许一位观众带着更高的凳子坐进剧场观剧，使那些没有带更高凳子的观众受到损失，也不会带来总体福利的提升，激励这样的行为将会使整个剧场陷入位置军备竞赛的陷阱中；但从长期看，也有可能会促进更有意义的创新，或者促进消费者体验的普遍提高。几十年前，突然有少数服装销售店使用人造模特穿着时装以促进服装销售，而那些没有使用人造模特的服装店则受到了冲击，但随着时间推移，这一营销方法得到了普遍实行。这说明，所谓的“剧场效应”，即在剧场里，少数观众站起来看剧，会导致没有站起来的观众的利益受损的情况，随着时间的推移也可能会引致全局性的有价值的创新。因此，对数字经济的一些注意力经济行为进行更全面的评估可能是有意义的。而且，即使采用以大众眼光来看十分怪异的方式争夺注意力，也可能使得容貌并不出众的人们获得前所未有的机会，当然也可能恰恰相反。即使是致瘾性问题，虽然与人的自制力缺乏密切联系在一起，但也涉及人的兴趣爱好和自我愉悦、自主选择等议题，对这类议题的审视从来都充满分歧，譬如使用毒品这样的问题，许多国家的政府陷入长期的为难之中，到现在，有些国家实行严厉的打击政策，而有些国家却对剂量较小、有害性较低的毒品实行网开一面的政策。总之，需要对数字经济领域的注意力经济和致瘾性问题进行规制，而且现在已经开始规制，但下一步，在政策上需要把握边界、掌握分寸，而且最好将其纳入法治轨道，让所有当事人都有辩解和提交证据的机会。

第十章　数字市场中的位置军备竞赛与资本市场竞争

一般而言，对竞争和垄断的关注集中于产品市场。尽管在一般均衡分析框架中，货币市场也被纳入，但那是抽象意义上的分析。非常遗憾的是，产品市场竞争和资本市场竞争的关联性，特别是就具体行业而言的关联性，还是被严重地忽略了。如果说对成熟产业作这样的忽略还可以容忍的话，对数字经济领域就绝不应该这样。数字经济中的绝大多数业务和产业处于新兴和崛起进程中，未来还会有许多新产品、新服务、新模式、新业态不断诞生并出现于市场。新事物的出现会引致诸多企业追逐，这些企业的市场地位决定着竞争格局，并反过来影响着它们的竞争行为。而资本更喜欢“逐新”，特别是，资本强烈地倾向于产品市场上相对地位更高，或者预期寿命更长的竞争者，也就是说，资本倾向于通过这样的方式来事先挑选产品市场的赢家或种子选手。更重要的是，这样的方式在很大程度上可以自我实现，那就是被资本挑中的竞争者在获得资本加持后，有更多的资源来强化自己在产品市场上的相对地位，并设法削弱其他竞争者的市场力量，最终真的成为产品市场的赢家，尽管其在被资本挑中之时并不一定是产品市场最强的竞争者。当被资本挑中的竞争者成为产品市场赢家的态势比较明显的时候，会得到更多资本的加持，会进一步提高其在资本市场的估值，而投资者当然会因此而获益。因此，竞争者会进行位置军备竞赛，而资本会影响这场竞赛。对数字市场的反垄断研究不能不审视这些方面的问题。

一、数字经济中的位置军备竞赛

位置军备竞赛是经济学关于竞争分析的一个术语，指行为者在竞争中更加追求相对地位或相对名次的提高，而并不一定是自身业绩的绝对水平的提高；由于相对名次的改变没有尽头，所以这样的竞赛也会无休止地进行下去；这种竞赛未必有利于，甚至有损于整体和个体福利水平的提高，而且可能会以不正当、不道德的方式进行下去，就像是军备竞赛。譬如，在男士普通衬衫行业有两个产品完全一样的企业A和企业B，A的销售额为200亿元，市场占有率为20%，排名第一，B的销售额为190亿元，市场占有率为19%，排名第二；第二年B可以通过投放大量广告将销售额提高到200亿元，市场占有率排名第一，但扣除广告支出后利润并没有增加，而A的销售额被挤压后下降到190亿元，市场占有率排名第二；第三年A可以以同样的方式开展竞争，这样的竞争可以一年又一年地延续下去；A和B都没有因此而获得更多收益，它们无力增加研发投入，创新活动停滞不前，从而消费者也不能买到更好的新产品。这就是典型的位置军备竞赛，属于零和博弈。当然这个例子太过简单化、脸谱化，但现实中接近这样的情形并不少；即使现实中的竞争者也会开展各式各样的有意义创新和差异化竞争，在很多时候还是把竞争的主要目标放在提高相对地位、相对名次上，譬如市场占有率要排到前三位，营业收入要排到前三位，等等。

为什么会有位置军备竞赛？这是来自人对相对位次格外在意的天性，所谓“不患寡而患不均”，说的是人对于财富位置低于他人的忧惧；而“吃得苦中苦，方为人上人”，说的是人对于地位超越他人的渴求。早期的制度经济学家凡勃伦（Veblen）可能是最早研究追求位置行为的经济学家，他从炫耀性行为出发揭示了人们对提高相对地位的心理需求，认为这种行为的主要目的就是要显示一个人的收入、财富、能耐、身份，以提升其社会地位，也即社会位次；他清楚地说明，人群中要分出高下的比较，导致人与人之间追求高人一等的竞赛永远没有终止点，所以会形成永无休止的争夺。后来，美国经济学家Frank（1985，2008）则对位置竞争进行了更加详细的专门研究，他认为，一个社会如果风行对位置物品的追求，会带来巨大的社会负担和福利损失，并且可能会妨碍真正致力于高质量、创造性的活动，譬如学生因为要上好学校而致力于提高考试排名位次，就会把大部分时间和精力用于重复性刷题，从而荒废了对新知识的学习、对新事物的探寻。因此，需要对位置竞争进行必要的政策规制。

位置军备竞赛在很大程度上体现了人类的进取精神。个人会追求在单位中、在社会中的相对位置，企业更会追求在行业中、在市场中的相对位置。在市场一体化程度不断提高的时代，特别是全球市场一体化进程不断加快的时代，对市场位置的竞争变得更加具有吸引力。企业对相对位置的竞争可能主要有如下方面的原因。首先，相对位置是客观存在的事物，企业A不是第一名，自然有企业B或其他企业排第一名，比较和排位是一种普遍的社会心理，不但企业内部的高管、员工会在意，从而影响他们的士气，消费者、投资者、供应商、合作伙伴也会在意，这就必然会影响消费者的购买意愿及其他各方的合作意愿，从而对企业发展产业影响。其次，位置信息具有很强的信号效应，对于提高企业的知名度和谈判地位都会产生积极作用，有利于提升企业的资源配置能力。最后，企业可以将高位置杠杆化，撬动很多其他领域的工作，譬如，企业可以进行跨行业经营，企业家可以成为社会名流、演讲明星、管理大师等等。因此，企业不愿意在位置竞争中落于下风。而现代商业社会所盛行的各种各样的排行榜，例如大企业排行榜、高市值排行榜、著名品牌排行榜等等，会刺激企业为提高相对位置而竞争。企业会为这样的竞争采取很多手段，并投入很多资源。

现代传播手段的日益发达为位置竞争火上加油。特别是在互联网渗透力日益增强、数字经济不断膨胀的时代，位置军备竞赛似乎更具重要性。美国众议院2020年发布的《数字市场竞争调查报告》就将那些数字经济巨头企业的竞争行为形容是为市场而竞争，而不是在市场中竞争。为市场而竞争，其实就是为市场份额（也就是为市场位置）而竞争，从而把竞争更多地引向位置军备竞赛的跑道。为什么数字市场竞争更加呈现出位置军备竞赛的特征？第一，在数字市场，特别是在互联网平台所构筑的虚拟空间市场，市场边界的可拓展性远远超出了工业经济时代，行为者在市场中的位置处于快速变动之中，位置竞争存在巨大的机会和机遇，而且许多产品和服务形成了“长尾”和“肥尾”谱系，人们对产品和服务的可选择性空前增加，所以许多行为者都渴望通过竞争改变市场位置。第二，数字市场是一个新市场，大多数产品和服务前所未有，更加接近于“供给创造需求”的市场，而不是“需求带动供给”的市场；如果把后者称为凯恩斯型市场，那么前者就可被称为萨伊型市场；而在萨伊型市场上，注意力经济学有着更大的用武之地，因此位置更具重要性。第三，数字经济领域最突出的特点之一就是赢家通吃，或者叫冠军通吃、胜者通吃，这在很大程度上是源于网络效应和对数据的控制；这两点都意味着，相对位置较高者所拥有的优势会起到自我强化的效果，结果就是市场结构演变为由少数企业所主导，因而市场竞争的最直接目标就是追逐市场份额、驱逐竞争对手。第四，数字技术手段可以更加有效地助力位置竞争，譬如流量和入口成为重要的竞争利器，数据和算法可以自动地、隐秘地实现自我优待和拒绝交易，等等。最重要的是，数字经济的科技创新、商业模式创新、产品创新方兴未艾、突破频频，并且显示着十分巨大的增长空间和想象空间，是令资本最兴奋、最怦然心动的领域，大量资本蜂拥而入，而资本更愿意选择所谓的头部企业。资本所选企业又能借助资本的力量进一步提高在位置竞争中获胜的概率，从而形成一个不断自我强化的循环。无疑，这就是一场军备竞赛。美国新布兰代斯主义代表人物之一反垄断专家 Khan（2017）在分析亚马逊的竞争特征时就指出，过去二十年，亏损，而非利润，才是亚马逊经营业绩的主旋律，她引用了其创立者贝索斯（Bezos）在给股东的第一封信中所写的内容，“我们的成功，在于扩展和巩固我们的市场领导地位，最能反映我们市场领导地位的指标是顾客数量和收益的增长，以及品牌的力量，所以亚马逊商业模式的基础就是扩大规模，成为消费者一站式购物的首要选择”。显然，亚马逊追求的目标是“市场领导地位”“首要选择”，而非利润；这恰恰是典型的位置竞争。Khan（2017）指出，恰恰是在这一方向上，亚马逊成功了，它通过降价等方式吸引和粘住用户，阻遏了其他平台的业务发展；在吸引和留住客户的竞争中获得第一的位置之后，亚马逊便激进地向不同行业扩张，把经营领域向物流、支付和信贷服务、拍卖、出版、影视节目制作、云服务等行业延伸，从而形成了一个有众多参与者的强大的、综合性的生态圈。更重要的是，亚马逊掌握了大量的数据，对数据的利用和对算法的运用使得其竞争地位更加显著和难以替代。

参与数字经济位置军备竞赛的企业当然不只电商行业的亚马逊。实际上，互联网社交市场的脸书、搜索引擎市场的谷歌都存在同样的情况。在我国的电商市场，无论是综合性平台领域，还是专门化平台领域，企业竞争的主要目标长期以来都是更拔尖的交易额、更靠前的市场份额，而不是利润、每股收益，例如，阿里巴巴、京东和拼多多等企业的行为都呈现出以上特征；在我国互联网的其他领域，譬如网约车平台领域、短视频平台领域等等，对更靠前的市场份额的竞争更加激烈，甚至包括以巨额补贴挤垮对手、以横向并购吃掉对手等手段。从外国和我国的实际情况来看，数字市场的企业依次在如下几个领域进行位置竞争。

首先就是在获得客户的竞争中保持领先位置。由于数字市场是新兴市场，许多产品和服务从一开始也是陌生事物，所以数字企业生存和发展的首要任务就是获得客户，不但要让更多人知道、接受新产品和新服务，而且还要让他们开始并习惯使用新产品和新服务，从而形成不断增长的客户群体。这是所有数字企业经营活动的基础，也是未来发展前景的基础。所以，数字企业，特别是互联网企业，非常致力于在月活跃用户、日活跃用户数量的竞争中提高位次。如果一个数字企业的活跃用户数量在同行业中居于首位，即使其营业收入、利润数据较差，也会被投资者和其他人视为头部企业并受到青睐。

其次是使用量位置。在互联网领域，使用量就是点击量或者所谓的流量；此外，停留时长也是非常重要的指标。对于交易平台而言，交易频度和额度也具有重要性，譬如，月活跃用户平均每个月的购物次数、平均每次购物额等等都是衡量使用量位置的重要指标。

再次是收费额的位置，最后才是利润的位置。数字企业有了客户和使用量之后，最终还是要形成营业收入。不管采取什么商业模式和向哪个群体收费，都要有收费额，才能形成企业的营业收入。因此，到了一定时期，收费额位置就显出了重要性。最后，利润才成为一项比较受关注的指标。

二、我国数字企业的位置军备竞赛

我国的互联网平台领域基本上显示了同样的位置军备竞赛。本节及此后的行文中将对我国的情况进行分析，有关数据和材料均来自公开渠道，可能不尽准确，但并不会影响到分析结果和总体判断。

我国共享单车领域曾经进行过非常严酷的位置军备竞赛。在2016年前后，我国涌现了大约二十余家通过互联网支付的共享单车企业，比较著名的企业有OFO、摩拜、青桔、小蓝等等。当时，这些企业投放单车的数量即便已经远远超过市场需求，也远远超过可使用存放场地的容纳能力，它们还是继续大量投放，因为一个品牌的投放量越多，人们随处找到这个品牌单车的机会就越大，其被使用的数量和频次也就越高，这就意味着更领先的市场份额和更大的胜出概率。比对手投放更多的单车，当然需要资金作后盾，所以就必须不断融资，从而形成一个相互强化的循环。最终，过量投放的单车到处堆放，其中许多被损坏、被丢弃，不但企业遭受损失，而且一些客户的押金难以得到退还，政府不得不出面收拾残局。

我国综合电商领域也是位置军备竞赛的一个典型行业。在世纪之交，我国开始出现本土综合电商，最早的综合电商企业应该是阿里巴巴。阿里巴巴在成立之初，从事的是批发贸易业务，后来开始效仿美国综合电商的商业模式。到了2003年，我国暴发非典疫情，阿里巴巴顺势推出了网购平台——淘宝网，从而抢占了我国综合电商的先机，后来又于2008年推出了天猫，强化了其电商地位。阿里巴巴还先后设立了支付宝、阿里云、聚划算、菜鸟网络、蚂蚁金服等下属企业或业务平台，形成了强大的生态系统。阿里巴巴在1999年10月首次获得了来自几家风投机构的500万美元投资，2000年1月又从软银等数家投资机构获得2 000万美元投资。2004年2月，阿里巴巴获得8 200万美元投资，成为当时我国互联网领域规模最大的私募融资。2014年9月，阿里巴巴在美国纽约证交所上市，并于2019年11月在我国香港联交所上市。2020年，阿里巴巴生态系统的总交易额突破1万亿美元。

我国综合电商领域的另一家重要企业是京东。京东的设立比阿里巴巴稍晚一些，不过也是抓住了2003年非典疫情暴发后电商受到欢迎和关注的机遇，于2004年初正式设立网络购物平台，此后获得了多轮来自风险投资机构的投资，并一路快速发展。京东于2014年5月在美国纳斯达克上市，并于2020年6月在我国香港联交所上市交易。到2020年，京东业务横跨零售、物流、金融、云服务、人工智能等领域，也形成了比较强大的生态系统。

到了21世纪第二个十年，另一家本土综合电商平台拼多多迅速崛起。2015年，拼多多才正式上线，2016年的用户量即突破1亿，当年7月获得来自腾讯、IDG等机构的1.1亿美元B轮融资。拼多多于2018年7月在美国纳斯达克上市，当年底的活跃用户数已经接近3.9亿，超过京东的3.1亿。2019年，拼多多营业收入达到301.4亿元，但净亏损为69.7亿元，而其市值却在当年10月超过京东。拼多多2019年的年活跃用户数接近5.9亿，2020年的年活跃用户数接近7.9亿，当年的总交易额为1.67万亿元。

这几家综合电商平台开展的位置军备竞赛，首先就是争取在活跃用户数量排名大战中获得第一位。在很长时期里，阿里巴巴借助先发优势，一直保持活跃用户数量第一的位置，京东虽然尽量追赶，但仍然以较大差距保持第二的位置。而拼多多的加入让位置军备竞赛陡然发生变数。截至2018年9月30日的12个月期间，拼多多平台活跃用户数为3.9亿，而京东则为3.1亿，拼多多的活跃用户数量首次超过京东。拼多多在活跃用户数量方面的位置军备竞赛中之所以很快超过有着长得多经营历史的京东，应该有很多原因，但一个不可否认的重要原因就是拼多多不惜以很高成本获取客户。根据披露的资料推算，拼多多2018年第三季度的获客成本约为77元人民币，而第二季度约为61元。当然，其他电商企业也会根据情况随时调整自己在获客方面的投入成本。在获客竞逐中，虽然阿里巴巴目前守住了第一的位置，但拼多多可能成为最大赢家，它已经超过了京东，正在迅速逼近阿里巴巴。表10-1是这三家企业开展活跃用户数量竞赛的数据。

表10-1 我国三家综合电商平台活跃用户数量的变化

	2006年	2015年	2016年	2017年	2018年	2019年	2020年	2021年
阿里巴巴	月活跃用户数为0.16千万	月活跃用户数为3亿	年初月活跃用户数为4.3亿	年活跃用户数为4.54亿		9月底月活跃用户数为7.85亿	12月底月活跃用户数为9.02亿	

续表

	2006年	2015年	2016年	2017年	2018年	2019年	2020年	2021年
京东		月活跃用户数为1.5亿		月活跃用户数为2亿	年活跃用户数为3.1亿	8月底月活跃用户数为3.13亿	6月底月活跃用户数为4.2亿	9月底月活跃用户数为5.5亿
拼多多					月活跃用户数为1.5亿	8月底月活跃用户数为4.29	6月底月活跃用户数为5.7亿	9月底月活跃用户数为8亿

资料来源：根据公开资料整理，不尽精确，但不影响总体判断。

我国数字企业也很重视在总交易额的竞赛中获得更好位次。在电商行业，虽然活跃用户数量最重要，但是如果活跃用户的平均购买量很少，那就意味着客户不愿意再次花钱。因此，活跃用户数量加上总交易额，才意味着撬开客户的钱包。在我国三大综合电商中，阿里巴巴一方面有着明显的先发优势，另一方面又有着较好的生态战略思维，再加上其他方面的原因，一直在总交易额上遥遥领先。京东的经营策略比较稳健，注重自营业务，而不太注重对第三方商家开放平台，在选择第三方商家时也有比较严格的要求，所以其总交易额就比较小。而拼多多不但在经营策略上效仿阿里巴巴，并且敢于以激进的补贴方式来促进交易，特别是以拼团打折来刺激年轻客户的购买欲望，所以总交易额呈现快速增长势头。表10-2显示了我国三大综合电商平台的总交易额竞逐有关数据。

表10-2　我国三家综合电商平台总交易额的变化

	2003年	2004年	2009年	2016年	2017年	2018年	2019年	2020年
阿里巴巴	约0.23亿元	超过1亿元	超过3 000亿元	超过3万亿元	4.82万亿元	5.73万亿元	7.05万亿元	8.12万亿
京东				6 582亿元	1.3万亿元	1.7万亿元	2.09万亿元	2.6万亿元

续表

	2003年	2004年	2009年	2016年	2017年	2018年	2019年	2020年
拼多多					1 412亿元	4 716亿元	1.01万亿元	1.67万亿元

资料来源：根据公开资料整理，不尽精确，但不影响总体判断。

总交易额并不等于企业的营业收入。但是，总交易额上升也会带来营业收入的上升。需要注意的是，电商平台营业收入上升很可能与总交易额上升不成比例，因为这不但涉及毛利问题，更涉及平台上自营交易额与第三方商家交易额的比重问题。尽管拼多多的活跃用户数量和总交易额上升非常快，但其营业收入却远远低于京东和阿里巴巴。阿里巴巴的总交易额和活跃用户数量远远高于京东，但是京东的营业收入却高于阿里巴巴。这也从另一个侧面说明，在数字平台的竞争中，活跃用户数量和总交易额更被看重。表10-3展示了我国三家综合电商平台营业收入的变化。

表10-3　我国三家综合电商平台营业收入的变化

	2016年	2017年	2018年	2019年	2020年
阿里巴巴	1 011.4亿元	1 582.7亿元	3 768.4亿元	5 097.1亿元	7 173亿元
京东	2 062亿元	3 623亿元	4 620亿元	5 769亿元	7 458亿元
拼多多		17.4亿元	131.2亿元	301.4亿元	594.9亿元

资料来源：根据公开资料整理，不尽精确，但不影响总体判断。

而在很长时期里，利润是最不受重视的经营指标。京东经历了长时间的亏损，但这并不影响京东大幅度地投资，也不影响它的融资和上市。拼多多作为追赶者，亏损情况更加严重，但拼多多似乎并不在意，继续大把“烧钱”。与京东把资金大量投入物流基础设施建设不同的是，拼多多“烧钱”在很大程度上是用于对客户购买的补贴，实际上是大力实行低价竞争。而资本市场对这样的“烧钱”获得客户和提高总交易额的行为进行了奖赏而不是惩罚，从而拼多多在证券市场上的市值在上市后不久就明显高于京东，并且维持了相当长一段时间，直到2021年我国政府开始大力整治数字市场的诸多不正当竞争行为，拼多多的市值才开始大幅度下滑并低于京东的市值。

在这场争夺市场位置的竞争中，这几家企业的竞争行为也值得注意。

阿里巴巴作为最早、最具先发优势的企业，当业已形成的市场地位受到后起之秀京东的挑战时，涉嫌采取“二选一”等行为。京东于2015年11月宣布向工商总局举报阿里巴巴的“二选一”行为，但遭后者否认。2017年“6·18”期间，据称，阿里巴巴下属的天猫平台要求部分商家不仅要退出京东促销活动，还要关闭在京东的店铺，随后一批商家撤离了京东，而撤离者得到了天猫“双11”主页的最佳展位资源。① 后来，京东起诉阿里巴巴搞“二选一”，但阿里巴巴管理人员通过微博发表言论称，“二选一”本来就是正常的市场行为，平台不是土豪，平台各项资源天然稀缺，只能向最有诚意的商家倾斜。② 2020年，国家市场监管总局对阿里巴巴“二选一”等行为进行了调查，并于2021年4月宣布，自2015年以来，阿里巴巴滥用市场支配地位，对平台内商家提出“二选一”要求，并借助数据、算法等技术手段，采取多种奖惩措施保障“二选一”政策的执行，以获取不正当竞争优势，从而对其处以182.28亿元的罚款。而拼多多则面临售卖侵权假冒商品的指责，国家市场监管总局于2018年8月要求上海市工商局约谈拼多多。拼多多更受争议的行为是巨额补贴，一方面对入驻商家实施了“零入驻费”“零佣金”政策，另一方面对买家实行补贴，特别是鼓励客户为拼团获得低价而拉熟人入伙，形成“帮砍链接”；2019年，拼多多推出百亿补贴，对全网热销商品试行不限量、不限时补贴，2020年进一步加大力度，并覆盖更多商品。

三、数字经济反垄断：是否需要从产品市场到资本市场

由此看来，数字企业通过各种激进手段开展市场位置竞争，首先是在获得客户的竞争中保持领先位置，其次是在使用量、停留时长等方面进行竞逐，而可以在较长时间里把营业收入尤其是营业利润放在次要位置。企业即使陷入长期亏损，也可以维持运营，并继续开展获客等方面的位置竞争的奥秘就在于，在位置竞争中领先的企业可以获得来自资本市场的大量

---

① 618之战：京东锁死商家后台 天猫被指要求商家站队．凤凰网，2017-06-19.

② 任晓宁．一文看懂电商二选一：阿里京东拼多多各执一词为哪般．经济观察网，2019-10-22.

资金注入。正如Khan（2017）所揭示的那样，亚马逊有二十年基本上处于亏损状态，但由于在获客竞赛中一直保持了领先位置，所以投资者还是不停地把大量资金注入亚马逊，这就强化了赢家通吃的游戏结果，并推动亚马逊的股价一路上扬。因为投资者清楚地知道，承受经营亏损不是吃大亏，而是赚大便宜的好事，激进地获客和扩大市场份额可以锁定位置。除了亚马逊，网约车领域的优步也从事着同样的游戏，其尽管陷入亏损之中，却可以从资本市场获得大量资金注入，并拉升了优步在资本市场的估值。她强调，投资者毫不含糊地以资金给这些平台“输血”，就是一场吸引客户的竞赛，而反垄断准则却忽视了这一点；她批评了美国反垄断法院一直采纳的有效市场假说，并注意到了美国司法部已经承认，企业市值的变化也许反映了竞争效应的变化。不过，Khan（2017）也认为，是否有必要在反垄断执法中对这样的互联网平台施加资本化与投资方面的限制，仍然需要研究和讨论。

很显然，没有资本的加持，数字经济的位置军备竞赛就不可能进行下去。在一定程度上，资本助推了数字经济领域的生态系统的形成，没有资本的参与，生态系统至少不够完整、不够强大。资本在生态系统中的角色是，不但提供金融资源，把企业拉到金融网络之中，让企业能够开展位置军备竞赛和研发创新活动，而且还让企业以比较激进、比较“大方”的方式努力获得新客户，而客户数量在生态系统的构建中有着异乎寻常的作用；此外，投资方也会帮助企业进行并购整合，譬如收购一些具有潜在竞争威胁的企业，或者与竞争对手实行合并，甚至还会以共同股东身份来协调不同企业之间的竞争行为。数字经济领域的资本一般来自风险投资机构，这些机构有着广泛的全球网络，也有着灵活而又有力的融资签约经验，并且愿意承担巨大的短期风险以谋取长期的投资回报，因此，它们在生态系统中通常有着强大的能量。

自然而然地，数字企业的竞争必然从产品市场延伸到资本市场，这反映为资本市场对数字企业的估值，以及基于估值的投资额。当阿里巴巴作为本土企业率先进入综合电商领域时，国内鲜有同样的竞争对手出现在资本市场上，所以它很顺利地进行了一轮又一轮的融资。不过那时，在缺乏有力竞争对手的情况下，阿里巴巴保持在活跃用户数量和总交易额等方面的领先地位所需要的资金量还不太大。到了 2014 年，阿里巴巴在美国上市时，融资额达到 250 亿美元，成为全球有史以来最大规模的首次公开发行（IPO）。而京东作为追赶的竞争者，就不太一样，它需要更多资金来切入这个行业并与阿里巴巴开展竞赛。京东于 2007 年 8 月才获得 1 千万美元的首批外部融资，2009 年 1 月又获得 2 100 万美元的 B 轮融资，此后又分别于 2010 年初、2010 年末进行了 1.5 亿美元的 C 轮融资和 5 亿美元的 D 轮融资。京东 D 轮融资估值比 C 轮融资估值提高了 4 倍以上，比首轮融资估值提高了 100 倍以上。此后，京东还于 2011 年4 月获得了 15 亿美元融资，于 2012 年 10 月获得了 3 亿美元融资，于 2013 年 2 月获得了 7 亿美元融资，于 2014 年 3 月获得了 2 亿美元融资。2014 年 5 月，京东在美国纳斯达克上市，IPO 融资额近 31 亿美元。京东后来还设立了金融服务板块，2018 年 7 月，京东金融融资金额约为 130 亿元人民币，估值约为 1 330 亿元人民币。拼多多更是受到资本市场青睐。2016 年 3 月，它才从首轮融资中获得一些资金，当年 7 月即获得来自高榕资本、腾讯等机构的 1.1 亿美元 B 轮融资，2018 年 4 月又获得来自腾讯、红杉资本等机构的 30 亿美元 C 轮融资，2018 年 8 月的 IPO 融资额达到近 19 亿美元。这些企业在陷入如此巨额亏损的情况下，仍然能获得如此巨量的融资，在传统行业是不可想象的。

这些企业在实行一轮又一轮融资时，几乎都处于亏损状态，像拼多多这样的后来者多年都处于严重亏损境地，但这并不妨碍投资者不断以更高的企业估值而注入资金，更不妨碍这些企业上市和市值的继续上升。这就是企业把竞争从产品市场延伸到资本市场的结果，是资本市场对产品市场中位置竞赛的肯定。表 10－4 就是我国三家综合电商平台在融资过程中和上市后市值的变动数据。

表 10－4　我国三家综合电商平台市值变化

	2014 年	2015 年	2017 年	2018 年	2019 年	2020 年	2021 年
阿里巴巴	上市后市值超过 2 000 亿美元		5 月市值超过 3 000 亿美元	5 月市值超过 5 000 亿美元		10 月市值达到 8 400 亿美元	12 月市值为 3 610 亿美元

续表

	2014年	2015年	2017年	2018年	2019年	2020年	2021年
京东	上市后市值达到300亿美元	6月市值突破500亿美元	6月市值为600亿美元	11月市值跌破300亿美元	2月市值重回400亿美元	5月市值达到800亿美元，超过拼多多；7月市值超过1 000亿美元；11月市值达到1 400亿美元	12月市值稳定在1 000亿美元以上
拼多多				上市后市值达到300亿美元	11月市值突破500亿美元	6月市值超过1 000亿美元；11月市值超过1 700亿美元；12月市值突破2 000亿美元	7月市值跌破1 000亿美元，低于京东的1 010亿美元；12月市值跌到700亿美元

资料来源：根据公开资料整理，不尽精确，但不影响总体判断。

资本市场之所以源源不断地把资金投入这些数字企业，当然是因为，尽管有些企业严重亏损，但是在产品市场的位置竞赛中获得了突出成绩，并有可能在未来成为通吃一切的赢家。资本市场对它们进行持续的支持，就会进一步增加这种结果的可能性。最终，投资将会获得丰厚回报。尽管这样做有风险，但这个风险值得去冒；而且投入越大胆，风险反而会降低而不是升高。当然最终资本市场可能是有效的，即资本市场对企业的估值会回归企业在产品市场的经营业绩的基本面，资本市场对企业是否继续投资会以基本面为依据，但是到达这个“最终”可能需要很长时间，在这个长时期里，企业参与的位置军备竞赛、资本市场加持的游戏就可能一直进行下去。这并不是说参与这项游戏的企业全然不顾经营业绩的基本面，全然不理会业务战略和日常管理，恰恰相反，企业的经营将是认真的，只不过它们会遵循位置竞争的规则。

资本参与这种游戏，并成为推动游戏进行下去的重要角色，一方面是因为资本的理性，另一方面又是因为资本的非理性。资本的理性就是要逐利。而资本的非理性，正如希勒（2016）所言，指的是：情绪及其扩散会影响资本市场的决策；片面的信息、变化的信心会影响对企业价值的判断；而对于互联网领域的新技术、新模式，投资者有可能放大一些方面而忽略另一些方面；更重要的是，资本市场不但具有反馈机制，也具有欺骗、操纵和庞氏骗局的历史，而新闻媒介又会起推波助澜的作用。他认为，对资本市场的规制是必要的；但从许多产业的发展历史来看，在很多时候，是人类的动物精神，而非人类的理性态度，激发了经济增长动能，而资本可能是最能代表和最能体现动物精神的一种东西。

因此，应该对资本有一个清醒的认识。一方面，足够的资本积累与资本投入是现代经济增长的本质特征之一。对于数字经济而言，大量的风险资本投入更是不可或缺，因为这是一个充满前景的领域，也是一个充满未知的领域。但另一方面，从已经发生的情况来看，对数字经济领域实行有效的反垄断和反不正当竞争，即使主要关注产品市场，似乎也不应该忽视资本市场。对数字企业在资本市场的行为，到底应该进行哪些方面的关注，是否应该实行以及实行怎样的规制，可能有许多具体问题需要研究。但是，让产品市场更完整的信息传递到资本市场，防止产品市场和资本市场的信息被错误披露，打击恶意的庞氏行为和虚假陈述、串谋操纵行为，应该是必要的，也是正确的。而这意味着，数字经济领域的反垄断与反不正当竞争不仅仅是反垄断机构的事情，也是资本市场监管机构的事情，以及从生态系统的角度来看，还是其他机构的事情。因此，数字经济一方面需要大力发展，另一方面需要健康发展，需要许多部门联合实行正确和恰当的政策。

四、结语

竞争被主流经济学奉为圭臬，但也有一些经济学家分析了竞争的另外一些支流，位置军备竞赛就是其中之一。并不能认为位置军备竞赛就是纯粹的坏事，也不能认为位置军备竞赛完全独立于促进效率、促进创新的竞争而存在。但是，在数字经济领域的确存在着比较明显的位置军备竞赛，主要体现为较长时期最活跃用户数量、总交易额等指标排名的竞逐，而且这种竞逐常常以比较激进的方式甚至涉嫌触犯法律法规的方式进行。产品市场已经置身于这场竞逐之中，而且数字企业还以此进入资本市场进行竞争，譬如更早更多地获得融资，拥有更高的估值，等等。因此，数字经济领域的反垄断很可能需要将产品市场竞争和资本市场竞争都纳入考察之中。虽然资本市场最终是有效的，但是提醒投资者注意反垄断、反不正当竞争方面的风险以及其他方面的监管风险以增强投资者的理性是有益的事情。

问题的要害在于，产品市场上的位置军备竞赛与资本市场上的融资和估值竞争在很大程度上是相互支持、自我实现的。在产品市场获得更高的位置，不管是市场份额还是营业收入比其他企业更高，都有利于在资本市场获得更大估值和更多融资，而这些资本资源注入企业中当然会帮助企业以更激进的手段、更持久的方式在产品市场进行位置竞赛。最可能的结局是，在资本市场获得最多资本的企业与在产品市场排位最高的企业是同一家企业。因此，这类可以自我实现的竞争是非常残酷也非常“血腥”的竞争。数字经济领域的竞争需要大量的“烧钱”来开展下去，所以产品市场竞争与资本市场竞争之间的关联更加密切。因此，对企业在产品市场竞争行为的规制如果延伸到对资本市场行为的规制，完全可以理解。不过需要指出的是，对这类自我实现竞争行为的认知不能落入绝对化思维的陷阱，事实上，即使一家企业能获得资本的青睐，如果它在产品开发、市场推广、商业模式、日常管理、团队合作等任何一个方面稍有闪失，也有可能被更缺乏资本资源的企业击败。也就是说，无论怎样强调资本注入的重大作用，也不应该忘记企业竞争的胜负仍然与多方面的因素有关。反过来说，把规制延伸到资本市场也不意味着要求资本方对企业竞争结果担负所有责任。

不过，把规制延伸到资本市场在很大程度上已经超出了反垄断、反不正当竞争的范畴。资本市场有其自身规律和规则。除了融资合约需要符合合同法等法律规范以外，与融资有关的公司治理机制也应该符合有关指引的要求。更重要的是，对于企业挂牌上市、股东和董事的售股，以及资产重组和企业并购，资本市场有很多规则，但也有很多漏洞及不太公平合理的灰色空间。在现实当中，数字经济领域的投资者对这些漏洞和灰色空间的利用十分地在行和积极。政府应该如何实行更严格和更合理的规制，需要具体情况具体研究，本书的下面几章将介绍这些方面的分析工作。

还需要指出的是，对于资本积极投入数字经济领域，不应该持简单的怀疑甚至厌恶的态度。没有大量资本的投入，就不可能有数字经济的发展。这是个新经济领域，资本进入既在逐利，也在冒险。从过去的历史来看，许多资本投入数字行业之后获得了几十倍、上百倍的回报，但也有许多资本被沉没成本无情地吞噬了。即使对于具体企业而言，资本的流入也是既有可能巩固在位企业的优势，也有可能帮助新企业颠覆这些优势，譬如阿里巴巴、京东等寡头企业在产品市场上的优势位置不但被拼多多所挑战，更被抖音、快手等新型电商所挑战。遭到挑战的企业如果疏忽大意或者不思进取，就很可能被超越、被迭代、被淘汰，它们不但在资本市场上会被投资者所看淡，在产品市场上也可能会一步一步滑到更低的位置，从而陷入恶性循环之中。因此，从长期来看，最重要的是，市场不能被封闭，创新不能被抑制。只要市场是开放的、创新是活跃的，只要资本可以冲破封闭、激励创新，垄断就会被打破，而行业就会不断进化和发展下去。

第十一章　数字虚拟世界活动和虚拟物品交易及规制问题

数字经济创设了一个虚拟世界，人们可以在这个世界中建立身份，进行交往和其他活动，包括交易活动。这些活动可以跟现实世界相关联，也可以完全脱离现实世界。此外，一些虚拟物品被创造了出来，包括虚拟礼品、虚拟房产，甚至虚拟城市和虚拟货币等等，许多虚拟物品通过互联网进行交易。而虚拟数字人也在数字世界出现了，他们可以说话，可以发表意见，也许还可以表达情绪和感情。当人工智能技术、其他数字技术以及生物技术获得更大突破的时候，真实人物与虚拟人物的区隔可能会难以分辨，机器人与真人的身份可能会有所交叠。数字虚拟世界以及相关的活动与交易是从来没有过的事物，但是对真实人物和真实社会产生了巨大影响。可以确定的是，政府应该设立规制；但难以确定的是，政府应该规制什么和怎样规制。

一、从游戏世界到元宇宙和脑机接口

互联网本身就具有虚拟特征，英文“virtual”被用来指代网络空间，这个词本身就是虚拟的意思。当互联网刚刚出现的时候，就出现了网上聊天等平台，参与者用虚构的名字和身份聊天。后来又有了网络游玩与社交活动，一些人甚至以虚构身份在虚拟世界恋爱、结婚、上下班、持家过日子。而网络娱乐与游戏业务的开发将更多的人带进了虚拟世界。譬如曾经在我国风靡一时的“开心农场”就是一个典型的虚拟世界，人们可以在那里扮演一个农场主，在农场里开垦土地，种植蔬菜和水果，从事除草、浇水、施肥等工作，收获虚拟果实，在虚拟世界售卖，并获得虚拟货币，之后还可以把货币投入购买农具、扩建农场之中；而别人则可以扮演专门偷菜的人，偷菜卖出之后获得金钱，用来购买别墅和奢侈品，过着现实世界中难以实现的贵族生活。这个平台上的“偷菜”游戏曾经风行，一些玩家还把这些虚拟别墅搬到其他互联网平台叫卖，当然不会开出几百万元、几千万元的价格，但成千上万元的价格并不稀奇。这也是一个经典的致瘾性游戏，游戏开发者设置了大量花招让人沉溺其中。当三维（3D）技术、虚拟现实（VR）技术出现后，虚拟世界具有更加吸引人的力量。VR 游戏通过体感设备进行输入输出，极大地增强了感官体验，将人带入可交互的虚拟现场场景之中，这些虚拟场景不但可以美化当前，而且可以重现过去和构思未来，例如太空遨游游戏就可以让玩家在自己所喜欢的音乐的带领下，漂浮于地球和月亮之间，体验宇宙的神秘无垠，造成所谓的沉浸感。而增强现实（AR）技术则可以让真人的表情、动作都被可穿戴设备之类的装置所捕捉、所掌握并形成数据，在算力的支持下进行再创作，使得虚拟和现实叠加、交融在一起，让人难辨是梦境还是实境。

虚拟世界的最新发展趋势是元宇宙（metaverse）。元宇宙“metaverse”是一个组合词，由元“meta”这个前缀和宇宙的英文单词“universe”的后半部分“verse”组成。据说这个词汇来自一本名叫《雪崩》的小说，书中描绘了一个平行于现实世界的虚拟世界，每个真实人都拥有自己的数字分身，真实人可随时进出虚拟空间，并在其中进行互动，形成社会。数字经济中的元宇宙概念兴起的时间还不长，以后肯定还会不断演化，并获得新内容、承载新内涵，但现在看来，它基本上是指在典型的数字化和智能化技术支持下，以虚拟现实、扩展现实、增强现实等场景为主要应用领域，为人类提供沉浸式体验和虚拟与真实交融感知而成的超级网络世界，并能实现真实人与数字身份之间的联通与转换，以及数字身份人之间的互动交流。元宇宙也不完全是新事物，实际上在过去十几年发展起来的互联网游戏空间里已经显现；在 2020 年，由于受到新冠肺炎疫情的影响，美国许多大学不能举行毕业典礼，加州大学伯克利分校便在《我的世界》这款 VR 游戏中举办了学生的毕业典礼，典礼场景不但美如梦幻，而且展示了现实当中所不可能存在的一些创造性，被认为是一个标志性应用场景。可以说，元宇宙是兼有继承性和创新性的新兴数字空间，其本质上还是对现实世界的虚拟化，将虚拟世界与现实世界融合在一起，但参与者的主动性创作可在其中发挥更大作用，极大地扩展了沉浸式体验和个人创造、个人参与。

2021年被认为是元宇宙元年，被称为元宇宙第一股的美国游戏企业罗布乐思（Roblox）在纽约证券交易所上市；芯片巨头英伟达（NVDIA）宣布推出全球首个为元宇宙提供基础的协作平台；而社交巨头脸书宣布平台品牌部分更名为Meta。从目前的视野来看，元宇宙的应用场景将主要包括如下方面：第一当然是网络游戏与娱乐，将会把游戏和娱乐带到一个虚实交融、情景交融的新境界，例如微软在2022年初宣布以近690亿美元收购网游企业暴雪公司，这是游戏行业有史以来规模最大的并购交易，微软CEO说这是微软构建“企业元宇宙”的一个重大步骤，未来的微软将打造一个“元宇宙堆栈”（metaverse stack)；第二就是文体演出等活动，如美国一名歌手2021年在虚拟音乐平台Wave举办了一场元宇宙演唱会，他以虚拟形象和真实身份轮番出场，演出背景不但有金色的麦田、金色的阳光，还有从草丛飘然升起的金色萤火虫，栩栩如生，惟妙惟肖，还实现了与观众的互动，地球上许多角落的观众不用在现场就可以参加这样的音乐会，使元宇宙演唱会获得了极大的影响力；第三就是会议、聚会与社交，不但许多会议和聚会可以在元宇宙空间实现，而且元宇宙还是极具吸引力的社交世界，人们以数字化身在这个世界交流和互动；第四就是教育培训，元宇宙空间可以使教育培训更加形象生动、更能如切如磋，从而显著提高效果；第五就是广泛的商业活动，包括在元宇宙空间谈判、签约、交易、解决纠纷，等等，甚至通过元宇宙空间组织现实世界中的生产与服务，使生产与服务的效率更高、产品更全；第六就是旅游与探险，譬如把真实的旅游资源与虚拟幻想结合起来、把真实世界体验与虚拟创造结合起来，形成全新的真幻世界。当然，未来的应用场景一定会丰富得多，甚至也可能出现邪恶的应用场景，譬如借助元宇宙空间开展战争。这个通向未来的虚拟世界，目前一方面得到了巨大的热捧，另一方面也受到了很大质疑和批评，它将会发展成什么样子，现在还不得而知。所以面对这样一个快速兴起的数字领域，政府也需要密切关注，并适时制定规制政策。

一些机构认为，元宇宙包含的要素有：身份、朋友、沉浸感、多元化、随时随地，等等。很显然，元宇宙的第一要素是身份，也就是真人的虚拟分身。可以预料，元宇宙应该会进一步推动数字人的兴起。数字人并不是真正的人，而是数字技术的产物。实际上，已经有一些纯虚拟空间的数字人出现于人们面前，譬如 2001 年，世界上首个虚拟主持人阿娜诺娃（Ananova）在英国诞生，此后世界许多媒体平台推出了自己的虚拟主播，2021 年韩国一家娱乐公司推出了“真实人＋数字人”的 8 人女团 Aespa，引起了很大轰动。我国的中央电视台也推出了数字主持人小 C；阿里巴巴推出了第一号数字员工 Ayayi；而百度公司则设立了一个数字人平台——百度智能云曦灵，希望以后通过这个平台的开放，让每个人实现数字人自由；字节跳动也推出了沉浸式虚拟社交平台 Pixsoul，并收购了一家虚拟偶像公司。在虚拟世界，视觉化的数字人尚可与人类现实世界相隔离，但如果数字人获得物理身体，即数字人与智能机器人结合在一起的时候，那就实现了虚拟与现实的交融，那时或许真实人可以建立自己的数字化替身，并可以向替身注入自己的思维和情感，同时还让它具有远远超越本尊的记忆能力和学习能力，从而形成一个替身世界。如果替身世界成为现实，那将对人类社会带来极大困惑。而脑机接口（brain computer interface）技术则可以使人脑与外部数字网络、数字系统实现连接，真实人与虚拟世界将难以分清彼此。美国企业家马斯克所创立的 Neuralink 公司现在正在进行这类技术开发，他认为脑机接口技术可以实现人的永生。美国还有一个叫 Here After 的公司就在从事数字人类 AndyBot 的开发，AndyBot 可以将真实人的外貌、声音、记忆、思维合成起来，建立一个新的数字人在云端永生。此外，这些技术在军事领域的应用则可以实行虚拟性与物理性的高度结合，形成智能机器人战士，毫无疑问会彻底改变战争规则。因此，元宇宙对于人类社会意味着什么，现在还不清楚。重要的是，未来已来。

二、从虚拟奖品到数字货币和数字物品

虚拟世界出现后不久，就有了一些虚拟奖品及虚拟货币。例如，我国的“开心农场”就有虚拟货币，可以用于买卖虚拟蔬菜水果和农具化肥等；腾讯的网络游戏早就开发了 Q 币那样的虚拟货币。随着虚拟空间的

急速扩张，出现了专门的数字货币，区块链技术则极大地推动了数字货币的发展。2009年诞生的比特币是最有影响力的去中心化数字货币。比特币是一个地地道道的“江湖”货币，完全来自互联网世界的自发活动，据说是由一个自称中本聪的匿名者所设计与开发的。比特币号称货币，但实际上就是一套依据特定算法、通过大量计算而产生的互联网符号，它并没有一个固定的发行机构，每个人都可以通过将电脑接入互联网从而参与制造比特币，但需要通过所谓的“挖矿”才能生成新的比特币，而“挖矿”就是用计算机来完成一系列复杂计算，互联网还会自动调整计算难度，并保证比特币的总数量不会超过2 100万个。所谓的比特币支付与流动，就是通过网络众多节点构成的分布式数据库来确认并记录所有交易行为，所以无法伪造；使用密码学的设计来确保货币流通各个环节的安全，所以全程匿名。尽管目前承认比特币为合法的支付手段的国家还较少，但比特币自问世之后，得到了广泛追捧和愈来愈多的接受。在很早的时候，美国电商巨头电子湾就宣布接受比特币进行交易支付，后来越来越多的互联网企业和网民都接受了比特币作为支付手段甚至保值手段。比特币的价格开始非常低，后来长期徘徊在每枚几千美元的水平。从2019年开始，比特币的价格开启上涨模式，当年突破1万美元大关，2020年突破2万美元大关，2021年则突破6万美元大关，此后陷入大幅震荡之中。比特币虽然在萨尔瓦多外的其他国家均不是法定货币，但许多人愿意以法定货币与比特币进行兑换，这就赋予了比特币在现实世界中的流通性和购买力。由于这种流通性和购买力不受任何法律保护，所以它又容易成为洗钱、勒索、毒品交易等非法活动的温床。不过，比特币作为第一个分布式虚拟货币，具有独特的私人性、隐身性、去监管性、免通胀性，所以被认为是一项很大的发明，甚至有经济学家认为比特币的发明者中本聪应该获得诺贝尔经济学奖；而诺贝尔经济学奖获得者克鲁格曼则表示，比特币之类的加密资产是典型的庞氏骗局。

比特币的风行刺激了其他类似虚拟货币的诞生。除了比特币之外，还有以太币、瑞波币、波卡币等比较著名的虚拟货币。我国有一批虚拟货币的追捧者不但积极投身比特币的“挖矿”和炒作，也组织人员开发其他虚拟货币，并带动交易。随着虚拟货币的流行，进行虚拟货币交易的互联网平台也诞生了，并吸引了大量的人进场交易，我国就有不少这样的交易平台，一度吸引了大量人员和资金。当然，这些平台上的交易一般而言不受政府监控，更缺乏法律保障，可能一些交易组织者从一开始就抱有不良企图、带着不当目的，所以操纵和欺诈现象的确比较多见。即使不存在不良企图、不当目的，由于这些虚拟货币本身缺乏确定币值的基础，价格大起大落也是不可避免的。不可否认的是，许多虚拟货币在我国曾被炽热炒作，国际上一些比较著名的虚拟货币交易平台就是由华人所设立，虚拟货币的交易价格时常突然暴涨、突然暴跌。不过，这仍然不能阻挡一些人对虚拟货币的狂热追逐，可能是因为，这些新奇创造的确引人入胜，甚至其中还有一些亚文化的东西比较吸引人，譬如狗狗币（Dogecoin）的亚文化大概就是小费文化，美国的年轻人用它来支付小费，或者用它来支付小额捐款。尤其在过去几年里，区块链技术得到了极大发展，有力地推动了数字货币的发展和流行。现在，比特币已经被越来越多的机构接受为支付货币，美洲国家萨尔瓦多竟于2021年宣布比特币为该国法定货币。

一些数字企业也在积极开发数字货币。美国的脸书公司于2019年发布了其数字货币开发计划，将这个货币命名为天秤币（Libra）。脸书在当时宣布，天秤币将由一个独立机构运营，这个机构的总部将设在瑞士日内瓦。后来，天秤币改名为日币（Diem）。天秤币计划受到了很大关注，许多国家政府担心天秤币会损坏各国的货币主权，七国集团（G7）曾宣布成立工作小组对天秤币进行评估，欧盟委员会曾打算对天秤币协会发起反垄断调查。美国财政部和美联储都表示，在一些重要的问题得到澄清之前，天秤币不能贸然推出。后来，万事达卡、维萨卡等机构相继从天秤币协会退出了，所以这个数字货币的推出没有当时设想的那样顺利。除了脸书，还有其他数字企业也在积极开发数字货币，我国也曾有一些企业表现了很大兴趣，不过后来因为政策不明朗而却步了。

各国政府对是否发行法定数字货币的态度不尽一致。不过，已经有一些国家的央行在开发法定数字货币。我国央行在2017年就组织有关机构开展数字人民币的研发和设计工作，并于2019年开始在深圳、上海等地进行数字人民币测试，到2021年，数字人民币试点扩大到十几个城市和海南省。2022年初，数字人民币试点版App已经上架到安卓应用商店和苹果、华为等应用商店。而美国对数字货币的态度要谨慎一些，美联储认为央行发行数字货币还面临一系列监管问题，在这些问题得到妥善考虑之前，不会积极开发数字美元。不过美国后来也发布了数字美元项目白皮书，提出了开发数字美元的大体思路，即明确提出数字美元是美元的代币化形式，与美元现金一起运营，数字美元将主要通过商业银行和受监管的货币发送者的双层体系架构发行，同步应用于批发和零售支付；数字美元将被记录在新的交易基础设施上，可能采取分布式账本技术提供信息技术支持；数字美元将完全可以与美元现金进行等价兑换。2020 年，国际清算银行（BIS）还与欧洲中央银行、英国中央银行、瑞士中央银行等央行联合成立数字货币工作组，共同研究央行数字货币的技术选择、潜在收益与风险等事宜，美联储后来也加入了该工作组。

比数字货币更复杂的是其他虚拟物品。在虚拟世界中，数字货币属于同质化代币。而数字艺术品以及其他非同质的数字物品，譬如数字房屋、数字农场、数字城市等等，则属于非同质化代币。非同质化代币在元宇宙世界已经开始受到追捧，譬如，非同质化代币艺术品《每一天》于 2021 年 3 月在佳士得拍卖行以超过 6 900 万美元的价格成交；运动鞋企业阿迪达斯于 2021 年 12 月发售了一系列“走入元宇宙”非同质化代币，销售额突破了 2 200 万美元。2021 年 12 月，香港新世界发展集团的 CEO 则花费 500 万美元购买了元宇宙世界的一个名叫沙袋（The Sandbox）的数字地块，将用来打造一个虚拟世界的创新展示中心。同样是在沙袋平台，其他虚拟物品如虚拟服装、虚拟鞋子等已经在出售和进行二手交易了。一些虚拟物品的二手交易市场已经形成了炒作和抬价的风气，譬如一个名叫去中心世界（Decentraland）的虚拟平台在 2017 年首次以 20 美元卖出的地块，到 2021 年的二手交易价已达数十万美元。据称，美国 2021 年的非同质化代币交易额达到了千亿美元之多，一些从事非同质化代币业务的互联网平台可以获得大量融资。在虚拟世界，似乎出现了“万物皆可成为非同质化代币”的现象，譬如美国企业家马斯克曾以 600 万美元拍卖了一支非同质化代币形式的歌曲。在我国，目前有一些年轻人也非常热衷于创作、投资和炒买炒卖非同质化代币，并形成了生态体系。不过同时，对非同质化代币交易的批评也越来越多，一些报道称，在佳士得拍卖中以 6 900 多万美元成交的同质化代币画作《每一天》的竞拍者正是某同质化代币基金的创始人，这显然有联手炒作、拉抬价格的嫌疑。实际上，许多同质化代币交易都陷入了这样的“套路”。虚拟物品的流行实际上也可能外溢到真实世界，并带动一些物质产品的制作、生产，形成小生态圈和小产业链。譬如，我国一些虚拟社区就形成了所谓的“谷圈”，“谷”是英文“goods”的谐音。一些年轻人在这个圈子里交流信息、推荐产品，并带动了有关产品的生产与交易。

三、规制方面的问题

虚拟技术给人类建立了一个前所未有的虚拟世界。人类历史上长期存在的虚拟世界就是梦境或幻境。梦境是非常私人化的虚拟场景，当然也不存在监管问题，但人们仍然认为“耽于梦想”是不太好的事情。酒精是物质产品，但过量食用就会让人陷入虚拟的幻境中，所以政府通常对这些物品进行监管。传统游戏尽管也有可能使人上瘾，但毕竟不是梦境和幻境，所以政府一般不会对游戏活动本身进行监管，除非游戏与赌博等活动联系在一起。而网络游戏则构筑了一个巨大的虚拟世界，真实人可以以虚拟身份出现于其中，过着虚拟生活。特别是当网络游戏发展到元宇宙的时候，真实与虚拟高度交融，虚拟世界可能对真实世界产生巨大的反馈效应，在这样的情况下，是否应该实行规制以及实行什么样的规制就是一个难以回避的政策问题。

在互联网游戏世界中，一些人沉溺其中，现在比较普遍的看法是，应该对致瘾性问题进行一定程度的规制，譬如要设置反沉迷系统。当互联网游戏发展到虚拟现实和元宇宙的时候，恐怕就不仅仅是反沉迷的问题了。元宇宙比较容易实现对人的引导甚至操纵。当一个人耽于元宇宙营造的愉悦感之时，元宇宙可能会诱导人们进行愉悦感之下的交易。这样的交易是有效的吗？这些交易合约受到真实世界的法律保护吗？在未来，这些将会成为需要回答的重要问题。特别是元宇宙的体验和交易有可能在数据与算法的控制下进行，这将进一步增添监管的复杂性。

元宇宙现在可以给一些古老的非科学活动披上现代科技的外衣，譬如以元宇宙的方式来占星、预测运势等等。其实，在互联网出现之后不久，就有网络算命之类的生意。而在人工智能技术得到应用之后，又有了通过人脸识别来看相算命的营业活动。元宇宙可以把人置身于星系当中，占星当然有了新的吸引力。即使在哔哩哔哩、抖音等很大的互联网平台也会有许多此类的服务项目，包括看相、占卜、测八字、求签问卦、分析星座运势等等，而微信等社交平台则有更多和更丰富的此类活动。此类生意开始形成了产业，一些应用程序已经获得了风险资本的加持，譬如测测星座已获得了超过数千万元的融资，其在2021年获得腾讯巨额战略投资更是引起了社会关注。这些互联网和人工智能、元宇宙的“迷信”行业，商业模式其实非常成熟，不但通过免费试用、收费定制服务等方式获得利益，而且以高昂的价格售卖相应的物品。不过这些传统活动在民间一直有市场，而在数字技术的外衣下，更增添了现代性魅力和多样性趣味，对年轻人有着较大吸引力。对于这些活动是否应该进行规制以及如何设立规制标准，恐怕是一个不易回答的问题，至少很难从反垄断、反不正当竞争的角度进行规制。

在虚拟世界，真实人还有另外一个身份，即虚拟身份。人们的最早虚拟身份不过是互联网平台的账号，通过密码即可以设立、修改、注销，并且可以在账号上发布和删除内容。但在更高级的虚拟世界里，虚拟身份就升格了，可能具有形象，并且可以进行交易和交往。这时，虚拟身份是否直接属于对应的真实人？虚拟身份是否具有自己的隐私权？虚拟身份的交易和交往数据到底属于对应的真实人还是平台？虚拟身份的消除应该由对应的真实人来决定，还是应该由平台或者政府来决定？这些都是未来的重要问题。特别是当数字人与智能机器人结合在一起的时候，它可能具有真实人的某些容貌特征和历史记忆，但又具有自主性学习能力和记忆能力，其身份的获得和消除到底依赖于什么规则，都需要作出回答。

数字人必然会在虚拟空间进行活动，对应的真实人应该对虚拟人的所有行为负责吗？或者应该对哪些行为负责？如果数字人并不对应真实人，谁应该对虚拟人的行为负责？到目前为止，真实人在虚拟空间发布的内容如果属于谣言、构成诽谤等等，真实人将会担负法律责任；同时，虚拟平台也会设立一些规则，约束真实人在虚拟空间的言辞。但在一个元宇宙世界，实现了虚拟现实的一体化，问题就不那么简单；特别是当数字人与智能机器人结合在一起时，问题就会更加严峻。现在还很难设想，在这种情况下，行为责任应该如何界定。

在虚拟世界还有许多数字资产，有些数字资产纯粹是在虚拟世界创制的，而有些数字资产则部分来源于真实世界。一些平台的虚拟货币纯粹是虚拟资产，但一些数字艺术品却由真实世界艺术品改造而来。此外，还有许多数据和信息也可能会具有价值，有可能成为资产。虚拟资产的确立和灭失可能有虚拟世界自己的规则，似乎可以通过虚拟世界的自治来实现资产保护。但是，如果一些虚拟资产可以与真实资产进行兑换，或者在真实世界也具有价值，那么其价值评估和价值保护就难以由自治体制来确定。一个国际组织——金融行动特别工作组（Financial Action Task Force，FATF）于2021年底发布了更新版的《虚拟资产及虚拟资产服务提供商风险指南》，认为虚拟资产就是价值的数字表示形式，可以进行数字化交易或数字化转移，并可用于支付或投资等目的。而事实上，在数字经济领域，数字资产的范围比这个指南给出的定义要广泛得多。可以看出，连这样的国际机构对数字资产的认识都存在盲区，那么数字资产的界定和产权保护将是一件更加困难的工作。

数字化世界还会将很多其他新问题带到人们面前。借助于对大数据和算法的充分运用，智能合约等自动化模式应该会越来越普遍。智能合约的建立和执行都由计算机系统来完成，区块链技术将使智能合约进一步流行，特别是元宇宙中的许多行为都可能会建立在智能合约的基础上。但是技术系统本身可能存在漏洞或者可能受到操纵、攻击等等，从而将智能合约置于巨大风险之下。而且，智能合约具有不可逆转性，这使得传统的法律救济手段无济于事。此外，智能合约还有可能被用于洗钱、逃税、赌博、集资、传销等活动，使得情况更加复杂。而暗网（dark web）则更加隐秘。典型的暗网技术包括洋葱路由（The Onion Router，TOR）、隐形互联网计划（Invisible Internet Project，I2P）等等，可以对数据进行多层加密转发和流量混淆，具有节点发现难、服务定位难、用户监控难、通信关系确认难等特点。暗网需要通过特定软件和配置才能登录访问，具有很强的封闭性和隐匿性，构成了一个独特的虚拟世界，在这个世界中，所有交易都在隐秘状态下实行，并且以虚拟货币进行支付，很难追溯。因此，暗网充斥着网络犯罪或者反政府主义之类的极端思想。2017 年，美国司法部关闭了全球最大的暗网交易市场——阿尔法湾，该平台中的卖家数量高达 4 万人，买家数量超过 20 万人。我国也开展了严厉打击暗网的行动，但是此类犯罪屡禁不绝。

对于这些纷至沓来的虚拟世界问题，从世界范围看，目前也不可能有完整的规制体系。我国有关部门于 2021 年印发的《关于加强互联网信息服务算法综合治理的指导意见》仅仅原则性地提出，要构建完善算法安全监管体系，要对算法的数据使用、应用场景、影响效果等进行日常监测，并积极开展算法安全评估、有序推进算法备案工作。而《关于推动平台经济规范健康持续发展的若干意见》《中华人民共和国数据安全法》《互联网信息服务算法推荐管理规定》等重要文件对虚拟物品交易方面的行为还缺乏足够的关注。更早一些的规制性政策例如《国务院关于清理整顿各类交易场所切实防范金融风险的决定》，对各类交易场所的设立规定了有关条件和批准程序，但实际上，虚拟物品包括非同质化代币的交易都在虚拟世界自发进行，根本不需要遵循这些条件和程序。早在 2017 年，中国人民银行等七部门就发布了《关于防范代币发行融资风险的公告》，禁止从事代币发行、虚拟货币交易等活动，但事实上，这些活动在虚拟世界仍然进行着。美国的此类活动更加活跃，政府似乎有更高的容忍度。不过，美国的立法者也开始表达了规制意图。美国国会一些议员在 2019 年就提出了《虚拟现实技术法案》（The VR TECHS Act），提议创建联邦政府现实技术可用性咨询委员会，对有关技术、有关活动进行审查。不过这样的法案也充满争议。美国信息技术与创新基金会（ITIF）于 2021 年底召开的关于元宇宙的公共政策会议就认为，虚拟技术所涉及的隐私、安全等问题在美国并没有得到足够的政策重视，而这样的政策缺陷不但跟不上虚拟世界的发展步伐，也落后于全球范围内对数字经济的规制节奏。①

四、一些讨论

数字技术具有很大的魔力，也具有很大的渗透性。数字技术所创造的

① 见美国信息技术与创新基金会官网。

虚拟模式深刻地改变了人类的生产与生活方式，使得生产效率更高，产品更加丰富，交易更加方便，生活更加有趣。互联网给人类带来了一个虚拟世界，数字技术的快速发展，特别是虚拟现实、元宇宙等方面技术的不断突破，使得这个虚拟世界更具广度和深度。这个颇具广度和深度的世界会不会自然而然地形成良好秩序？或者，如何定义虚拟世界的良好秩序？一些学者已经进行了这方面的讨论，譬如，白淑英（2009）就提出，虚拟秩序已经成为新经济时代的新命题，虚拟秩序具有隐秩序和显秩序双层结构；从表面上看，网络空间的自由性不利于虚拟秩序的生成，但虚拟秩序指向的合目的性、演进过程的规律性、虚拟实践者的良知和内外部压力使网络空间的秩序有可能形成；虚拟秩序的生成是自在性和自为性的统一。显然，这样的思维对网络世界的自治秩序寄予很大的希望。不过，有更多的学者强调了在依赖自我治理的同时，必须引入现实世界的法律。譬如罗英和谷雨（2021）就认为，网络平台的自治规则是平台秩序形成的基础；以契约力、约束力、赋权力、支配力为生成逻辑而形成的网络平台自治规则，在具有公共属性的同时也行使强大的私权力，这就需要自治规则在制定过程中遵循合法性、公序良俗以及责任、效率原则，在运行过程中符合程序正义和实体正义的双重标准。毫无疑问，他们强调的程序正义和实体正义以及合法性都意味着规制的引入。还有许多学者认为，这方面的规制存在重要缺失。譬如李洪雷（2014）就认为，伴随着数字经济的迅速发展，规制对于网络空间中秩序的维持和公民权益的保护具有重要意义；互联网法制建设的关键问题之一，就是建立一个能够充分发挥政府规制和自我规制各自比较优势的规制体制；我国当下的互联网规制体制存在一定的缺陷与不足，例如政府规制的法治化、规范化和公开化水平需要提高，在政府规制过程中应促进行业团体对规制决策的参与。刘权（2020）也认为，网络平台对其用户具有强大的支配力和影响力，此种平台权力属于典型的私权力，网络平台行使私权力有助于弥补政府规制能力的不足，但其私权力也容易遭到滥用，有必要引入公法对平台私权力进行适度干预。潘淑岩（2021）则具体地分析了虚拟世界的财产交易问题，认为网络虚拟财产交易存在巨大风险，需要健全行业治理措施和国家监管手段。而对于虚拟货币规制议题的讨论，则有更多的文献。

学术界的讨论是有益的，而实践中的问题更有倒逼作用。在虚拟世界诞生的初期，就出现了诸如网上辱骂、网络暴力之类的不良行为。尽管这些尚属于比较纯粹的虚拟性行为，但也会对网民的心理产生影响。而网络上的“人肉搜索”则将虚拟世界的不良行为引向了现实世界，因为被搜索到的人物会在现实世界受到骚扰甚至攻击。因此，长期以来，社会上就对如何监管和处理这类行为有着激烈的讨论，也有着强烈的呼声，而政府也采取了一些规制行动，并制定了初步的规制办法。当然随着时间推移，虚拟世界的不良行为早已超出了网上辱骂、网络暴力，以及网上行骗、网络欺诈的范围，政府的规制也在逐步跟进。即使一些在虚拟世界看来可以自治和自洽的活动，但由于与现实世界形成关联，也使得政策规制具有了一定的必要性。譬如，即使是纯粹的虚拟世界的虚拟物品交易，也仍然是由真实人来实施的，大起大落的价格背后极有可能存在操纵力量，或者带有集资和诈骗的性质，这些行为最后都会体现为真实世界的货币支付；而虚拟货币本身更有可能构成现实世界的购买力和兑换工具，这就成了货币制度问题，从而政府规制开始进入。当虚拟现实发展到元宇宙的时候，虚拟世界与真实世界之间的联结更加紧密，两个世界之间的相互影响就更加不容忽视，所以政府似乎不应该缺位。

不过在实际当中，实行规制的难点在于，虚拟世界对现实世界的影响的性质和程度并不容易被政府规制部门准确地把握。譬如，全球智能合约市场的发展速度远远超出了许多人的预料，不但金融和供应链管理行业，而且房地产和医疗保健行业，都在应用这一新兴的技术化方式进行交易，但政府显然在这方面遇到了规制挑战，因为政府至今为止并不确定应该如何认定和保护合约，因为这些合约植根于复杂的技术设计。即使是比特币这类的虚拟货币交易，政府也难以进行明确的和有效的规制，譬如我国采取了强化对平台企业金融活动的监管、打击比特币“挖矿”和交易行为等措施，直接对比特币“挖矿”活动进行断电，并约谈一些银行和支付宝等网络支付机构，禁止使用这些机构的服务进行虚拟货币交易，这些举措在短期是有效的，但从长期来看难以禁绝此类活动。

可以预料，此类难题将会长期存在，因为一方面，人们对新生事物的认识存在分歧，另一方面，新生事物本身还没有定型。例如对于广受追捧的元宇宙到底应该有怎样的秩序，应该建立什么样的规则，就存在各种分析，一些观点针锋相对。譬如聂辉华和李靖（2022）认为，元宇宙是一种不完全契约的世界，应该鼓励元宇宙平台做大做强。李晶（2022）则指出，元宇宙虽然为通证经济主体平等参与、创作者经济获得价值、共识规则实现权利义务等方面提供了理想的数字空间，但必须防范其巨大的潜在风险，如通证价格波动可能会让创作者、消费者等主体的权益受到侵害，元宇宙的虚拟空间可能会滋生违法行为，所以，应该实行“法律＋技术”模式的规制。当然，到底是自治还是规制更能形成合理和良好的秩序，并不像学者说得那么简单。有一些小门类、小范围的虚拟活动也许可以基本上通过自治来保持秩序、实现调节，不需要太多的政府介入。而即使对虚拟世界、虚拟市场的规制理念能够得到比较广泛的接受，要制定具体可行的政策，仍然需要谨慎的观察、深入的探讨，并花费相当长的时间。

更值得深思的是，像数字人、脑机接口之类的创新对真实人和真实世界到底意味着什么？人类需要创新，但创新的颠覆性也可能超过人类的预料。如果数字人在人工智能技术、生物技术和其他技术的加持下，真的可以在很大程度上成为“类人”，那么“人类”和“类人”之间到底是什么样的关系，就不仅是规制性难题，更是哲学性难题了。特别是人工智能、虚拟现实等类技术运用到军事领域，可能会产生大量的人工智能机器人战士，甚至建成兵团执行作战任务，那对人类将产生极大的影响。此外，一些国家已经考虑对智能机器人征税，如果这样的政策得以实施，那将是一件革命性的事情。

而且，政府还应该谨慎把握规制与创新之间的关系，防止规制政策对必要的创新形成抑制。一些创新在出现之初并不一定被用于正确的目的，但此后有可能为人类带来巨大的福祉。数字技术领域的创新也是如此。即使虚拟货币被热炒，被犯罪分子用来洗钱和从事非法交易，但客观地看，比特币的确是一项了不起的发明，而且必将产生长久的影响。我们可以看到，比特币等虚拟货币的出现已经开始推动货币革命。数字经济领域还有许多类似的创新可能具有两面性，譬如元宇宙技术可能使人类沉沦，但即使以现在的想象力来看，也可以很有意义地应用于教育培训等领域。如果政府规制对许多此类创新施行强大的抑制，虽然可以避免一些乱象的出现，但也可能在某种程度上封住了人类发展的空间。

总的来看，虚拟世界的存在和扩展已经成为一个巨大的“实在”现象。由于虚拟世界仍然处于快速发展与演变之中，人们对其的认识也处于发展与演变之中。自从人类有了越来越多的从事必需劳动之外的闲暇时间，有了满足基本生活之外的多余金钱，围绕如何消耗闲暇时间和多余金钱的活动就被不断设计出来，例如旅游、游戏、泡酒吧、看肥皂剧、开展体育竞技活动等等，而虚拟世界活动很可能是其中之一，虚拟物品交易也不过是现实生活的投影。所以，应该深刻认识到，虚拟世界与现实世界不是截然分离的关系，而是密切联结的关系。由于虚拟世界与现实世界紧密相连、密切相关，虚拟秩序不可能纯粹“虚拟”，必然要影响现实世界的秩序，因此，建立虚拟世界的良好秩序非常重要。尽管比特币是限量发行的，但如果由互联网平台或者政府机构自主发行的虚拟货币缺乏透明的、可信的基础规则，那是否会渗透到现实世界并带来怎样的糟糕结果，我们很难设想。所以从逻辑上很容易理解，一般而言，虚拟世界的秩序不可能完全由自治实现，的确需要国家法律与政府规制，但毫无疑问，这涉及广泛讨论和大量工作。因此，在虚拟世界，如果规制步伐长期落后于实践进程，而实践进程又充斥乱象，就一点也不奇怪。

第十二章　资本加持下互联网平台领域的竞争与垄断

资本与产业发展乃至整个经济发展之间的关系既很简单也很复杂。简单的一面就是，在现代发展模式中，资本要素的重要性并不亚于劳动要素，甚至大于劳动要素，没有足够的资本投入，就难以获得发展。复杂的一面则是，资本投入的确会或多或少改变企业的行为，给竞争局势增添变数，譬如打破竞争平衡、走向寡头和垄断格局。不过对是否存在充分竞争、是否形成垄断，也存在判断上的分歧。即便在传统工业行业，市场结构相对清晰、稳定，要判定是否存在垄断也不是一件容易的事情。而在新兴互联网领域，对相关市场的确定、对进入壁垒的判定，以及对创新是否受到阻碍的判断则更加困难。此外，至少在现在并在可预见的将来，这个领域的市场结构的稳定性较差，建立市场力量的企业很难保持其优势的持久性。工业企业是否以低于成本的价格销售产品，比较难以观察和取证，因为企业内部往往在营业收入和期间盈利方面实行交叉补贴，也有比较灵活的价格调整策略。而互联网平台企业有一个突出特点，就是在一个时期里，以巨额补贴和价格大战来大量获取客户、销售产品，但企业运营并不依靠营业收入而是依靠大量资本注入来维持、来扩张。也就是说，互联网平台企业有一个比工业企业更加易于观察的角度，就是大量资本注入与巨额补贴是否同时存在。大量资本注入，以从资本市场的融资次数和融资额来衡量。如果一个企业连续获得融资，且在较长时期里融资额远远高于营业收入，可以认为这个企业得到了资本加持。而巨额补贴，当然以补贴金额来衡量。巨额补贴等同于以显著低于成本的价格获取客户、销售产品吗？一方面，这不应该有太大争议，另一方面，如果主要企业出现了合并或退出的情形，而且合并、退出即导致了补贴的减少或停止，那就不同寻常了。遗憾的是，尽管目前已经出现了一个对互联网平台垄断研究的热潮，但对资本加持如何影响定价行为，以及如何影响竞争与垄断的研究极少。本章将表明，从资本注入、巨额补贴和策略性定价、企业合并及退出的角度，比从市场结构、企业的市场支配地位的角度，以及从“二选一”和拒绝交易行为、基于数据和算法的偏向性行为等角度，更加容易理解互联网平台领域的竞争与垄断，更加容易判断是否需要反垄断、反不公平竞争政策的介入。

一、融资、补贴及一些市场主体的消失

互联网已经深入许多领域，现在不但有规模巨大的购物与交易类互联网平台，还有社交互联网平台、游戏互联网平台、搜索互联网平台，以及大量的产业互联网平台。本章选取我国典型的互联网平台领域——网约车平台领域，也即通常所谓的互联网打车领域，进行描述性分析。因为在这个行业中，企业所推出的产品、所面对的客户的同质性比较高。也就是说，行业内企业竞争的同质性较高。如果在一个行业，新进入企业主要是开发未知客户，或者是满足已知客户的新需求，那么可以认为这不是同质性竞争，或者可以认为这恰恰是为了逃避竞争的创新行为，那么即使存在明显的资本加持和巨额补贴现象，也未必属于恶性竞争或不正当竞争。此外，我国互联网打车行业一开始是一个存在诸多进入者的激烈竞争市场，而多年之后不但市场集中度极大地提高了，而且发生了非常重要的资本加持、补贴大战、企业合并与退出这样的组合性现象。所以选取这个行业是合适的。不过需要澄清的是，尽管产业组织研究常常难以避免地涉及具体行业和企业，但本章的行业和企业资料均来自公开渠道，不一定非常精确，更不构成具体的法律和政策证据。

人们通常用衣食住行四个字来概括老百姓的日常需求，行是其中之一。出行市场巨大，而互联网的兴起给出行市场带来了一股颠覆性力量。2009年，美国的优步公司诞生了，它开启了汽车出行的共享经济模式，把开车者和坐车者聚集到互联网平台上，并进行搜索和匹配。优步模式迅速在全球范围内风行，优步也进入我国运营，而且带动了我国本土网约车

平台的设立。到2012年的时候，我国大约有30多家互联网打车企业。我国最早的这类公司可能是易到用车；稍后，发展比较快的公司有摇摇、百米、嘟嘟、滴滴、快的、大黄蜂等。这些企业在创立时基本上都融到了天使资本或风险资本，但融资额都很小，一般是几十万元人民币到几百万元人民币。但从2013年开始，巨额的资本加持和巨量的打车补贴几乎同时出现，此后这两种行为激烈地相互助推，形成了强烈的棘轮效应。两三年之后，在这个行业能站得住脚并且相互之间视为竞争对手的企业大约只有三四家，包括滴滴、快的、优步中国等。其他企业要么退出或破产，要么被收购整合。再过了四五年，有较强市场地位的企业似乎只有滴滴一家。很清楚，许多市场主体消失了。

在那几年中，几个典型企业的融资及补贴情况见表12-1和表12-2。这两个表以2015年2月为终点，因为此时发生了重要的并购——市场份额第一的滴滴并购了市场份额第二的快的。

表12-1　2015年2月之前互联网打车行业主要企业的融资情况

企业名称	2012年	2013年	2014年	2015年前两个月
滴滴	12月，获得来自金沙江联合资本的300万美元融资	4月，获得来自腾讯的1 500万美元融资	1月，获得来自腾讯、中信产业基金的1亿美元融资；12月，获得来自腾讯的7亿美元融资	至2015年2月底合计融资额约为8.18亿美元，此后继续运营
快的		4月，获得来自阿里巴巴的400万美元融资；10月，获得来自经纬创投的400万美元融资	4月，获得来自阿里巴巴的约1亿美元融资；10月，获得来自老虎基金的约3亿美元融资	1月，获得来自阿里巴巴、老虎基金的6亿美元融资；2月被滴滴并购，至2015年2月底合计融资额约为10.08亿美元
大黄蜂		2月，获得来自晨兴资本的300万美元融资；秋天曾找百度融资，但滴滴进行阻止；年底被快的收购		

续表

企业名称	2012年	2013年	2014年	2015年 前两个月
优步		8月，优步在上海开展试运营	2月，优步进入中国开展业务	2月，优步中国设立
摇摇	4月，获得来自红杉资本的350万美元融资，市场占有率排名第一	拒绝腾讯投资，专注于产品、不屑于补贴	退出市场	

资料来源：根据公开资料整理。

表12－2　2015年2月之前互联网打车行业主要企业的补贴情况

企业名称	2013—2014年
滴滴	投入14亿元人民币用于补贴
快的	投入10亿元人民币用于补贴
大黄蜂	率先实行补贴，每单给予司机和乘客各10元补贴；耗尽300万美元融资，缺乏后续融资，被快的并购
优步中国	

资料来源：根据公开资料整理。

可见，在2012—2015年没有获得资本加持、不能实行巨额补贴的市场主体基本上都消失了。其实，主要并不是因为这些公司的业务运营出了多大问题。例如上海市场的大黄蜂，在2013年的补贴大战之前，覆盖了上海市场20%以上的出租车，日下单量突破了1万单，接单率超过85%，在上海市场上的占有率排名第一位。大黄蜂也曾大胆“烧钱”，但2013年没有获得实质性的融资，无法参加补贴大战，2013年底被快的收购。在北京市场最先开展业务的摇摇，在2013年补贴大战之前，覆盖了北京近30%的出租车，日下单量接近1万单，接单率近80%，在北京市场上的占有率排名第一位，但也没有获得融资并实行大胆补贴，在2014年退出了市场。

2012—2015年，融资最多、补贴最多的两家企业是滴滴和快的。尽管快的融资额更多，但滴滴补贴额更大。2015年，滴滴并购快的。此后，新的滴滴开始同优步中国进行正面竞争，当然融资大战和补贴大战也主要在这两家企业之间进行。表 12-3 和表 12-4 就是新的滴滴与优步中国在 2015 年 3 月之后的融资和补贴情况。

表 12-3 2015 年 3 月之后互联网打车行业主要企业的融资情况

	2015 年 3—12 月	2016 年	2017 年以来
滴滴	5 月，获得来自新浪微博的 1.4 亿美元融资；9 月，获得来自阿里巴巴、腾讯、中国平安、中投的 30 亿美元融资	2 月，获得来自中投、中信资本等的 10 亿美元融资；6 月，获得来自阿里巴巴、腾讯、蚂蚁金服、中国人寿的 45 亿美元融资	2017 年 4 月获得来自软银资本和交通银行等的 55 亿美元融资；2017 年 12 月获得来自软银资本的 40 亿美元融资；2018 年 4 月获得来自韩国未来资产集团的 2.6 亿美元融资；2018 年 7 月获得来自缤客的 5 亿美元融资；2019 年 7 月获得来自丰田的 6 亿美元融资
优步中国	10 月，获得来自百度、海航集团的约 1 亿美元融资	1 月，获得来自海航集团、中信证券的 20 亿美元融资；2016 年 8 月被滴滴并购	

资料来源：根据公开资料整理。

由于 2016 年 8 月底优步中国被滴滴并购，所以表 12-4 中的补贴计算到该时间节点。至此，这个行业形成了一家独大的市场格局。

表 12-4 2015 年 3 月之后互联网打车行业主要企业的补贴情况

	2015 年 3—12 月	2016 年前 8 个月
滴滴	补贴额估算约为 100 亿元人民币	补贴额估算约为 100 亿元人民币
优步中国	开始实行补贴，补贴额估算超过 10 亿美元，累计亏损超过 20 亿美元	继续实行补贴，补贴数额不详

资料来源：根据公开资料整理。

二、市场集中度的变迁、补贴的变化和价格的变动

大量市场主体的消失，特别是重要企业发生并购，必然导致市场集中度的大幅度上升。互联网行业的市场规模会不断快速扩大、创新会不断快速推进，使得特定企业不能长期独霸或割据市场份额，但一个时期的补贴、连续的并购会延续高集中度的市场结构。特别是对于互联网平台领域

而言，强烈的双边效应和范围经济性可能导致更严重的高集中度情形。从互联网打车行业来看，2013 年快的并购大黄蜂，2015 年滴滴并购快的，2016 年滴滴并购优步中国，都导致了市场集中度的急剧上升。而且这些并购背后都有很强的资本力量来推动，资本方在较大程度上决定了融资是否得以继续，补贴大战是否开展或停止，以及并购是否应该进行。

根据专业机构的统计数据，滴滴并购快的后，其市场份额达到 99.8%①；滴滴并购优步中国后，其市场份额达到 93.1%。② 这两宗极大影响市场结构的并购案并未向商务部申报，当事企业称，是因为没有达到《国务院关于经营者集中申报标准的规定》《经营者集中申报办法》所确定的营业额标准。该规定和办法要求，经营者集中达到下列标准之一的，应事先申报：一是参与集中的所有经营者上一会计年度在全球范围内的营业额合计超过 100 亿元人民币，并且其中至少两个经营者上一会计年度在中国境内的营业额均超过 4 亿元人民币；二是参与集中的所有经营者上一会计年度在中国境内的营业额合计超过 20 亿元人民币，并且其中至少两个经营者上一会计年度在中国境内的营业额均超过 4 亿元人民币。

不过，从学术的角度来看，如果出现了市场集中度大幅提升伴随市场价格明显上升的典型现象，以及导致了进入该行业的经济性壁垒的显著增高，就应该引起政策研究机构和政策执行机构的关注。因为这意味着，社会福利受到了损失，行业的可竞争性受到抑制。当然，到底是竞争主体多一些、市场集中度低一些、单个企业的规模小一些更有利于企业创新，还是相反，则难有定论。因此，这一节分析不涉及创新，因此也可以被视为静态分析。从价格变动来看，在滴滴并购快的之后，打车者所支付的可比费用大约有 20%的提高；而滴滴并购优步中国之后，打车者所支付的可比费用也有约 20%左右的提高，地方消费者协会等机构还接到了许多关于费用上涨的投诉。尽管互联网打车领域的涨价与传统工业行业的涨价有很大不同，后者可能是产品售价直接提高，而前者主要是给乘客和司机的补贴、优惠、奖励减少，以及给司机的分成比例降低，但这些应被视为涨

① 滴滴快的合并 统计称目前两者市场份额达 99.8%. 环球网，2015 - 02 - 15.

② 滴滴优步合并后将占专车市场九成份额 . 搜狐网，2016 - 08 - 05.

价，因为根据鲍一鸣（2016）的分析，乘客获得同样服务所必须支付的费用明显上升了，而且司机所得收入下降了。可以认为，无论是巨额补贴所带来的给司机的奖励和给乘客的优惠，以及并购之后取消补贴所带来的奖励和优惠的减少，都属于平台企业的策略性定价行为。

当然，价格的提高也有可能是因为这才是正常的价格，而之前的低价不是正常的价格，那是巨额补贴的结果；或者，那是在营业初期，为了获得客户而采取的优惠性行动，而现在已经有了比较喜欢互联网打车的稳定客户群，所以停止了优惠措施。因此，这一连串并购行为与补贴变化、价格变动的关联性到底有多强，以及补贴变化、价格变动的幅度和频度到底应该如何计算，的确是一个技术性很强的问题，所以是否真的属于垄断涨价，需要由反垄断专门机构经过详细调查分析后作判断。不过，这些互联网打车平台企业的策略性定价行为是显而易见的。更重要的是，经历过补贴大战和一系列重要并购之后，进入互联网打车行业的经济性壁垒无疑大幅度提高了，2012 年还能以数百万元人民币的投资进入这个领域，而仅仅四年之后，没有数十亿元人民币就难以在这个领域站住脚。这使得市场的可竞争性大大降低了。

涨价实际上就是补贴额的削减，是补贴大战的缓和、停止，或者大战对象转向其他竞争对手。从网约车市场来看，相对于资本注入额而言，滴滴并购快的之前，以及滴滴并购优步中国之前，都有着很高的补贴额。后来的几年，给出租车乘客和司机的补贴力度明显下降了，不过其他方面的资本性开支仍然很高。虽然对于平台企业取消了对于乘客和司机曾经实行过的巨大优惠和奖励算不算“坐地涨价”，平台企业减少了曾经实行的巨额补贴是不是市场行为的“正常化”，应该会有一些争议，但非常明显，补贴大战发生在直接的竞争对手之间，而且相互之间进行了加码和升级，也就是说具有很强的直接性和对抗性。一些研究者如王海鹏和李强治（2019）认为，互联网打车平台之间的优惠举措和补贴大战，在很大程度上还是挤占竞争对手的当下市场份额和未来发展空间，引导企业把资源过多投入非创新能力建设上面。这并不利于促进当时这个行业所急需的创新的发生，譬如说，提高乘客的安全性，增强双边的匹配性。

的确，互联网平台企业往往在设立初期实行对客户的免费政策，并不太关注营业收入和利润，而更专注于获取大量客户和很高的市场份额，因而会交替运用发放巨额补贴、取消补贴这些策略。但是，不管这种策略是否容易被界定为低于成本价销售，其挤压甚至消除竞争对手的结果是很清楚的。其他市场主体消失后，获得很高市场份额的企业不但可以提高价格、减少补贴，更重要的是可以显著提高在资本市场的估值。一些研究者如戚蓓蓓等（2017）认为，在互联网打车领域，经过 2014 年的补贴大战和随后的并购行动，滴滴的估值显著上升到 270 亿美元，而神州专车的估值只有 44 亿美元，嘀嗒的估值约为 7 亿美元。估值的显著提升又大力助推了后续融资，有利于企业进入资本加持—巨额补贴—清除竞争对手—估值提升—资本加持的正向循环。最后，进入正向循环的企业成为巨头并上市，成功加持这些企业的资本在高估值下实现退出。

当然，即便在大量市场主体消失、对双边的优惠和补贴明显减少之后，互联网平台领域的市场结构也难以一直维持高集中度，更不可能完全阻断新企业的进入。例如，嘀嗒于 2014 年进入互联网出行领域，它避开了出租车叫车领域，主要从事顺风车业务。不过它在很大程度还是因为滴滴顺风车在 2018 年发生严重安全事故而下线，才获得了难得的发展机会；即使如此，嘀嗒在 2018 年也投入约 10 亿元补贴以抢占市场，而且这些年也获得了约 10 亿美元的资本加持。① 此外，近几年互联网出行领域还有其他的新进入者，例如曹操出行、享道出行等企业也占有一些市场份额。2021 年，滴滴到美国上市之后，受到了监管部门的新一轮管控，又有一些新企业加入这个行业的竞争之中，但也使用了对双边进行大额补贴等竞争手段，当然这背后也有资本加持的力量。因此，对这个领域的垄断和竞争分析，保持适当的谨慎态度是可以的。

三、基本结论与政策讨论

在互联网平台领域，时常会出现巨量资本加持、巨额营业补贴等行为，以及重大并购、市场集中度提高、补贴和价格变化等情形。互联网打

---

① 融资最多互联网公司，8 年获投上千亿仍未上市，滴滴错失了什么？. 搜狐网，2021-01-29.

车领域是这样，一度风靡的共享单车互联网平台领域也是这样。在2014年的时候，仅仅在一些大学校园内冒出一些共享单车，当时只有OFO这一家公司，而到了2016年，国内共享单车行业就出现了十几家获得资本加持的公司。到2017年，全国共享单车的投放量超过2 000万台，其中几家头部企业在资本加持下大量投放并肆意占用人行道、街道、绿地等公共空间，并且进行难以为继的低价竞争以夺取市场份额。到了2018年，就出现了共享单车堆积成山、废车无人处置、退押金难等问题，从而引发了社会的强烈批评。此后，各级政府对这个行业进行整顿，大量企业陷入破产境地，其中包括一些市场占有率曾经非常高的企业。这些行业的确出现了严重乱象，资本加持似乎在其中推波助澜。因此，除了让市场机制本身发挥优胜劣汰、自我均衡的作用，以及引导行业实行有力的自治自律之外，还是需要政策介入。不过，需要哪些政策介入，仍然需要认真思考。

首先，针对基于资本加持而不是基于营业收入的巨额和连续补贴，是否需要政策介入?《中华人民共和国反垄断法》《中华人民共和国反不正当竞争法》等法律和相关法规的确有不得低于成本价销售的条款规定；国家有关部门颁布的《网络预约出租汽车经营服务管理暂行办法》也规定，网约车平台公司不得有为排挤竞争对手或独占市场，以低于成本的价格运营扰乱正常市场秩序，损害国家利益或其他经营者合法权益等不正当价格行为。不过在实际当中，对成本和价格进行准确核算并不容易，从反垄断实践来看，很少仅仅根据这项标准就可以执法。从理论思维来讲，反垄断、反不正当竞争更加倾向于增加消费者剩余，如果厂商压低价格，一般而言并不会受到多大的执法压力。平台经济领域的成本和价格问题比传统行业更加复杂。Rochet 和 Tirole（2003）对平台的定价行为进行了研究，他们认为，由于要在厂商侧和用户侧同时进行定价，就必须考虑双边价格如何组合，而不能仅仅以某一侧的价格来判断是否有垄断或不正当竞争，譬如，即使平台企业对一边实施显著低于成本的定价甚至零价格，但另一边却实行高定价，那就不能根据传统产业组织理论来判定垄断或妨碍竞争。但是在我国网约车领域，平台企业对双边都实施了补贴，就应该引起政策关注。我国于2021年颁布的《国务院反垄断委员会关于平台经济领域的反垄断指南》虽然指出，具有市场支配地位的平台领域经营者不得滥用市场支配地位，没有正当理由，不得以低于成本的价格销售商品，排除、限制市场竞争，但又强调，如果平台企业在合理期限内为吸引新用户、为促进新商品进入市场，以及能够证明行为具有正当性的其他理由，可以以低于成本的价格销售商品。请注意，后面半截内容在征求意见稿中并没有出现，而是在征求意见之后加进去的。因此，综合各方面的考虑，仅仅从价格高低的角度来看，较难判定是否需要政策机构介入。

不过，如果合并考量资本加持、巨额补贴这两种情形，政策机构可以适当介入。特别是再结合并购的发生和市场份额的近乎独占，以及并购后补贴的变化和价格的变动，政策机构介入的必要性更大。很显然，这是一个自我强化的循环，对于这样的循环不能无动于衷。《国务院反垄断委员会关于平台经济领域的反垄断指南》也提到，分析是否构成低于成本销售，一般重点考虑平台经济领域经营者是否以低于成本的价格排挤具有竞争关系的其他经营者，以及是否可能在将其他经营者排挤出市场后，提高价格获取不当利益、损害市场公平竞争和消费者合法权益等情况。在互联网打车平台领域，并购之后巨额补贴停止所导致的价格上升，不但发生在服务提供者这一侧，而且发生在服务消费者这一侧，即平台企业给司机的奖励和给乘客的优惠都减少了。这已经不是一个单纯的调整双边组合定价的问题了，而是一个较明显的总体涨价问题了。因此，合并考虑这几种情形，政策机构介入是可以的。在 2021 年 7 月之后，由于滴滴遇到政策管控而暂停新用户注册，并且应用商店下架了滴滴出行 App，其他平台企业又找到了抢占网约车市场的重大机会，所以纷纷推出了补贴和优惠计划，包括曹操出行、美团打车、高德出行等有较强资本加持基础的平台不仅通过补贴争抢客户，还通过补贴争抢车和司机。由此看来，这个领域的资本加持、巨额补贴并没有随着几年前的重大并购而结束，估计未来还有重大并购出现。因此，对政策是否需要介入的考量也没有结束。其他互联网平台领域也是类似的情况。

当然，这并不意味着监管机构要直接阻止或绝对禁止这样的行为。但是，进行调查、深入了解事实并分析后果是应该的；在深入调查研究和广泛听取意见的基础上进行约谈和提示也是可以的。本书并不是反对资本加持，但重要的是，资本加持与巨额补贴结合在一起导致竞争对手的消失，应该引起关注。从这个角度而言，在国家的政策工具箱中，反不正当竞争的政策工具比反垄断的政策工具更加重要。相对而言，对于是否形成垄断地位，并不容易判断，例如在美国，许多互联网平台领域都是一家公司独大，我国反而不是这样。而对于一些行为是否属于不正当竞争，判断起来要容易得多，对这些行为的矫正也容易得多。

其次，对于互联网平台领域的重大并购，政府部门应该更改申报标准，或者应该进行主动调查吗？由于许多互联网企业在发展早期并没有很高的营业额，所以企业可以规避营业额标准以避免申报。这时，修订有关标准以防止企业对并购申报进行规避也是可以的。并购是否会严重限制竞争、走向垄断，而不会把营业额提高到多大规模，才是问题的关键。这时，市场份额的变化值得关注。当然，关于市场份额是否应该成为互联网平台领域反垄断的主要考量也有较大争议。例如，在互联网打车领域，如果将传统的出租车市场也算成相关市场，那当然会极大地改写市场份额数字。即使仅仅考虑网约车市场，这个市场的规模也具有很强的动态性，一时的高集中度并不等于长期的高集中度。而且，如果这个行业从一开始到后来只有一个进入者，而没有其他跟随的进入者，自然而然地一家独大，那么也需要拆分这家企业以进行反垄断吗？这难以裁量。但是，如果这个市场出现了连续并购，并购后的补贴和定价策略有了明显改变，而且进入该行业的经济性壁垒有了显著提高，那么即使没有达到申报标准，监管机构也可以考虑主动调查。对互联网企业的连续并购一并考量可能是一个新动向。一些研究者如李强治和刘志鹏（2021）的分析表明，德国于2021年通过的《反对限制竞争法》第十修正案，主要针对数字经济发展的新情况、新问题进行立法，其中一个重点就是，反垄断机构可以责令企业通报其一连串的并购活动，并进行综合评估和考察。我国的监管机构也应该重点关注连续并购行为。

主动调查也不意味着一定就会阻止并购。反垄断调查并不是要禁止所有的融资、补贴、并购，而是要防止、要施压那些对市场健康竞争有着重大抑制作用的市场行为。大量的研究证明，活跃的市场并购是有益的，许多并购都产生了改善市场结构、消除无谓损耗、优化产业生态、促进创新发展的良好效果，所以对并购要一分为二地进行全面且冷静的分析。主动调查可以多一些，因为主动调查可以积极地采取公开透明的程序和方式，例如召开公开听证会、发布调查和评估报告，来进行全面、冷静的分析。互联网平台领域的竞争与垄断还与数据的收集、利用高度相关，这方面也与资本加持、并购重组纠缠在一起，召开听证会、发布调查和评估报告也让监管机构有机会就这些议题进行论述。这样做可以更好地发挥政策的宣传和引导作用，让现有企业、潜在进入企业、其他参与者以及社会大众都有机会了解政策导向和政策底线，并积极顺应导向、避免触碰底线，甚至主动进行自我整改，从而有利于企业和行业的健康发展。

最后，对这类企业的上市是否应该进行特别监管？这虽然不属于互联网平台领域的反垄断、反不正当竞争政策的范畴，但与之也有一些关联，因为资本加持影响了竞争格局，而加持的资本的最后目标是上市退出。这当然是一个困难的政策议题。即使资本加持严重地助长了不正当的补贴大战，并导致了竞争对手的消失，但如果企业符合上市要求，也无法禁止其上市。不过，可以考虑对这类企业上市提出更严格的披露要求。在这方面，境外证券市场有先例可以借鉴。譬如，2021 年 7 月，美国证券交易委员会发表声明，将对赴美上市的中国企业增加信息披露要求，包括要求披露政府的监管可能会给企业带来怎样的不确定性，是否会对上市和维持证券交易造成影响，是否会严重影响合同的可执行性和财务业绩，等等。如果我国政府部门对互联网平台企业上市提出更有针对性的额外披露规则，也是可以的。额外披露可以包括行业监管所面临的不确定性，企业的补贴情况及其对融资的依赖情况，前期并购情况及政府部门进行调查的可能性，等等。设立这样的额外披露要求不但有利于证券市场的投资者判断风险，而且有利于让风险投资者预先判断目标企业在未来上市可能会遇到的难题，从而采取更理性的投资行为。

至此为止，本章完成了资本加持下互联网平台领域竞争与垄断的讨论。进一步而言，本章的许多分析以及一些观点对于非互联网平台领域也是适用的。现在，资本越来越活跃，资本正携带着新技术、新商业模式或者新商业套路向一些传统行业进发。例如在一些大城市，在面向广大居民的生活超市行业，出现了新进入的布点广泛的连锁经营型企业，其采用的也是偏重于凶猛降低商品价格、快速做大流量、尽力挤占市场份额的模式，从而帮助企业迅速成为行业中的新势力和头部企业，提高企业在资本市场的估值并实现上市。这种模式的背后都有一轮又一轮的资本加持。未来，许多传统行业都有可能感受到这种模式的浪潮。因此，在“防止资本无序扩张”的大环境中，加强技术性分析和针对性研判很有必要。只有这样，才能既避免资本对正常的、健康的竞争机制的破坏，又避免不当政策对投资、创新的非必要伤害。

当然也需要提示，反垄断、反不正当竞争政策无疑具有局限性，更有争议性。譬如，美国反垄断法的 SLC（substantially lessen competition）原则，即对于那些严重压制竞争的行为，应高度关注，必要时予以制止。但究竟怎样才算是 SLC 则充满争论。另外，什么样的市场结构更能促进创新，是竞争更加激烈更有利于促进创新，还是相反，也充满争论。可以说，反垄断和反不正当竞争既是技术，也是艺术，因为世界上基本上没有绝对稳固的垄断，也没有绝对公平的竞争。具体到互联网平台领域，资本推动的“烧钱”补贴、并购整合在多大程度上伤害了实质的公平性竞争，并导致了社会总福利的损失和创新的迟滞，有些时候要依靠心照不宣的信息来判定。这时候，透明度和公开性就十分重要。所以，政府机构应该尽量采取那些具有很强公开性、透明度的政策举措，譬如，召开听证会、公布调查报告。

同时，政府应该意识到，反垄断、反不正当竞争政策不可能“包打天下”，政府要避免以反垄断、反不正当竞争政策来替代其他公共政策及其他公共监管，更不能把公共监管政策缺失的账算在资本扩张的头上。譬如数据采集和使用及安全问题、隐私问题、网络社区团购对传统实体小店的挤压问题、网络内容涉及色情暴力问题，都属于全社会关心的公共政策问题；外卖平台骑手频繁的交通违规问题，则属于交通行为监管和交通规则实施问题。这些都不能靠反垄断与反不正当竞争政策来解决，也不属于资本本身带来的或者必然伴随的问题，只要公共监管政策到位，许多问题就可以避免或得到解决，资本就可能更好地发挥正面作用。

第十三章　资本进入与数字企业对传统行业的影响

数字经济的快速发展离不开资本投入。一般而言，现在经济增长在很大程度上是由主动化的资本积累所推动的增长，自工业革命以来就是如此。当工业化进入平稳阶段时，普通工业行业的资本进入就不那么活跃了。而数字经济正处于方兴未艾阶段，存在巨大的发展潜力和想象空间，自然会吸引大量资本进入，从而会形成资金进入与发展加速的正向循环。不过我国已提出了要强化反垄断和防止资本无序扩张。一般认为，传统行业的市场结构相对稳定，企业和消费者行为比较固定化，监管机构也有比较成熟的监管思路与手段，而数字经济领域，特别是互联网行业及与之高度相关的一些新兴行业，不但市场规模、市场结构处于快速变化之中，而且企业和消费者行为在数字化手段的巨大影响下出现了很多新特性，监管者需要时间来分析这些新事物。大量资本涌入这些行业，助推了数字企业以新的面貌、新的方式开展竞争，从而可能对与之关联的传统产业产生巨大影响。在上一章分析资本加持对竞争格局影响的基础上，本章将进一步分析获得资本支持后，数字企业的竞争行为对传统行业、原有市场会产生什么影响。

一、新兴数字行业的资本进入

在过去二十多年里，数字技术显示了巨大的渗透力，先后渗透到资讯领域、阅读领域、社交与娱乐领域、交易与购物领域，以及许多工业行业领域。而商业零售领域是受到数字技术洗礼和影响最大的领域之一。在美国，1995 年就出现了电子湾网站，为人们提供网上拍卖和购物服务，如今已成为年营业收入超过 100 亿美元的全球性大企业。在我国，从事电子商务的互联网平台也迅速崛起，目前不但有阿里巴巴、京东、拼多多这些综合性的超大型平台，还有当当、唯品会、考拉海购等比较专门化的平台。这些平台的设立和发展几乎都得到了大量的资本支持。阿里巴巴在上市之前就多次获得风险投资机构的资本注入，在2004年的时候获得了8 200万美元的风险资本，是当时我国互联网领域规模最大的融资；2014年在美国纽约证券交易所上市时获得了250亿美元的资本，是有史以来全球最大规模的IPO融资。而京东在上市前的融资额更高，先后获得了超过30亿美元的风险投资，2014年在美国纳斯达克的IPO融资额也达到31亿美元。拼多多同样如此，它在上市前获得了来自风险资本的超过30亿美元融资。专门化的电商平台尽管获得的资本量要小得多，但也能够得到资本追捧，譬如唯品会成立于2008年，2010年和2011年先后获得了2 000万美元和5 000万美元的投资，2012年在美国纽约证券交易所上市时获得了超过7 100万美元的融资，2017年又获得了来自腾讯等机构的超过8.6亿美元的投资。上述这些资本额尚不包括它们从银行获得的贷款等资金。很难想象传统的商业零售企业能够获得如此巨量的资本注入。资本的注入有力地支撑了这些企业充分利用互联网技术，大力实行包括商业模式创新在内的各种创新，并采取一些非同寻常的竞争手段，快速地攻占市场和扩大营业规模。如今，阿里巴巴、京东这样的网络零售平台的总交易额达到了数万亿元的规模，传统零售企业难以望其项背；而唯品会这样的专门化零售平台的总交易额也达到了近2 000亿元的规模。

由于我国零售业是被互联网影响最深的行业之一，许多人都接受了“新零售”这个概念。在近几年，新零售的发展出现了一些新变化，就是向一些更加细分的行业进军。服装百货、家电家居、工业品等许多重要商品的电子商务经过十几二十年的开发之后，似乎已进入稳定发展阶段。而有一个细分行业，即蔬菜瓜果、肉蛋水产等生鲜食材零售业，却一度被电子商务所忽视或轻视，很可能是因为这个细分行业的地域化、区块化较强，导致市场的碎片化比较严重，再加上保鲜、防腐、防破损等方面的技术难度较大，所以互联网创业者、创新者有些“望而生畏”。但这个细分市场的总规模非常诱人，全国生鲜零售市场的年营业额达到数万亿元，因此终究还是吸引了创业者和资本的进入，他们开拓了生鲜新零售这样一个数字化的新行业。本章以这个新兴行业为代表来分析资本进入和数字企业对传统零售行业的影响与冲击。

这个数字化新行业在我国的出现，时间上明显晚于工业品新零售。工业品新零售从世纪之交就开始活跃了，而生鲜新零售则大约从 21 世纪第二个十年才开始逐渐活跃起来。但是，这个新行业的大多数“先驱”进入者都不太成功，有些已经从市场上消失了，譬如和乐康和沱沱工社，曾经以无农药、无激素作为切入点，一度颇受欢迎，但后来几乎退出了市场，而且美味七七、社区 001、后厨网、许鲜网等企业也已经关闭，天天果园、我买网、食得鲜、百果园等生鲜电商虽然获得了一些资本注入，但市场表现也差强人意。不过，由于生鲜市场的电商渗透率目前不及 10%，存在巨大的潜在成长空间，所以还是挡不住众多的后继者进入。目前，这个领域稍有规模的企业达数百家，比较有影响力的独立运营企业包括每日优鲜、兴盛优选、叮咚买菜等等，天猫、京东、美团旗下则有盒马鲜生、京东到家、美团优选，传统的零售商如家乐福等企业也进入了生鲜新零售领域。这些生鲜新零售企业都以互联网交易平台为主要支撑，同时比较依赖快速配送系统，它们也在探索如何实现线上线下融合。生鲜新零售由于有着明确的互联网基因，所以能够比较娴熟地利用数据处理和算法进行策略性营销和管理，并带来一些比较新式的经营概念和经营模式，例如社区团购、拼单折扣等等。还有少数新进入的生鲜零售企业尽管目前是以线下实体店销售为主，但与典型的基于互联网的生鲜企业有着比较类似的营销模式和风格，例如钱大妈就是这样的企业。此外还有美菜网，尽管较长时期里以 B 端客户为主，但是现在也开展 C 端业务，所以也被列入本章分析范围。

在人们的印象中，传统生鲜零售行业都是一些“夫妻店”，那些蔬菜店、水果店大多分布于街头巷尾、小区角落，甚至大量的鲜肉、活鱼、禽蛋售卖摊位都设在商场或市场之中，这些店铺既没有金碧辉煌、高大宏阔的建筑，也不需要大量的资金投入。传统生鲜店铺有一些是国有商店，而大部分是民营、个体企业，但不管所有制如何，它们基本上都不需要大量资金投入，而能实现自我维持、自我发生，即使倒闭破产，也能自我清偿、自我退出。而生鲜新零售这个新兴的数字化行业对资本投入的依赖程度可能超出了许多人的想象，它们的竞争手段也会迥异于传统店铺。据统计，从2015年初到2021年一季度的六年多时间里，这个新兴行业的股权融资额超过了460亿元。① 对于一个轻资产的细分行业而言，这是一个不小的金额，而这还不包括从银行等机构获得的债务融资。很有可能的是，实际融资额会明显高于这个数字。表13-1是几个规模较大的生鲜新零售企业在2016—2021年的股权融资情况。本章分析所引用的资料和数据，特别是具体企业的资料和数据来自公开渠道，尽管在尽量进行真伪甄别的基础上也并不能确保其完整和精确，不过大体是准确的，所以不会影响总体判断。

表13-1 主要生鲜新零售企业的融资情况

	2016年	2017年	2018年	2019年	2020年	2021年
盒马鲜生	获得来自阿里巴巴的约1.5亿美元融资					
每日优鲜	获得来自远翼投资等的2.3亿元融资	获得来自联想、腾讯等的1亿美元融资；获得来自老虎基金等的2.3亿美元融资	获得来自高盛、腾讯等的4.5亿美元融资		获得来自腾讯、高盛等的4.95亿美元融资；获得来自青岛国信等的约20亿元融资	6月在美国上市
叮咚买菜			获得来自高榕资本、琥珀资本、老虎基金、今日资本、红杉资本等的融资，具体金额不详	获得来自星界资本、启明创投等的融资，具体金额不详		获得来自红杉资本、今日资本等的7亿美元融资；获得来自软银的3.3亿美元融资；6月在美国上市

① 统计数据来自企查查大数据研究院发布的《近十年生鲜电商投融资数据分析报告》。

续表

	2016年	2017年	2018年	2019年	2020年	2021年
美团买菜+美团优选			美团上市	美团买菜上线	美团优选上线；美团本年投入面向社区的新零售业务的资金约为100亿元，计划2021年投入200亿元	美团于4月融资约100亿美元，用于加大生鲜等新零售业务的发展力度
多多买菜					多多买菜上线；本年投入面向社区的新零售业务的资金约为60亿元	
兴盛优选				获得4 000万美元融资（投资者信息不详）；获得2亿美元融资（投资者信息不详）	获得6亿美元融资（投资者信息不详）；获得来自腾讯等的8亿美元融资；获得来自京东等的7亿美元融资	获得来自红杉资本、腾讯等的30亿美元融资；获得来自加拿大安大略教师退休基金等的3亿美元融资
美菜网	获得来自纪源资本的2亿美元融资		获得来自老虎基金等的4.5亿美元融资；获得来自顺为资本等的10亿元融资；获得来自高瓴资本、老虎基金等的6亿美元融资			

续表

	2016年	2017年	2018年	2019年	2020年	2021年
多点		获得来自IDG等的融资，具体金额不详	获得来自深投控等的融资，具体金额不详		获得来自兴投资本、诚通基金等的28亿元融资	
钱大妈		获得来自启承资本的融资，具体金额不详	获得来自高榕资本等的融资，具体金额不详；获得来自启承资本等的融资，具体金额不详	获得来自泰康人寿等的10亿元融资		

资料来源：根据公开资料整理。

传统的生鲜零售实体店以分散性小店为主，它们的市场范围比较固定，客户群体比较稳定，营业额不大，毛利率适中，所以供方和需方形成了一种平衡状态，可以长期相安无事，供方不需要频繁地大打价格战或开展大力度促销和拉客活动，需方也不会在价格上锱铢必较和在品牌上严加选择。因此，传统生鲜零售行业的市场结构也比较稳定，一些店家甚至一辈子依赖一家店来养活一群人、一家人。而生鲜新零售行业就不是这样了，一方面，资本快速涌入这个行业，使得受资企业有实力来实施一些“新派”竞争行为，譬如给予大力度的折扣甚至频繁地免费赠送、实行限时送货上门，等等；另一方面，资本投入机构会积极推动受资企业在位置军备竞赛中获胜，从而会不断加码资本投入，以及力促企业在融资中提升估值，最后实现上市。

总体而言，由于可以获得大量资本，并获得了互联网等新技术的赋能，生鲜新零售企业与传统生鲜零售企业相比明显占有优势。

二、企业竞争行为与市场结构

获得资本支持的生鲜新零售企业的竞争行为的一个比较普遍的特征

就是低价销售，一方面同样商品的平均售价普遍低于实体店，另一方面新零售企业之间时常相互压价或变相压价竞争。

与传统的实体店相比，这类企业的供需匹配管理更加精准，物流配送的智能化程度也比较高，中间环节可以更少，所以成本可能要低一些，这为压低向终端客户的销售价格提供了基础。不过，低价销售也可能是一种策略性竞争方式，即以低于实际成本的价格销售，以从实体店争抢客户，或从其他新零售企业争抢客户。这些企业进行连续融资，一方面是为了建设更多的便捷性仓储和配送设施，提升供应链的稳健化和智能化水平，另一方面也可以为策略性低价竞争提供资金支持。市场信息显示，一些生鲜新零售企业的确有比较明显的低价竞争行为，低价促销、巨大折扣、免费送货几乎成为常态，甚至不时出现巨额补贴活动。例如，钱大妈每天晚上以很大折扣销售商品，甚至深夜免费赠送鲜肉，就吸引了众多顾客。有一些规模很大的生鲜新零售平台，在对终端客户销售进口果品时，售价明显低于进口价，这应该就可以判定为低价竞争了。这些企业还开展变相的低价竞争活动，包括对新客户补贴、免费配送等等。2021 年 4 月，国家市场监管总局发布公告称，部分社区团购企业利用资金优势，大量开展价格补贴，扰乱市场价格秩序，引发了社会各界的广泛关注。市场监管总局根据价格监测线索，先后对橙心优选、多多买菜、美团优选等企业涉嫌不正当价格行为立案调查，发现一些企业为了排挤竞争对手或者独占市场，以低于成本的价格倾销，扰乱了正常的生产经营秩序，损害了其他经营者的合法权益；或者利用虚假的或者使人误解的价格手段，诱骗消费者与其进行交易。监管机构依法对这些企业进行罚款处理。

不过，生鲜新零售企业至今为止尚未采取普遍性的大数据杀熟行为，这与综合电商平台不太一样。也许，数字市场上许多受到诟病的大数据杀熟行为实际上是为了获得新客户而采取的优惠措施，看起来就是对熟客实行高价策略，而生鲜新零售可能是因为市场的区域性更强，以这样的策略来获客未必有很好的效果；还有一种可能性，是生鲜新零售企业至今为止并未广泛采用算法手段来实行差别化的定价措施。生鲜新零售企业的活跃客户数量根本不能与综合电商平台动辄五亿、八亿的数量相比，所以数据的体量也没有那么大，从而对大数据的多种运用，包括在定价模型上的运用，目前还不太普遍。

当前的一些较有影响力的生鲜新零售企业以自营业务为主，而鲜见主要依赖大量独立卖家入驻的平台。这一点与传统生鲜店铺比较类似。这很可能是因为，生鲜产品的标准化程度要低得多，易破损、易腐烂的程度要高得多，所以必须实行标准严格、流程严谨的自营，才可能确保品质。以自营为主，则不会出现严重的自我优待行为；同时，“二选一”之类的拒绝交易行为也较少。所以总体来看，生鲜新零售行业的企业竞争行为比综合电商行业要简单一些。

生鲜新零售行业基本上没有出现以消除主要竞争对手为目的的并购。这样的并购在互联网打车领域就明显存在，譬如，滴滴先后并购了其主要竞争对手快的和优步中国。几年前，阿里巴巴旗下的天猫曾并购了易果生鲜，后者是当时生鲜新零售行业的头部企业之一。几年之后，可能是因为易果生鲜与盒马鲜生的竞争问题，易果生鲜破产了。但这样的并购在生鲜新零售领域甚少。从这些维度上来看，在数字经济领域，企业竞争行为与细分行业的特点有很大关系，并不能简单地一概而论，所以反垄断、反不正当竞争执法也应该根据细分行业的特点而具体情况具体分析。

从产业创新这个角度来审视，传统生鲜零售企业就要弱得多。对互联网手段和智能化工具的利用有力地促进了生鲜新零售企业的创新行为。首先，就是建立智能化物流与分拣系统。大多数生鲜新零售企业都实行限时送货上门，譬如 5 小时、3 小时甚至 1 小时送货上门，因为客户需要新鲜食材进入厨房。这就需要以智能化的物流与分拣系统作支撑。其次，尝试设立前置仓，从而实现快速送货，也是一个有意义的创新。譬如叮咚买菜就比较早地开发了前置仓模式，在重要和大型社区附近 1 到 3 公里的距离内建立小型仓库，快速响应用户需求，解决了生鲜配送最后一公里的难题。最后，加强冷链运输，甚至在上游建立有机农产品基地，包括建立智慧农场等等，也是这个行业正在尝试的创新。譬如每日优鲜就实行了前置仓加智慧菜场的策略。当然，这些创新需要大量的资金投入，譬如叮咚买菜的那些创新的确换来了营业规模的快速扩大，但背后是大量“烧钱”，只有得到资本投入者的宽容以及支持，才能实行这样的创新。可以说，生鲜新零售这个细分行业的竞争既有价格的竞争，也有创新的竞争，这些竞争方式都要获得资本的支持。而传统生鲜零售企业在这方面非常沉闷，长期以来，不过是在开架销售、亲口品尝或者改善通风条件和卫生状况等方面有所作为。

从市场结构这个角度来审视，传统生鲜零售市场的稳定性要强得多，碎片化程度也要高得多。在过去二三十年里，生鲜零售行业曾经出现过连锁经营等方面的尝试，但进展并不如综合超市、服装销售、电器销售等细分领域那样明显。这很可能是由不同细分行业的不同特点决定的。现在也有一些连锁经营的生鲜零售实体店，但连锁店的数量较少、营业额较低，从全国范围来看，行业集中度非常低。从好的方面看，生鲜零售是个大行业，可以容纳众多的零售企业进入，要想在全国范围内甚至在区域范围内形成寡头格局非常困难；从不好的方面看，行业的动能和活跃性则略显不足。数字企业的设立、资本的大量进入会改变这样的状况吗？直到目前为止，电商对生鲜零售的渗透率还非常低，只有5%～8%，所以生鲜新零售仍然是一个规模较小的细分市场，对传统生鲜零售市场的冲击还不大；即使局限于生鲜新零售这个新兴领域，也没有明显证据表明市场结构形成了垄断，仍然是一个碎片化程度较高的市场，只不过在有些城市，一些新兴企业有成为主导性企业的可能。即使一些获得大量资本支持的新兴企业能够主导当地的生鲜新零售行业，以目前的电商渗透速度来推算，生鲜新零售在较长时期里也不会主导全部生鲜零售市场。

对生鲜新零售这个细分行业进行更细致的分析，可以发现市场集中度较低，而且变化很快。表13-2以主要生鲜新零售企业的营业收入、总交易额或其他类似指标来显示这个细分行业的市场结构。

表13-2　主要生鲜新零售企业近五年的营业收入、总交易额或其他类似指标

	2017年	2018年	2019年	2020年	2021年
盒马鲜生		总交易额约为140亿元	总交易额约为400亿元	本年估计亏损超过100亿元	
每日优鲜		营业收入约为35亿元	营业收入约为60亿元	营业收入约为61亿元；2018—2020年亏损约为68亿元	

续表

	2017年	2018年	2019年	2020年	2021年
叮咚买菜			营业收入约为39亿元；亏损约为19亿元	营业收入约为113亿元；亏损约为32亿元	
美团优选				年底的日下单量突破2 000万并保持稳定	总交易额约为1 200亿元
多多买菜				年底的日下单量在2 000万左右并保持稳定	总交易额约为800亿元
兴盛优选			总交易额约为100亿元	总交易额约为400亿元	总交易额约为430亿元
美菜网	总交易额约为80亿元	总交易额约为220亿元	总交易额约为500亿元		
钱大妈		营业收入约为35亿元	营业收入约为70亿元	营业收入约为100亿元	

资料来源：根据公开资料整理。

由于存在激烈的价格竞争和其他方面的竞争，生鲜新零售行业一直处于严重的整体亏损之中。中国电子商务研究中心于2019年公布的数据显示，当时这个行业共有4 000多家企业，有88%的企业亏损，7%的企业陷入巨额亏损，4%的企业盈亏平衡，仅有1%的企业盈利。例如叮咚买菜，尽管已经是这个细分行业表现非常亮眼的企业，但至今仍然陷入严重亏损之中。不少企业，包括一些曾经的明星企业，都退出了这个市场。例如，呆萝卜、美味七七都关闭或破产了。其中一些企业就是因为没有致力于连续融资，不注重通过“烧钱”来获取更多客户和提高总交易额而惨遭淘汰。可以认为，资本的进入一方面促进了电商向生鲜零售市场的渗透，鼓励了生鲜新零售这个新兴细分行业的创新性竞争，另一方面也助推了其位置军备竞赛，即无休无止地为了提升月活跃用户和日活跃用户数量、总交易额等指标在行业中的位次，而投入大量资源所进行的竞争，并竭尽全力在这样的消耗战中维持比对手更长时间而成为“剩者”。只要成为最后的“剩者”，就是成为市场上的“王者”，不但创业家，而且风险资本家，都会成为大赢家。当然，这些可能的大赢家会不会在全部生鲜零售市场成为寡头企业，会不会挤垮大量的实体小店，还未可知。

三、企业在资本市场的估值

既然绝大多数生鲜新零售企业都在持续亏损，为什么还有源源不断的进入者？为什么还有大量资本进入和加持这些企业？这当然不能完全由资本过剩来解释。

主要原因在于有些企业在资本市场的估值不断快速提升，并最终实现上市，从而实现资本在高估值下退出变现。事实上，那些在位置军备竞赛中表现比较出色的企业即使一直亏损，其融资时的估值也是一年比一年高，甚至一月比一月高。表 13－3 就是一些主要生鲜新零售企业在过去几年融资时的估值，以及少数实现上市的企业在上市时的估值。可以看出，像叮咚买菜，2018 年的融资估值只有约 6 亿美元，2020 年的融资估值即达到约 20 亿美元，2021 年上市时的估值超过 50 亿美元；兴盛优选在 2019 年的融资估值只有约 10 亿美元，2021 年的融资估值则急升到 120 亿美元。

表 13－3　主要生鲜新零售企业在资本市场的估值

	2016 年	2017 年	2018 年	2019 年	2020 年	2021 年
每日优鲜		融资估值约为 15 亿美元			融资估值约为 30 亿美元	上市估值约为 35 亿美元，上市后几个月股价明显下跌
叮咚买菜			融资估值约为 6 亿美元		融资估值约为 20 亿美元	上市估值约为 54 亿美元，上市后几个月股价明显下跌
兴盛优选				融资估值约为 10 亿美元	融资估值约为 40 亿美元	年初融资估值约为 80 亿美元，年中融资估值约为 120 亿美元
美菜网	融资估值约为 20 亿美元		融资估值约为 70 亿美元			前景不明朗
多点					融资估值约为 20 亿美元	计划上市，估值约为 50 亿美元
钱大妈					融资估值约为 100 亿元	计划上市，估值可能达 250 亿元

资料来源：根据公开资料整理。

无疑，在资本市场的估值迅速提升，无论是对于企业创办者，还是对于投资者，都是一种奖赏和鼓励。不过对于同行业其他没有受到资本加持的企业而言，特别是那些深耕细作、不注重规模扩张速度、不熟悉资本语言和不善于吸引资本的企业而言，是一种不公平竞争。在过去几年生鲜新零售发展过程中，就有一些这样的企业黯然退出市场。

那些得到资本青睐的迅速成长企业，即使在高估值情况下实现了上市，股价也可能会出现下跌。事实上，已经实现上市的每日优鲜和叮咚买菜在上市后股价就有较大幅度的下跌。尽管股价涨跌受多种因素的影响也是正常现象，但对于资本对新经济企业一味地推动估值提升的现象，也需要反思。可以说，资本市场是基本有效的，最终会回归企业真正的价值创造能力。

而传统的生鲜零售企业很少可以获得风险资本的支持，更少能够实现上市。在过去的几十年中，只有在我国资本市场发育的早期阶段，一些国有的商业企业实现了上市，但那些企业基本上都是百货商店，而非生鲜零售商店。到现在，这些上市的商业企业大部分都缺乏良好的经营表现，当然这也与电商的崛起有关。而后来，也有一些连锁经营的商业企业实现了上市，但这其中也很少有生鲜零售企业。行业的碎片化程度高，以及企业的经营规模小、运营效率低，并不是导致融资和上市难的致命问题，而碎片化程度高、经营规模小、运营效率低根本无法得到改变，甚至看不出改变的途径，才使得融资和上市困难。在生鲜新零售行业，即使几乎所有企业都亏损，而且行业碎片化程度也很高，但由于出现了改变传统运营轨道、原有市场格局的巨大希望，展现了创新和扩张的想象空间，才会有如此多的融资和上市。因此，在看到数字企业对传统企业形成冲击的同时，在看到资本大胆扩张的同时，也不能忽视产业创新、变革的一面。

四、基本结论与政策讨论

可以认为，生鲜新零售行业混杂着创新式竞争和军备竞赛式竞争。尽管后者是一种无谓竞争，不是优化而是劣化资源配置，从长期看并不增进消费者剩余和提升生产者效率，但它在许多行业都客观存在，因为市场上并没有真正完美的竞争格局。当然，新经济行业的军备竞赛式竞争普遍比传统行业要更加严重，这主要是因为资本加持。资本加持也有利于增加创新投入。尽管大量资本进入这个行业，但目前看来尚未形成垄断型或寡占型市场结构。

生鲜新零售行业的市场集中度较低，市场想象空间较大，还在继续吸引着资本的进入。譬如，即使到了 2020 年，尽管已经有许多企业倒闭，但新设立的生鲜新零售企业 T11 生鲜超市仍然获得了和玉资本等机构的数千万美元投资，2021 年又获得了阿里巴巴等机构的 1 亿美元投资，这个企业声称实行全球精选直采，依托人工智能技术打造数据实时收集和分析的系统，利用算法实行自动化补货，借用微信小程序实现线上交易。很难判断这些新进入、新投资活动是否会成功占领一部分市场并实现可持续经营，但从整个行业来看，进入活动与退出活动交替进行，资本投入与资本亏损同时存在，正是数字经济充满活力的表现。

正如数字经济许多行业的发展初期所展现的情况，生鲜新零售这个细分的新兴行业也存在比较普遍的低价竞争现象，而且资本进入助长了这一现象。不过一般而言，消费者会将低价销售视为一种让利行为，从而欢迎低价销售；因此，即使这在法律法规上属于不正当竞争行为，也会加大政府查处和纠正这类行为的难度。

一些研究者譬如史凯（2012）还认为，像电商这样的行业，当低价竞争达到一定程度时，可能会转向提升客户体验等方面的服务竞争，所以对价格竞争不必悲观。况且，企业的定价行为非常复杂，特别是一些高低组合定价在传统行业也很常见，而电商平台的定价行为更具技术性色彩（付兴梅，2019）。当然，有强大资本支撑的企业还有可能以误导消费者的方式进行“花样”营销，特别是可以以数字化技术手段来包装这类营销行为。所以，监管还是应该对这类竞争行为保持密切关注，并在有确凿证据时进行处罚和纠正。2021 年颁布的《国务院反垄断委员会关于平台经济领域的反垄断指南》在对低于成本销售活动进行规制时，一方面指出，具有市场支配地位的平台经济领域经营者可能滥用市场支配地位，没有正当理由，以低于成本的价格销售商品，排除、限制市场竞争，另一方面也提出平台经济领域经营者低于成本销售可能具有一些正当理由，譬如在合理期限内为促进新商品进入市场、在合理期限内为吸引新用户、在合理期限内开展促销活动，等等。这说明这方面的规制政策有了比较周全的考虑。如果实体店在与平台的竞争中，不但缺乏配送优势，而且缺乏成本优势及基于成本的价格优势，那的确就会陷入困境。对这样的困境应该有全面和正确的认识。

如果低价竞争主要以雄厚资本为基础，那么不但对于资本基础薄弱的新零售企业来说不公平，对于实体店来说更是重大冲击。从理论上来讲，资金的充裕程度对于维持竞争时间，乃至对于开展创新活动都十分重要。所以，资金充裕度很低的实体小店的确处于天然不利的位置。不过一些实地调研（刘浩淼，2020）显示，实体小店经营困难，一方面的确是因为受到了电商的冲击，另一方面也因为它们自己的成本高、销售方式单一、销售策略缺乏创新，等等。在生鲜零售行业，实体小店也有一些天然优势，譬如离客户更近，从而客户购物更加方便；在定价方面可以更加灵活，包括对一些熟客给予更多的优惠，而这种差别化定价一般不会引致价格歧视方面的规制；可以建立关系型客户群体，并提供一些非标准化的增值服务；等等。也就是说，实体小店在新零售企业的竞争压力下，也可以挖掘和发挥自己的优势，实行一些创新。至少目前看来，生鲜新零售对实体小店的冲击尚不严重，主要还是一些粗放经营、所售产品比较单一的小店感受到了压力，而传递这种压力也可以促进实体小店的精细化、差异化经营，并改进管理、提升效率，这并不是一件坏事。一些研究者如蒋框框（2019）认为，电商冲击对实体小店的影响是利大于弊，实体小店完全可以通过线上线下结合等方式实现模式转型；还有一些研究者如张悦和马迁利（2017）发现，即便是受到冲击最大的细分行业之一——传统服装实体零售业，其经营遭遇前所未有的困难，实体店也有自己的优势，它们应该挖掘这些优势以获得新的发展势头，而不应该无动于衷、坐以待毙。当然在实际工作中，如果在未来，资本汹涌进入传统行业，包括生鲜零售行业，在短期内对原有市场结构造成重大冲击，导致大量实体小店突然休克和死亡，在短期内产生巨大震荡，政府也可以采取一些措施扶持一些有特色、有效率、更便民的实体小店，这样有利于生鲜零售业态维持一定程度的多样化。

的确，至少到目前为止，电商行业对实体店的冲击存在着一些系统性的不公平因素，譬如偷税漏税、售卖假冒伪劣产品、变相走私等等。在电商发展初期，一方面由于营业规模较小，另一方面由于政府监管能力跟不上，因而这些行为较多。而现在，政府应该对这些行为进行大力整治，当然也应该对互联网平台进行追责。一些互联网平台不但不积极主动制约这些行为，反而还默许甚至纵容这些行为。政府大力打击这些行为，当然会给实体店参与竞争提供良好的公平环境，同时也有利于数字企业的健康和长远发展。除此之外，政府还应该加强其他方面的社会性监管，譬如在电商领域也要严格执行食品安全标准和药品专卖制度，并要求电商企业依法保护员工的合法权益、依法为员工提供社会保障、依法管理员工的交通行为，等等。这些举措是对所有行业的要求，而不仅仅是对某些数字行业的要求，但数字行业不能例外。

本章主要分析生鲜新零售企业对传统生鲜零售行业的影响，而数字企业对传统行业产生影响与冲击远不止生鲜零售领域。生鲜零售行业的确有一定的特殊性。不过，即使在受到冲击很大的综合零售行业以及其他一些细分零售行业譬如服装、图书零售行业，电商的渗透率仍然不如预期的那样高，多元化的客户群体、多样化的购物体验需求使得相当一部分实体店得以存在并保有一定的市场份额。数字经济的巨大力量的确会使一些传统行业式微甚至最终消亡，但这并不可怕，经济发展从来就是这样一个过程，就像机械化的纺织工厂挤垮了手摇纺车作坊、汽车运输行业挤垮了马车运输行业一样。对于政府而言，需要扶助的对象主要并不是这些被挤垮的小企业，而是那些失去生计的小企业主及他们的家人，扶助方式可以是培训和转岗、提供小额融资支持再创业，以及失业救济、困难救助等等。只要大众创业、万众创新进程能够持续深入地走下去，由新技术、新模式、新业态带来的摩擦性企业退出就是健康的，也是应该坦然接受的。

还有一个重要问题涉及对资本的态度和政策，这就是数字企业在资本市场的估值问题。生鲜新零售行业以及其他新经济或数字经济行业企业的估值可以被政府所引导和调控吗？如果可以的话，无疑可以使资本进入更加理性，也可以使数字企业的竞争行为更加正当。不过总体而言，政府在这方面较难发挥大的作用。资本市场可能是一个很不纯洁的市场，但又是一个高度专业化的市场，它有自己长期以来形成的网络、机制和文化，特别是风险资本市场内嵌了一套独特的制度，并把这套制度投射到受资企业的公司治理当中。资本市场可能在许多时间里是非理性的，但最终也是有效的，从非理性到有效这个不公平、不令人愉快的过程中，政府往往难以恰当地介入。不过，政府可以考虑对数字企业的上市标准制定更清晰、更具导向性的政策，譬如，我国的科创板比普通板有更高的估值，可以对科创板上市确立更明确的硬科技标准；同时，应该大力惩处那些显而易见的不公平、不正当行为，譬如蓄意编造虚假信息、联合操纵证券市场价格，等等。

第十四章　产业互联网及相关数据市场的竞争

数字经济的一个重要领域，也许是最重要的领域，就是所谓的产业数字化领域，即产业界充分利用现代信息技术，以大数据作为投入品，借助互联网平台和云计算、人工智能等手段，对产业体系进行根本性改造，并发展出新产业，从而实现效能提升、效率提高、产出增加。这是实体经济接受数字技术这项新通用技术洗礼的必然途径。不过，在过去十几二十年的数字经济发展浪潮中，面向消费者和社会大众的互联网平台，譬如零售电商平台、社交平台、游戏平台等等得到了很大发展，这类数字经济呈现出繁荣昌盛之势，而产业互联网的发展却有些步履缓慢。从反垄断与反不正当竞争的角度来看，产业互联网似乎更加“规范有序”一些。下一步，产业互联网领域的重点可能是加快发展，而不是反垄断与反不正当竞争。当然，对产业互联网领域的必要规制，也不应该被完全忽视。

一、产业互联网发展远远慢于消费互联网

本章所关注的产业互联网，是指买家或用户主要是 B（business）端，即主要是厂商而不是普通个人的互联网。这就是通常所谓的 toB（2B）互联网。产业互联网包括工业互联网，但也不限于此。例如，我国的找钢网，不但卖家是企业，即钢铁生产企业，而且买家也以厂商为主，即那些用钢的下游企业以及建筑队、装修队等等。一些装修队可能是个体户，但也应将其视为厂商。我国的满帮也是一个双边互联网平台，一边是包括单位和个人在内的发货者，另一边是可视为厂商的货车车主和司机，因此也可被归为产业互联网。不过，本章分析的产业互联网并不包括厂商设立的

仅服务于自己的内部互联网系统，这些互联网只能算是企业互联网，譬如美国的零售巨头沃尔玛很早就建立了自己的互联网系统进行供应链管理，这是历史上比较早的企业互联网；美国电动车汽车企业特斯拉更是设立了一个强大的互联网系统，实时监控每台车的运行状态，作为自己的后台，这个互联网也会有其生态系统，但总体而言这个互联网系统并不对外开放。还有一些大型工程机械企业设立了自己的互联网系统，把自己销售的工程机械联结起来，这些工程机械的运行数据都被传回到后台，从而企业可以实时了解每台设备的状态，这也属于典型的企业互联网。一般而言，企业互联网没有大规模面向外部市场，没有实行独立的商业化运营，但需要指出的是，一些企业已经把内部互联网发展为主要面向外部的产业互联网。

事实上，互联网最先得到应用的领域正是产业界。互联网诞生之初，美国国防军工界的研发部门就通过互联网进行讨论交流和发送文件，并处理数据。当互联网手段和有关技术走向社会之后，反而是面向普通大众的消费互联网得到了爆发性发展，而产业互联网则显著落后了。这很可能是因为，一方面，产业互联网不容易迅速获得大量用户，市场规模的非爆发性限制了其发展空间，无论是商业模式创新节奏，还是资本投入意愿，都明显弱于消费互联网；另一方面，产业界的数据存在流动性不强、利用率较低等问题，从而抑制了数据的商业潜力。

美国的产业互联网起步比较早，而且其发达的市场分工合作体系和精耕细作意识比较有利于产业互联网的发展。但同样，其产业互联网发展远远落后于消费互联网。早在 2000 年，美国航空工业界的几家大型企业就联合设立了该领域的产业互联网平台 Exostar，三大汽车厂商也设立了汽车产业互联网平台 Covisint。这些专业领域的产业互联网公司对于本产业的流程改进、效率提升发挥了重要作用，譬如 Exostar 对于波音 787 设计与生产过程中的供应链管理发挥了重要作用。而通用电气（GE）则是工业互联网的全球先驱，它在 2012 年提出了这一概念，声称要致力于突破智能化与工业化的界限，要将人、数据、软件和智能化机器联结起来，结合大数据分析和云计算，通过平台型操作系统，促进生产率的革命；它于 2014 年宣布与思科、英特尔联合打造 Predix 平台，希望这个平台能成为产业界的 Windows 和安卓，后来又于 2015 年设立了通用电气数字集团（GE Digital），此时通用电气可以每天监控和分析 5 000 万个数据点，传感器所属的设备管理资产总值达 10 000 亿美元。美国的产业互联网领域还活跃着一批独立的数字化供应链互联网企业，譬如 One Network、TrueCommerce、SPS Commerce 等等，它们并不是由老牌的大型产业集团设立的，但对产业界提供供应链服务，并帮助它们提升了供应链效率。此外，美国还有一些专业化的工业电商企业，包括 ThomasNet、TradeWheel、Fastenal 等等，它们虽然也是交易平台，但专门针对工业企业的需求，而不面向社会大众。美国的一些产业互联网企业还以并购手段实现不断扩张，譬如 OpenText 在过去几年里就并购了 Covisint、EasyLink、Liaison Technologies 等企业。值得注意的是，在过去几年里，美国产业互联网领域出现了一些细分行业的服务商，有成为产业数字化隐形冠军之势，譬如 Salesforce、ServiceNow、Snowflake、Zoom 等等就是这样的互联网企业。仅仅在能源互联网领域，美国就有数家上市公司，例如 FleetCor、WEX 等。

在欧洲，产业互联网也紧随美国的发展脚步。特别是在工业比较发达的德国，工业互联网发展得比较扎实，并在某些方面有所超越。德国老牌工业企业西门子早在 2007 年就以 35 亿美元的价格收购了全球领先的产品生命周期管理软件和服务提供商 UGS 公司，该公司的信息物理网络技术被西门子广泛应用，成为西门子进军工业互联网的第一步；西门子在 2016 年打造了 MindSphere 这个平台，此后还收购 LMS、Innotec、Vistagy、IBS、Vrcontext、Tesis 等公司，形成了一个开放的生态系统，为连接各类设备提供了统一的接口，并能开放式接受各种应用开发编程。西门子于 2018 年收购了低代码编程平台 Mendix，并将 MindSphere 与 Mendix 融合，又于次年推出了 Xcelerator 这个平台，以将制造业的复杂性转变为竞争优势，因为它整合了诸多功能，并可创建能追踪的数字线程，从而实现价值链协同。

当然，美国和欧洲的这些比较优秀的产业互联网企业，无论是它们的营业规模，还是市值和影响力，都仍然无法与亚马逊、谷歌等消费互联网企业相提并论。譬如 Covisint 公司在 2017 年被一家更大的企业 OpenText

收购时，价值不过1亿美元，这与消费互联网领域动辄数十亿美元的并购案相比，简直不值一提。通用电气旗下的 Predix 公司一直难以实现较高的营业收入。而西门子旗下的 MindSphere 和 Xcelerator 平台虽然成为颇受欢迎和颇具效力的平台，但到底能不能实现比较彻底的商业化运营，仍然难以预料。

但是，许多国家都对发展产业互联网抱有强烈的政策意图，因为这有助于实体经济的升级和全球竞争力的提升。21世纪以来，特别是2008年全球金融海啸之后，许多国家的政府以及产业界自身都曾制定规划、推出政策以促进产业互联网的发展。我国的情况也一样。早在2009年，我国出台的《电子信息产业调整和振兴规划》就提出，要以新一代网络建设为契机，加强设备制造企业与电信运营商的互动，以研发设计、流程控制、企业管理、市场营销等关键环节为突破口，推进信息技术与传统工业结合，提高工业自动化、智能化和管理现代化水平。2015年，我国明确提出，要促进工业互联网、云计算、大数据在企业研发设计、生产制造、经营管理、销售服务等全流程和全产业链的综合集成应用，发展基于互联网的个性化定制、众包设计、云制造等新型制造模式，培育智能监测、远程诊断管理、全产业链追溯等工业互联网新应用，建设一批高质量的工业云服务和工业大数据平台。2016年印发的《国务院关于深化制造业与互联网融合发展的指导意见》则提出了具体目标，即到2018年底，制造业重点行业骨干企业互联网“双创”平台普及率要达到80%；到2025年，制造业与互联网融合发展迈上新台阶，融合“双创”体系基本完备。

尽管由于存在市场规模等方面的不利因素，产业互联网的发展速度远远不如消费互联网，但政策加持加上企业自身的努力在我国还是产生了一些积极效果。到了2020年，我国已经涌现了一批有着良好表现的产业互联网企业，譬如发源于三一重工集团的树根互联、发源于海尔集团的卡奥斯 COSMOPlat，就是由制造业企业打造的产业互联网平台，这些平台对数字经济与实体经济如何融合有着较好理解；也有一些由数字企业打造的产业互联网平台，譬如阿里巴巴旗下的犀牛智造，浪潮旗下的浪潮云，华为旗下的华为云，京东旗下的京东科技等等，就属于这类平台。而在微服务、工业 App 等新兴领域，我国也显示了良好的发展势头，譬如，在制造执行系统（MES）领域，在国外企业拥有先发优势的情况下，我国本土有一些专注于细分行业的MES企业已经初步站稳了脚跟，如机械领域的兰光创新，光伏领域的上扬软件，时装领域的深圳昱辰，就是其中的代表，它们的营业规模虽然不大，但也可被视为产业互联网领域的隐形冠军。当然，至今为止，我国产业互联网领域也没有出现消费互联网领域像阿里巴巴、腾讯、百度、京东这样的巨大企业。

在我国的产业互联网领域，与工业互联网相比，商贸物流互联网发展得还不错。在商贸领域，钢铁行业的钢银电商和找钢网是典型代表。钢银电商成立于2008年，2013年的日交易量就突破1万吨，此后交易量节节上升，2020年的交易量突破4 000万吨，并且从2016年开始盈利，成为产业互联网领域的标杆企业之一。找钢网成立于2012年，2013年的日成交量达到5万吨，2020年的交易量也突破4 000万吨，并在过去几年里处于盈利状态。在物流领域，运满满和货车帮以及货拉拉就是典型代表。运满满成立于2013年，是国内首家公路货运互联网平台，提供公路货运的货源查找与发布、找货找车等服务，精准匹配车货信息。货车帮成立于2014年，提供与运满满同类的服务。运满满和货车帮于2017年合并，成为满帮集团。到2020年，满帮集团的平台总交易额超过1 700亿元，订单量超过7 000万单，平台司机达到280万，并实现了盈利。货拉拉成立于2013年，既为企业提供物流服务，也为商户和个人提供同城和跨城货运服务，所以也可以归为产业互联网企业。2020年底，货拉拉的业务范围已覆盖国内300多个城市，平均月活跃司机数量超过50万，月活跃用户数量超过700万。当然，无论是钢银电商和找钢网，还是满帮集团和货拉拉，总交易额、活跃用户数量都不可能与阿里巴巴、京东、百度等企业相比，不过它们似乎在更年轻的时候就开始盈利。

二、产业互联网的市场结构与竞争行为

产业互联网作为一个大领域，门类繁多。目前来看，不同门类的产业互联网有着显著不同的市场结构和竞争格局。

第一大类产业互联网由一些企业特别是一些大集团设立，开始是服务于自身业务和经营管理的内部互联网平台，后来发展为半开放性、全开放

性的互联网企业，它们实行了或尝试实行对外商业化服务，从而走上独立运营的道路。由一个企业打造完全服务于本产业的互联网平台，可能既不经济，也未必可行，所以也有一些行业的几个大企业联合起来设立产业互联网平台，上一节提及的 Exostar 和 Covisint 就是这样的平台。目前，许多产业互联网都属于第一大类。但这一大类又可以分为许多小类。第一小类是提供供应链及其票据服务和金融管理的平台，第二小类是用于研发和设计管理的平台，第三小类是用于客户关系和售后服务管理的平台，第四小类是用于物流和物品追溯管理的平台，第五小类是用于后勤和支持性服务的平台。当然这些小类也属于大的划分，不一定很准确，甚至难免重叠。这一大类产业互联网有着明显的行业特征，但它们的双边性并不是特别突出，也就是说，不像交易性互联网平台那样既有很多的买家也有很多的卖家，大量买家和卖家通过互联网平台进行匹配，实现交易。

第二大类产业互联网从一开始就不是服务于单个或几个企业的业务和经营管理，而是面向更宽广市场的独立化平台。对于这一大类产业互联网，从其所从事的服务来看，虽然也不排除第一大类当中一些小类的工作，但更集中于交易领域，具有比较明显的电商色彩，带有比较明显的双边特征。上一节提到的钢银电商、找钢网，以及满帮、货拉拉就属于第二大类。第二大类也可细分出一些小类。譬如，第一小类是物流平台。在企业物流服务这个领域，其实在较早的时候，物流平台就开始往第三方物流的方向发展，因为除了生鲜冷链运输等少数特殊行业之外，绝大多数不同行业、不同企业的物流服务都具有共同性，所以可以打破行业和企业界限，由独立第三方来提供物流服务。第三方物流的发展，以及数量较多的发货厂商、收货厂商的存在，就给为双方提供搜索和匹配服务的互联网提供了市场空间。第二小类是原材料、零配件甚至成品的交易平台。由于市场交易平台需要有较多的交易者、较大的交易量作支撑，所以通用性越强、专用性越弱的工业品就越有可能支撑工业互联网的出现。钢材就属于这样的物品。第三小类是供应链互联网平台，包括供应链金融平台。供应链互联网平台将数据、物流、资金流等因素整合起来，实现上下游、各环节的良好对接，以提升企业效率、降低企业成本，可以有效控制个体风险和系统风险。在我国，许多企业正在向供应链互联网的方向发展，譬如专业的供应链公司怡亚通就建立了互联网平台，流通企业富基标商则通过软件即服务（SaaS）平台向供应链金融延伸，金融和票据服务企业银货通则设立了整合智能物流、供应链管理、融资服务的互联网平台，连腾讯也开辟了供应链金融方面的服务。

第三大类产业互联网是兼有产业互联网业务和大众互联网业务的平台。这些平台要么是由大众互联网业务向产业互联网业务延伸，要么相反。因为不管是厂商还是大众，有一些网上服务需求都是相同的。例如线上会议，为许多企业所需要，同时个人之间也会有线上讨论、视频交流的需求，当然政府部门也需要这类服务。企业与大众及政府的这类重叠性需求就为这类产业互联网提供了市场机会。Zoom 就是这类互联网的典型代表。我国的腾讯、阿里巴巴都在从事类似业务。可以预料，以大众客户为主的那些互联网巨头将会进一步加快向这类产业互联网进军的步伐，也许多年以后，产业互联网和大众互联网之间的界限将不再那么分明。

第四大类产业互联网是以云计算、大数据、人工智能、软件及解决方案为主的产业互联网。当然这类互联网也可以对大众开放，以吸收大量的个人客户。随着数字经济、数字社会的快速推进，云服务必将成为一个巨大的市场，数据储存、分析、交易、应用必将成为一个基础性业务，而人工智能（AI）、软件即服务以及各种解决方案必将越来越流行。因此，这类产业互联网正在不断发展，并有着良好前景。从全球看，软件即服务以及基础设施即服务（IaaS）成为云服务的主体。譬如美国的 Onshape 就是这个领域的重要企业，专门为企业的产品开发和设计提供云上软件和基础设施服务，能够同步产品数据，能够在设备上建模，能够实现交互性和共享性，从而打造了一个强大的全球生态系统。我国在这个领域的产业互联网总体来说还比较薄弱，但许多企业正在发力，应该有着较好的前景。

第五大类产业互联网是广义的产业互联网，包括社会服务、公用事业、基础设施领域的互联网，不过其中许多并不属于商业化运营、产业化发展的平台，归于产业互联网的确有些牵强，之所以这样归类是为了分析方便。譬如，不但许多大医院设立了自己的互联网服务平台，而且一些地方政府的医管局也设立了将各医院联网的互联网服务平台；而城市公用服务，包括水、电、气等服务，也有各自的互联网平台；一些地方开发了智能化、无人化的交通或物流系统，通过物联网等手段，推进公路、铁路、水路以及空中交通的联网运营与管理。这些互联网平台尽管种类繁多，涉及各行各业，但对大数据和人工智能的利用都比较充分，不排除其中一些在未来可以发展为独立运营的企业。

上述不同类型的产业互联网当中，第一大类产业互联网各有自己的行业特点，资产专用性较强，市场规模较小，面对的客户数量少，进入和退出都不活跃，所以并不属于竞争性很强的市场。在这类产业互联网领域中，市场结构往往自然而然地具有高集中度，因为这个市场的进入障碍在于其专业性壁垒以及客户数量太少，而不是规模经济、价格战、广告效应等等。后面的几种进入障碍可以通过从风险投资机构融资、打价格战、广告轰炸等手段来克服；而专业性强、客户数量少则成为进入这个领域的天然阻碍。这些产业互联网在很大程度上依赖产业内的大企业而生存，它们与大企业有着很强的战略合作关系，形成了稳定合作生态。强行打破这种战略性合作关系，实际上是对生态的破坏。因此，这类产业互联网领域尽管看起来不存在明显的竞争，但这种格局是自然形成的，在相当程度上也是合理的。很难认为需要规制政策介入来增加这个领域的竞争程度，或者需要分拆某个独占市场的互联网平台。这类产业互联网领域所面临的重大问题不是反垄断，而是创造市场需求、扩大市场容量，从而促进发展，增强产业互联网的独立运营和独立发展能力。当然，这类产业互联网到底是不是应该在一定程度上突破封闭性、增强开放性，譬如说打破行业界限、实现跨行业发展，也值得研究。

第二大类产业互联网更接近大众互联网。这类产业互联网中的物流、商贸平台发展得比较好，因为其双边特征强，市场规模大。特别是在钢铁贸易领域，由于我国钢铁生产集中度比较低，存在大量中小钢铁企业，而钢铁用户的分散性更强，存在数量众多的用钢加工企业、建筑承包商，所以寻找合适的品种、发现合适的价格都有很大需求，这就为互联网平台提供了市场机会，加上票据和融资方面的配套服务，这类产业互联网就能发展起来。物流运输领域也存在类似情况，即两边都有大量的中小规模的客户，所以提供搜寻和匹配服务的互联网平台就有了生存空间。第二大类产业互联网尽管也有行业属性，但由于主要提供交易撮合功能，所需要的专业知识并不多，也不依赖与大企业的战略性合作而生存，所以在技术知识方面的进入障碍、客户获取方面的进入障碍都不大。不过，这类产业互联网领域有一定的规模经济壁垒。总体而言，只要获得一定的资金量，进入这个行业并不存在多大困难，所以从理论上来说，进入-退出可能比较活跃。顺理成章，这个领域也可以有比较活跃的并购活动，譬如运满满和货车帮就合并成了满帮。目前来看，这个行业有很高的市场集中度，但是尚没有像大众互联网那样，充斥广受诟病的拒绝交易、自我优待、大数据杀熟等歧视性行为。

我国第二大类产业互联网既然有很高的集中度，是否意味着存在较大的反垄断压力？这并不容易简单地得出结论。从进入壁垒的角度来看，这个领域的可竞争性比较强。当然，合并行为可能会成为一些在位企业的策略性选择。运满满与货车帮曾经是主要竞争对手，而且在市场上的确进行了针锋相对的激烈竞争，譬如通过大胆的补贴来获取货主下单，等等。这两个企业在 2017 年合并为满帮前不久，运满满向南京市公安局举报货车帮，称后者通过研发偷货软件，入侵前者的网络系统盗取用户信息，后者予以否认，并指对方在搞恶性竞争。后来两个企业合并，而合并是由两个企业的股东和当地政府促成的，合并后公司董事长称："这是一次没有打到山穷水尽，仅依靠管理层的智慧和互相信任促成的一次合并；我们深刻地认识到，合作是比竞争还大的生产力。"① 这项合并案似乎没有进行申报，也没有被调查。显然，比自然形成的高集中度更值得关注的是可能存在的不正当竞争行为以及合并，特别是由共同股东推动或由各自的股东相互协商而推动的合并。当然，这并不是说所有的这类合并都属于不正当行为。

第三大类产业互联网由于兼有产业互联网业务和大众互联网业务，所需要的行业知识也不多，所以其竞争程度一般而言可能非常高，而且其进入和退出都会比较活跃；不过，也有可能存在竞争不足的情况，因为大众互联网巨头可以挟其雄厚实力来采取排斥竞争、阻遏进入者的行动。我国的线上会议市场已经吸引了数以百计的企业进入，比较大的企业有阿里云

① 运满满与货车帮合并．新京报，2017－11－27.

视频会议、腾讯会议、华为云会议、钉钉会议、中国移动云视讯、浪潮云视频、Zoom等等，竞争非常激烈。虽然目前由Zoom和腾讯会议占有较高市场份额，但这个市场结构很难维持稳定。而且由于这方面的技术创新和商业模式变化也比较快，所以这类产业互联网的迭代性比较强。

第四大类产业互联网领域非常复杂。这类互联网已经渗入许多行业。除了普及度很高的一般性云服务之外，不同行业的这类互联网服务需要不同的专业知识，所以行业壁垒比较高。因此，这类产业互联网领域较难出现竞争烈度很高的市场结构。集中度较高、稳定性较强的市场结构比较有利于这类互联网的发展和提供更加有益的服务。当然一般而言，如果缺乏比较活跃的进入，就难以以进入竞争来激发在位企业的产品研发和服务升级，就难以促进行业朝着不断创新的方向发展。所以，鼓励这类互联网领域的进入活动是一个较好的政策选择，因为至今为止，这个行业的进入活跃度还远远不够。不但应该鼓励企业家、创新家的进入，还应该鼓励资本的进入，并且要防止在位企业阻遏新企业的进入。由于存在较高的专业性壁垒，鼓励政策可能不足以刺激进入活动，这时，一个替代性方案也许是对并购活动放松管制。例如，美国的Onshape就被PTC以4.7亿美元收购，后者是国际顶级CAD软件服务企业。这样的并购被认为有益于行业发展。

第五大类产业互联网比较独特，由于涉及许多专门化的管理体制，所以是分隔存在的，相互之间无法进行竞争，而且大部分平台在短期内也很难做到独立运营。不过，如何在保护数据权利的情况下，在一定程度上实现数据流通和数据共享，并实行合作管理，仍然是一个重大问题。

总的看来，产业互联网涵盖面很广，市场结构与竞争格局差异较大，规制政策不能一概而论。更重要的是，与消费互联网相比，产业互联网的发展仍嫌迟缓，下一步如何促进产业互联网的大发展是一个重要课题。

三、设立规制与促进发展

产业互联网一般而言具有很强的专业性，而不是像消费互联网那样具有较强的通用性，所以很难像审视后者那样，严格地进行市场结构角度的分析并采取规制政策。事实上，即使在消费互联网领域，对竞争行为进行规制的思路似乎也占了上风。不过在产业互联网领域，除了一些交易型平台之外，补贴大战、价格大战等行动并不多见，垄断型合并、杀手型并购等行动，以及自我优待、拒绝交易和注意力经济等行为，也不是突出问题。

在产业互联网领域中，一个涉及规制也涉及发展的普遍性问题是数据的采集、加工、使用、流转方面的问题。许多产业互联网都涉及专门数据，譬如，医疗领域的互联网会采集大量的个人健康和诊疗数据，交通领域的互联网会采集大量的驾驶行为和习惯数据，这些数据当然与隐私有关，如何保护隐私，以及在保护隐私的情况下如何实现数据在更大范围共享、在更多维度利用，将是未来规制政策需要重点考虑的议题。还有许多产业互联网数据涉及企业设备运行状况、生产经营状况、研发创新状况，这些数据虽然不涉及个人隐私，但是涉及个体隐私，即企业个体的隐私及秘密，企业并不愿意这些数据被外界知晓，特别是不希望被同行业的竞争对手知晓。因此，这些数据的体量虽然巨大，但往往处于数据孤岛之中。如果不能打破数据孤岛，就不能形成产业互联网，更不能以数据驱动产业的数据化转型。而打破数据孤岛，促进数据流通，如何与数据的最初采集主体的利益取得平衡，就需要良好的机制设计。有一些学者对产业互联网的数据规则和规制问题进行了分析，如张维庭（2021）就认为，数据及其全周期处理是工业智能化的核心要素，然而我国工业互联网在数据建模、数据驱动资源适配以及数据隐私保护方面仍面临诸多挑战，譬如中心化的模型训练方法存在数据保密性低、个体隐私和秘密被泄露等问题，难以兼顾数据共享与隐私保护的双重需求；而工业互联网产业联盟提出的《工业互联网体系架构（版本 2.0）》，旨在构建以数据、网络、安全为典型特征的新型互联网功能结构，将是一个有益的路线。何小龙等（2020）则从《中华人民共和国密码法》角度分析了工业互联网平台数据保护问题，认为工业互联网在数据保护和数据利用之间如何取得平衡是一个难题。不过这些文献很少触及具体的规制政策。政府部门也意识到这方面的重要性，譬如《工业互联网创新发展行动计划（2021—2023 年）》也提到了要探索建立工业数据确权、数据流通、数据安全等规则规范，引导数据共享与流转；要研究制定工业数据交易合同指引，规范数据交易行为，促进数据交易市场健康发展。但客观地看，无论是研究界，还是政府界，至今为止只提出了一些概念化的思路，而并没有可实施的解决方案。

除了数据本身，对算法的规制更不容忽视。这些专门化领域目前似乎尚未受到算法的强大引导，但未来可能会改变。如果专门化领域与算法高度结合，就有更大的隐秘性，也可以产生更大的偏向性。这方面需要更多的关注与研究。我国的政策设计者也意识到了这一点，譬如工信部于2020年颁发的《工业互联网创新发展行动计划（2021—2023年）》就提出，一方面要持续提升数据汇聚、分析、应用能力，另一方面要研究工业互联网数据权属确定、价值评估、资源交换、效益共享等机制，探索建立工业数据确权、数据流通、数据安全等规则规范，引导数据共享与流转。当然，这些设想要转化为具体规则，还有大量的和艰巨的工作要做。

除了必要的规制，产业互联网领域更重要的政策议程是如何促进大发展。从全球范围来看，产业互联网正在开辟一些重要的新领域、新业态，譬如数字孪生体设计及生产、新一代共享服务等等，将会迎来发展新机遇。数字孪生体是促进物理世界和虚拟世界相融合的一项有效工具，譬如可以把产业界的数字化设计与数字化生产更早、更好地结合在一起，从而实现大规模、常态化的个性化定制、智能化制造、精准化营销。上一节提到的OnShape基本上就属于这样的产业互联网平台，不过这样的平台仍然处于演变与发展之中。新一代共享服务极有可能在无人交通等应用场景取得突破，譬如美国的特斯拉就有可能通过强大的互联网和后台系统，将精确定位、人工智能、快速响应等技术整合起来，在未来几年催生全新的共享服务业态，而物流和配送领域也极有可能建立新的共享服务来打破公路、铁路、水路、空中交通的隔离。此外，产业互联网还在向智能资产管理等方向发展，譬如通过物联网连接，实现企业生产与管理的云监控、云计算、云调节。德国的软件企业SAP就推出了此类服务。当然，技术进步、模式创新会不断萌发于产业互联网领域，未来会有什么样的新图景并不是现在就可以清晰描绘的。如何抓住产业互联网领域的新机遇，如何激发新动能、实现新发展，是一个不可回避的问题。

我国正在进行政策发力。2017年，国务院颁发的《关于深化“互联网十先进制造业”发展工业互联网的指导意见》提出，要加快建设和发展工业互联网，推动互联网、大数据、人工智能和实体经济深度融合；到2020年，工业互联网平台体系初步形成，支持建设10个左右跨行业、跨领域平台，到2025年要实现重点工业行业的网络化制造和百万家企业上云，建成3～5个具有国际竞争力的工业互联网平台，形成建平台和用平台双向迭代、互促共进的制造业新生态。2020年，中央全面深化改革委员会第十四次会议审议通过的《关于深化新一代信息技术与制造业融合发展的指导意见》提出，要加快工业互联网创新发展，提升制造业数字化、网络化、智能化发展水平。这两个指导意见显然对第一类和第四类产业互联网企业更加情有独钟。可以预料，第一类和第四类产业互联网将会得到更加具体的、力度更大的政策支持。工信部于2020年颁发的《关于推动工业互联网加快发展的通知》就是一个具体的政策行动。该通知提出，要推动100个重点行业龙头企业、1 000个地方骨干企业开展工业互联网内网改造升级，遴选10个跨行业跨领域平台，发展50家重点行业和区域平台，推动重点平台平均支持工业协议数量200个、工业设备连接数80万台、工业App数量达到2 500个，并建设工业互联网大数据中心。

不过，制约产业互联网快速发展的因素也不少。除了通用性弱、细分行业进入障碍大、专业化业务的市场规模小、工业数据的封闭性强等内在因素之外，资本进入的不活跃是一个重要的外在因素。当然，这个外在因素也与内在因素密切相关。第一大类、第四大类、第五大类产业互联网领域由于开放度不高或者专业性太强，通常是一些大的产业集团或者一些大的机构投入资金、推动发展，这种情形虽然谈不上资金投入不足，但是产业资本缺乏风险资本那样的冒进性和冒险性，譬如，不会以大量资金投入来开发新客户、尝试新模式，不会给创业者以大胆的薪酬激励和治理机制。因此，扩大这类产业互联网在融资结构方面的开放性可能是有益的，这并不是仅仅为了获得更多资金，而是为了获得更加“互联网化”“数字化”的资本特性。即使像第二大类和第三大类产业互联网带有双边平台和交易撮合的性质，客户数量和总交易额会比较大，所能吸引到的外部风险资本也远不能与大众互联网平台相比。例如找钢网就在上市前进行了数轮融资，运满满与货车帮也获得过多轮融资，但它们与同期的大众互联网相比，譬如与2010年上线的美团相比，以及与2012年上线的今日头条相比，还是相形见绌。找钢网是比较成功地得到资本加持的产业互联网企业，其在上市前进行了数轮融资，融资额超过20亿元。运满满与货车帮比较接近于大众互联网，其获得的资本量也很少，大约只有4亿美元到5亿美元，只是在它们合并为满帮这个近乎垄断市场的新企业之后，才获得了36亿美元的资本投入，而这样的投入更应该理解为意在垄断利润及其带来的估值提升。但是，几乎同时推出的大众互联网交易平台就获得了金额大得多的融资，譬如美团和快手、字节跳动都获得过50亿美元至70亿美元的融资。如果说大众互联网领域存在资本泛滥问题，则产业互联网领域存在资本匮乏问题。资本匮乏就不能吸引足够多的创业家和创新家的进入。表14-1至表14-5就是几个产业互联网企业和大众互联网企业的融资对比。

表14-1　找钢网融资情况

时间	融资额
2011年12月	获得1 000万元的A轮融资
2013年1月	获得500万美元的B轮融资
2013年12月	获得来自雄牛资本等3 500万美元的C轮融资
2015年1月	获得来自IDG等1亿美元的D轮融资
2016年1月	获得来自京西创投等11亿元的E轮融资
2017年7月	获得来自京西创投等5亿元的F轮融资
	累计融资额超过4亿美元

资料来源：根据公开资料整理，不尽精确。

表14-2　满帮及其前身运满满与货车帮融资情况

时间	运满满	货车帮	满帮
2013年	获得数百万元创业融资		
2014年	3月，获得来自光速中国的500万美元融资		
2015年	5月，获得来自红杉资本等的数亿元融资；8月，获得来自云锋基金等的数亿元融资	3月，获得来自腾讯等的数亿元融资；8月，获得来自腾讯等的数亿元融资	

续表

	运满满	货车帮	满帮
2016 年	7 月，获得 5 000 万美元融资；12 月，获得来自纪源资本的 1.1 亿美元融资	4 月，获得来自元生资本的数亿元融资；12 月，获得 1.15 亿美元融资	
2017 年	2 月，获得来自华人文化的 4 000 万美元融资；9 月，获得来自老虎基金等的 1.2 亿美元融资	5 月，获得来自百度的 1.56 亿美元融资；8 月，获得 5 600 万美元融资	
2018 年			4 月，获得 19 亿美元融资
2020 年			11 月，获得来自软银等的 17 亿美元融资
	累计融资额超过 4 亿美元	累计融资额超过 4 亿美元	累计融资额为 36 亿美元

资料来源：根据公开资料整理，不尽精确。

表 14-3　快手融资情况

时间	融资额
2012 年 4 月	获得来自晨兴资本等的 500 万美元融资
2014 年 6 月	获得来自红杉资本等的 1 000 万美元融资
2015 年 1 月	获得来自红杉资本等的 1 亿美元融资
2016 年 3 月	获得来自百度等的 2.5 亿美元融资
2017 年 3 月	获得来自腾讯的 3.5 亿美元融资
2018 年 4 月	获得来自腾讯的 4 亿美元融资
2018 年 7 月	获得来自红杉资本等的 10 亿美元融资
2019 年 8 月	获得来自腾讯等的 12.5 亿美元融资
2019 年 12 月	获得来自腾讯等的 30 亿美元融资
	累计融资额超过 60 亿美元

表 14-4　今日头条母公司字节跳动融资情况

时间	融资额
2012 年 1—7 月	获得来自海纳亚洲等的 330 万美元融资
2013 年 9 月	获得来自 DST 等的 1 000 万美元融资
2014 年 6 月	获得来自红杉资本等的 1 亿美元融资
2016 年 12 月	获得来自红杉资本等的 10 亿美元融资

续表

时间	融资额
2017 年 9 月	获得来自泛大西洋投资等的 20 亿美元融资
2018 年 12 月	获得来自软银等的 40 亿美元融资
	累计融资额超过 71 亿美元

资料来源：根据公开资料整理，不尽精确。

表 14-5　美团融资情况

时间	融资额
2010 年 8 月	获得来自红杉资本等的 1 200 万美元融资
2011 年 7 月	获得来自阿里巴巴等的 5 000 万美元融资
2014 年 5 月	获得来自红杉资本等的 3 亿美元融资
2015 年 1 月	获得 7 亿美元融资
2017 年 10 月	获得来自腾讯等的 40 亿美元融资
	累计融资额超过 50 亿美元

资料来源：根据公开资料整理，不尽精确。

很显然，产业互联网获得的资本青睐比大众互联网要少得多。也很难设想，没有大量资本的积极进入，会有大量人才的积极进入和大量创新的涌现，并形成相互带动、相互促进的正向循环。我国的政策部门已经意识到了这一点。工信部于 2020 年颁发的《工业互联网创新发展行动计划(2021—2023 年)》提出，要加大财税政策支持，鼓励地方政府通过设立工业互联网专项资金、风险补偿基金等手段支持产业互联网发展，支持符合条件的企业发行公司信用类债券和资产支持证券来融资。工信部办公厅同年颁发的《关于推动工业互联网加快发展的通知》也提出，要鼓励各地政府引导社会资本设立工业互联网产业基金。

不过，从根本上来讲，还是要依靠市场化运作的风险资本来大力促进产业互联网的发展。风险投资基金不但比财政资金、政府设立的产业基金更能忍受短期内的巨大亏损，甚至能接受投资的最终失败，而且可以与创业型企业家及其管理团队共同设立更灵活的薪酬计划和治理机制，非常有利于调动各个参与者的积极性，从而形成强大的发展动能。风险投资机构之间也可以结成合作关系，共同推动创新。虽然产业互联网对资本的吸引力目前还不如消费互联网那样强，但恰恰因为产业互联网领域尚未形成巨型企业，才使得这个领域具有巨大的发展和变革空间，所以资本不应该缺席。我国的政府部门已经开始在意如何鼓励市场化风险资本进入产业互联网领域。《工业互联网创新发展行动计划（2021—2023年）》不但提到，要引导创业投资基金加大对工业互联网初创企业的投入力度，而且还指出，要支持符合条件的工业互联网企业上市融资。如果上市融资渠道更通畅，对市场化的风险资本就有更大的吸引力。希望这些政策意见能够尽快落地。

四、一些讨论

从广义视角来看，产业互联网涵盖的范围过于宽泛，甚至不同大类之间的界限还比较模糊，有些领域目前实际上不属于产业，而属于公共服务和公共管理。但出于对数字经济发展和规制的关注，又不能对这些宽泛的范围有所忽略。产业互联网大致属于通常所谓的产业数字化的范围，而不少专家认为，产业数字化比数字产业化有着更加重要的意义和更加广阔的前景。我国于2022年初公开颁发的《“十四五”数字经济发展规划》所提出的发展目标，第一条是数据要素市场体系初步建立，第二条就是产业数字化转型迈上新台阶，第三条和第四条才分别是数字产业化水平显著提升、数字化公共服务更加普惠均等。关于大力推进产业数字化转型，该规划提出，要推动传统产业全方位、全链条数字化转型；要加快推动研发设计、生产制造、经营管理、市场服务等全生命周期数字化转型，大力推动装备数字化，培育推广个性化定制、网络化协同等新模式，推动产业互联网融通应用；要建立市场化服务与公共服务双轮驱动，技术、资本、人才、数据等多要素支撑的数字化转型服务生态，面向重点行业和企业转型需求，培育推广一批数字化解决方案。而且，该规划还提出了提高“互联网+政务服务”效能、提升社会服务数字化普惠水平、推动数字城乡融合发展、打造智慧共享的新型数字生活等方面的内容。从这样的规划来看，产业互联网无疑有着非常广阔的发展前景。

产业互联网的巨大发展空间与仍显迟缓的发展现实之间的差距，是政策界和研究界共同关心的问题。如何消除这样的差距？一些人诉诸了产业政策。例如，黄颖等（2020）就提到，我国许多省市纷纷制定产业政策推进工业互联网发展，这些政策发挥了作用；下一步还要继续加大产业政策力度，譬如要加大专项资金支持、加快园区网络建设。李丽和李勇坚（2017）则分析了美国的有关政策，认为美国在促进大数据、云计算发展等方面的政策以及确立技术标准的政策都很有意义。盛亚和戴建新（2019）则比较了中国、德国、美国促进“互联网＋制造”的产业政策，发现人才培养政策更加重要。从我国的政策回应来看，政府对于创新的推动、互联网基础设施的建设和基本标准的制定给予了更多的重视，譬如《工业互联网创新发展行动计划（2021—2023年）》和《“十四五”数字经济发展规划》就提出要增强关键技术创新能力，在传感器、量子信息、集成电路、关键软件、人工智能、区块链等战略性前瞻性领域加大基础研发力度，以数字技术与各领域融合应用为导向，推动行业企业、平台企业和数字技术服务企业跨界创新；支持具有自主核心技术的开源社区、开源平台、开源项目发展，推动创新资源共建共享，促进创新模式开放化演进；加快建设信息网络基础设施，建设高速泛在、天地一体、云网融合、智能敏捷、绿色低碳、安全可控的智能化综合性数字信息基础设施；结合5G、边缘计算、人工智能等新技术应用和产业发展趋势，完善工业互联网标准，并加快基础共性、关键技术、典型应用等产业亟需标准的研制，等等。这些鼓励创新、完善基础设施、加快标准制定的政策预计会取得较好效果；如果能够把这些政策与进一步强化对资本特别是市场化风险资本投入产业互联网领域的鼓励的政策密切地结合起来，应该会有更好的效果。

不过，如果规制政策过头或者不当，就可能对冲发展政策的效果。前文已经提到，产业互联网领域一个涉及规制也涉及发展的普遍性问题是数据问题；而在数据保护和数据利用之间如何取得平衡，则是一个难题。这个难题中最难的部分，在我国很可能是从国家安全角度对数据进行保护与数据的商业化和跨国界利用之间如何取得合理平衡。我国对工业互联网领域的数据规制高度重视数据与国家安全之间的关系。2022年初，工信部再次公布《工业和信息化领域数据安全管理办法（试行）》（公开征求意见稿）。该文件指出，工业和信息化领域数据处理者，不得窃取或者以其他非法方式收集数据；提供数据，应当明确提供的范围、类别、条件、程序等，并与数据获取方签订数据安全协议；委托他人开展数据处理活动的，应当通过签订合同协议等方式，明确委托方与被委托方的数据安全责任和义务。该文件把工业和信息化领域数据分为一般数据、重要数据和核心数据三级，政府监管部门在履行数据安全监督管理职责中，发现数据处理活动存在较大安全风险的，可以按照规定权限和程序对工业和信息化领域数据处理者进行约谈，并要求采取措施进行整改，对于违反规定的行为，则给予没收违法所得、罚款、暂停业务、停业整顿、吊销业务许可证等行政处罚；构成犯罪的，依法追究刑事责任。该文件对重要数据和核心数据的界定基于数据是否对政治、国土、军事、经济、文化、社会、科技、电磁、网络、生态、资源、核安全等构成威胁或严重威胁，是否属于影响或严重影响海外利益、生物、太空、极地、深海、人工智能等与国家安全相关的重点领域，是否对工业和信息化领域发展、生产、运行和经济利益造成严重影响或对工业和信息化领域及其重要骨干企业、关键信息基础设施、重要资源等造成重大影响，等等。很显然，数据的界定和监管存在较大的模糊空间，这可能会制约产业互联网的发展。可以认为，虽然政府部门正在建立一些政策框架，但这方面的工作还非常初步，要想在数据涉及国家安全和数据的商业化开发运营之间建立一个恰当的平衡，从而有力地推动产业互联网的发展，还有很长的路要走。当然，产业互联网及其他互联网和整个数字经济可以说仍然处于童年阶段，因而规制体系不可能先知先觉、提前完善。重要的是，要紧随发展轨迹、把握发展脉搏，进行深入研究和广泛讨论，在此基础上作出政策回应。在某种程度上，构建广泛参与、各方商讨的机制比发布政策条文更有意义。

第十五章　全球数据治理的中国探索

本书研究结论比较清楚：数字市场中受到高度关注、易被归于不正当竞争和垄断的一些典型行为，其实在传统行业中也不鲜见，但在数字市场，通过数字技术手段，数据可以被自动采集和处理，算法程序可以快速地、有目的地将大数据分析结果与特定群体进行关联，因而具有数据和算法优势的企业就可以系统性地实施一些策略性行为，而且常常以隐秘的方式进行；这些系统性、自动化的策略性行为的确容易起到强化企业的市场地位甚至不当排斥竞争的作用，的确可能造成垄断性市场，当然还可能带来其他问题。数据和算法在迷于认知、疏于规制的情境中有可能会酿成数字经济中的新公害。工业经济中的传统公害主要是环境污染、生态恶化、劳工安全得不到保护、食品安全得不到保障等等。现在，数字技术正在成为新通用技术、大数据正在成为关键投入品，但是，数据的采集、流转、加工、利用以及算法的设计和使用因为是全新事物，如果长期处于规制缺失状态，就会刺激对数据的滥采滥用、对算法的不当和过度使用，就会导致数据和算法带来的新公害，譬如个体信息和隐私受到侵犯，许多人受到算法的歧视性对待和强烈诱导，以及科技伦理方面的问题，等等。因此，数字经济领域的反垄断与反不正当竞争政策，以及其他一些重要规制政策，应该聚焦于对数据和算法进行科学合理规制，特别是应该建立一个良好的、融入法治的数据治理体系。目前，在全球范围内，数据治理开始在求索中向前推进，而中国也在根据自己的情况探寻自己的数据治理方案。而数据治理的中国方案如何与其他国家求同存异，从而在全球范围内达成一致性和兼容性的平衡，必定不是一件轻而易举的事情。

一、建立数据和算法规制政策的复杂性

数字市场引发关注和争议的那些行为既然主要基于数据和算法，那么必然存在规制上的空白区和灰色区，因为数字技术、数字经济毕竟尚处于快速兴起和不断迭代阶段，还远未稳定和成熟，立法、司法和执法机构乃至学术界不但缺乏现成的经验，甚至缺乏必要的知识储备和认识积累。事实上，在过去几年里，已经出现了一些涉及数据和算法的重大分歧，例如美国的数字巨头谷歌、亚马逊、脸书、苹果无论是在本国，还是在欧洲，都遭遇过一些涉及数据与算法的重要指控和起诉，后来要么以罚款及和解了结，要么检方起诉被法官驳回。因此，对数据和算法的规制，一方面存在巨大的必要性，另一方面又存在巨大的复杂性，需要注入足够的探求精神和谨慎态度。这是政府不得不面对的艰难平衡。

掌握这个艰难平衡，很可能需要从数据入手，即需要明确对数据的采集、流转、加工、利用应该采取什么样的具体政策。这是因为，数据是算法的基础。数字技术不断获得突破，数字经济持续快速发展，使得数据采集、流转、开发、利用活动成为有目的性的大规模谋利活动，大数据和算法以及智能科技结合在一起，把数据带到了前所未有的关键位置。因此，在数字经济领域，数据规制属于基础性规制。数据规制就是要建立一套关于数据采集、流转、加工、利用的规则。

毫无疑问，数据采集规则是初级规则，而关于数据流转、加工、利用以及拥有等方面的规则都是次级规则，因为没有采集，就没有此后的一切。而数据采集规则的基石是与数据相关的权利的确定与保护，以及利益的分配和责任的承担。欧盟于 2016 年通过、2018 年正式生效实施的《通用数据保护条例》，是全球范围内关于数据权利的颇具标杆意义的政策文件。这个条例大量涉及数据权利问题，特别是强调对个人隐私数据的保护。我国于 2021 年颁布实施了《中华人民共和国个人信息保护法》，也体现了类似的政策思路。不过这些政策性文件无疑只是初始步骤，远远不能涵盖更不能预见数据权利所涉的各种复杂场景。当然，即使数据场景得到清晰辨认，数据采集权利得到明确授予，也还需要建立数据流转、加工、利用等方面的次级规则。数据次级规则的权、利、责界定与数据采集不尽

相同。譬如，数据流转不但涉及数据在不同主体之间的流转，还涉及在不同国家之间的流转，这就把公共意志、公共权力引入数据规则当中。我国出台了《中华人民共和国数据安全法》，从而将数据的主权问题以及数据的跨境储存、流动、使用的安全问题提上了议事日程，这不但使数据跨境流转面临严厉的政策环境，而且使整个数据规则更加复杂。此外，数据有可能形成一些独特的数字资产和数字产品，包括非同质化代币以及虚拟世界的艺术品等等都面临价值评估与分配问题。目前的法律和规制政策还无法应对这些问题。

而算法规制的建立，一点都不比数据规制的建立更容易。算法规制的最大难点在于算法的非人工性和不透明性，因为许多算法决定是由通过处理大数据而进行深度学习的智能化机器所作出的。算法程序还可以进行不断的快速更新，从而很难进行事前监管。对算法进行规制的另一个难点在于，基于大数据的算法是人类的一项重要创新，有力地促进了经济效率的提升和人们生活的改善，因此规制政策一方面应该有效应对算法的阴暗面，特别是社会公认的阴暗面，譬如利用数据和算法来系统性调动、刺激、利用人性弱点的那些经营行为，来系统性实施的明显违背良知的欺诈性和垄断性经营行为，等等，另一方面也应该避免扼杀科技和经济创新。由于存在这些难点，国际国内对算法进行的规制目前还处于初始阶段，并引发了很多争论。欧盟有关机构在2019年提出了《算法问责及透明度治理框架》，美国国会一些议员也于2019年提出了《算法问责法（草案）》，这些规制文件要么具有很强的原则性，要么陷入激烈的讨论中。我国虽然于2021年颁布了《互联网信息服务算法推荐管理规定》，但可操作性有待提高，特别是将其纳入法治框架还需很长时日。而在全球范围内，对基于算法的一些新生事物譬如智能合约应该如何建立规制，更是政策空白。

基于上述必要性和复杂性分析，可以认为，从长远来看，在数字革命浪潮中，在全世界范围内，需要随着实践的不断发展，建立一个能够嵌入未来的、基于场景的数权体系。与数权体系相配套，还需要建立算责制度。当然这是全世界面临的一个新范畴，不可能一蹴而就，但现在就应该树立这样的意识，主动朝这个方面推进相关工作。

数权与算责体系的建立尽管面临许多认识上的分歧和技术上的困难，

并需要花费很长时间，但只要人类社会保持对规则追求的信任，并与时俱进地将规则融入法治体系，终究可以形成一个较为科学合理、能够得到较为广泛认同和接受的数据治理框架。这个数据治理框架不但能够应对纷至沓来的各种数据与算法问题，从而保障数字经济在符合大多数人利益和期望的健康轨道上快速发展，而且能够大致整合不同国家关于数据与算法的主要规则，从而使数字经济可以保持其内在跨地域特性并成为一股全球化新动能。

二、全球数据治理的求索之路

在世界上的一些国家，建立数据治理体系的篇章已经翻开。可以说，欧洲国家在这方面走在前列，尽管美国和中国的数字经济发展呈现更加蓬蓬勃勃的局面。

欧盟作为一个超国家的集体组织，在这方面发挥着重要作用。在过去十几年里，欧盟发布了一系列关于数据与算法的重要文件，并通过了一些重要法律。欧洲有着较强的保护个人隐私的传统。1950 年，欧洲委员会就通过了《欧洲人权公约》，其中就有保护个人隐私权的内容。1981 年，数字经济尚未成形，但鉴于计算机开始得到较多使用，欧洲委员会就颁布了《个人数据自动化处理中的个人保护公约》，1995 年欧盟又颁布了《关于涉及个人数据处理的个人权利保护以及此类数据自由流通的第 95/46/EC 号指令》，即著名的《个人数据保护指令》。2000 年，欧盟与美国签订了关于数据流动和利用的《安全港协议》，并于 2016 年达成《隐私盾框架》。也是在 2016 年，欧盟通过了具有里程碑意义的《通用数据保护条例》，取代了《个人数据保护指令》，从而建立了一个比较完整的个人数据保护体系。这个数据保护体系不但确立了数据主体的知情权和同意权等基本权利，而且规定只有在数据接收者所在的国家达到欧盟数据保护标准时，才可将数据流转到欧盟之外的国家。此后，欧盟还颁布了《非个人数据自由流动条例》《网络安全法案》《开放数据指令》等法律法规。为了执行这些规则，欧盟设立了信息保护委员会，而且各成员国基本上都各自设立了保护个人数据的专业化监管机构。

2020 年以来，欧盟和欧洲国家在数据治理方面迈出了更大步伐。

2020年，欧盟委员会颁布了《欧洲数据战略》，剖析了欧盟在数据治理、数据基础技术及网络安全方面存在的问题，设计了数据访问和使用的跨部门治理框架，以促进成员国之间、不同行业之间数据的流动和共享，并致力于制定数字市场的全球化标准，引领数据流动与使用的国际合作。2020年，欧洲数据保护监管局（EDPS）发布了《欧洲数据保护监管局战略计划（2020—2024）——塑造更安全的数字未来》（EDPS Strategy 2020－2024—Shaping a Safer Digital Future），该文件预料，未来许多经济和社会政策都将涉及数据采集与使用，而这必将对隐私和数据保护带来严重的新挑战，因此需要从学术研究和法院判例等方面，加快探索如何建立更加适应时代发展要求、更加健全的隐私权保护和数据治理体系。2022年，欧洲议会以压倒性多数通过了具有里程碑意义的《数据治理法》。该法侧重于设计一套规则，以鼓励公共部门向社会释放更多数据，促进这些公共数据得到二次利用。该法规定，应该建立严格的个人隐私和商业机密保护机制，在此基础上实现数据开放、数据共享；并建立"欧盟认可的数据利他主义组织"机制，开发通用的"欧洲数据利他主义同意书"表格，以合理消除数据采集和流转的障碍。该法也设立了一个对于数据权利和利益进行申诉的通道，以及司法救济手段。2022年，欧盟还公布了《数据法（草案）》，该法案旨在设计一套规则，以鼓励私营部门向社会释放更多数据，促进智能设备、智能汽车等广泛领域的非个人数据得到二次利用。该法案规定，数据持有者必须向用户提供生成的数据，必须在公平、合理、非歧视的条件下以透明方式完成数据的分享，不得以可能损害用户利益的方式使用数据；同时对数据的国际共享进行严格限制，云服务提供商必须采取措施防止任何违反欧盟或成员国法律的国际访问和跨国传输，数据传输到境外后不得违反欧盟及成员国保护个人权利、保护国家安全的法律，且需建立在欧盟与他国相关协议的基础上。

欧洲自然非常注重在国际协商与谈判中推进数字市场全球治理，并力争注入欧洲理念、欧洲标准，以及发挥尽可能多的主导作用。欧盟在2000年即与美国签订了关于数据流转与利用的《安全港协议》，后来由于"棱镜门"事件爆发而导致欧盟对这个协议失去信心，双方遂于2016年签订《隐私盾框架》，但欧盟法院于2020年认为美国的数据保护措施没有达到欧盟水平，又导致这个框架失效。2022年，欧盟与美国经过多年谈判，终于宣布达成《跨大西洋数据隐私框架》，这意味着双方建立了数据保护的新机制。这个隐私框架在保护个体权利和鼓励数据流动、促进数字经济发展之间建立了一种高标准平衡。在这个高标准的平衡性框架中，数据隐私和安全得到可信的保障，同时大中小企业又能充分利用数据跨境流转而开展数字化商业活动。该框架明确规定，美国政府开展的情报活动不得侵犯数据隐私和公民自由，只有在为推进合法的国家安全目标所必需时才能收集情报信息；有关企业和组织应继续遵守《隐私盾框架》的各项规则，并通过美国商务部进行合规标准的自我认证；欧盟居民可通过各种途径对涉嫌违规的企业和组织进行投诉。该框架特别指出，欧盟将设立一个独立的数据保护审查法院来审理数据流动和利用中的诉讼并提供救济。

美国在数据治理方面也做了一些有意义的工作。美国是全球数字经济最发达的国家，不仅其国内数字市场的体量巨大，而且其数字企业有着很强的全球存在感和竞争力。毫无疑问，这意味着数据采集、流转、分析、利用在美国有着很大的普遍性。2012年，奥巴马政府还发布了《大数据研究与发展计划》，并于2014年签署《数字问责和透明法案》（Digital Accountability and Transparency Act）使其生效，该法的英文缩写恰好是DATA，所以常常被称为《数据法》。2016年，美国又设立了联邦隐私委员会这个专门机构，以防止数据采集和利用过程中侵犯公民隐私等基本权利。美国也有一些法律和行政命令，规定公共部门的数据必须具有开放性。美国的一些州则出台了自己的法律，以强化数据保护措施，譬如加利福尼亚州于2018年通过的《加州消费者隐私法》是美国第一部此类法律，该法规定，收集、使用、传输和出售个人信息的公司必须履行告知消费者的义务，向消费者赋予访问、删除个人信息中特定数据的权利，并披露数据使用目的等信息，还明确指出只有在数据遭到泄露的情况下才会触发私人诉权。

但有意思的是，美国并没有像欧盟那样颁布数据治理方面的纲领性文件和引领性法律。这很可能是因为，一方面，美国是一个普通法国家，法院大致可以根据宪法和《隐私法》等其他法律关于个人隐私等基本权利的条款，对数据侵权案件问题进行裁定和判决；另一方面，数据治理到底应该有什么样的详尽规则和具体框架，当然还需要较长时间的摸索，所以且行且看对美国来说也是一个不错的选择。不过，美国联邦及州一级的检察机关和法院，甚至国会等机构，已经处理了不少涉及数据的事件和案件，一些处理结果已形成重要的判例。譬如早在 2011 年，美国联邦贸易委员会曾与脸书就后者是否侵犯用户隐私权利的事件达成和解，和解协议规定前者可以对后者进行行政处罚，甚至在某些情形下可以把其罚到破产的地步。2020 年，美国国会众议院曾举行听证会，对脸书、亚马逊、谷歌、苹果的首席执行官进行了反垄断、保护数据隐私等问题的问询，产生了极大的政策影响。在更早的 2015 年，600 万用户指控脸书未经用户许可，从用户上传的照片中收集他们的脸部特征和其他生物特征数据，加州联邦法院于 2021 年批准了这项集体诉讼案的和解方案，脸书向用户支付了 6.5 亿美元和解金，并进行了相应整改。亚马逊也遭遇过类似诉讼，并支付了罚款、进行了整改。不过，美国的司法机构对于数据案件也有不少分歧，并对案件裁决抱有谨慎态度。此外，美国还于 2018 年颁布实施了《澄清海外数据的合法使用法》（Clarifying Lawful Overseas Use of Data Act），该法的英文缩写恰好是 CLOUD 法，所以常常被称为《云法》。《云法》规定，无论用户数据是否存储在美国境内，只要服务提供商对用户数据具有实际控制或管辖权，它就有义务保存并对有关政府机构提供调查所需的数据，并允许达到隐私权保护标准的其他国家从美国境内调取相应数据。

美国十分注重在全球经济协议中嵌入带有美国意志的数据治理规则。早在 2013 年，由于出现“棱镜门”事件，许多国家加强了对本国数据的保护、收紧了数据跨境流动的限制，美国就将数据本地化存储定义为新型贸易壁垒，从而在亚洲太平洋经济合作组织（APEC）框架中大力推动跨境隐私保护准则（CBPR），要求各国促进数据跨境流动，后来又在其主导的《跨太平洋伙伴关系协定》（TPP）中嵌入了大量的促进数据跨境流动的内容，但随着美国退出该协定而未果。2021 年，美国战略与国际研究中心（CSIS）发布的研究报告《亚太地区的数据治理》指出，由于在数据采集、存储和传输方面难以达成一致的全球规则，全球数据治理处于割裂和脆弱状态，数据风险、数据孤岛问题同时存在，但“志同道合”的国家应该制定共同的规则。事实上，美国与墨西哥、加拿大于2018年签署的《美墨加协定》(USMCA)，就有一章专门对数字贸易进行规定，以在保护个人隐私权和企业商业秘密的基础上促进数据跨境传输，尽可能减少对数据储存和处理的地域限制，并促进公共数据的开放访问、合作应对网络安全挑战。美国与日本于2019年达成的《美日数字贸易协定》(U. S. -Japan Digital Trade Agreement)，则是美国把数据治理向亚洲延伸的一个重要步骤。2022年，美国政府提出"印太经济框架"(Indo-Pacific Economic Framework)，其中一项重要内容就是数字经济和数据治理。

亚洲等地区的国家也非常重视推进数据治理工作。2020年，新加坡、智利、新西兰签署了《数字经济伙伴关系协定》(Digital Economy Partnership Agreement，DEPA)。这个协定包括十六个模块，其中有一个专门处理数据问题的模块，此外还有关于个人信息保护、数据跨境流动、计算设施的位置等模块，以及关于数字身份、数字包容性、透明度和争端解决方面的模块。2021年，中国正式提出加入该协定，意味着中国在数据治理问题上将采取更加开放的态度。

三、中国的政策探索

中国目前是世界上数字经济发展最快的国家之一，每天都产生并利用大量数据。在过去几年里，中国在探索并逐步健全数据治理方面做了大量工作，其中2021年颁布实施的《中华人民共和国个人信息保护法》具有标志性意义。该法明确规定，处理个人信息应当遵循合法、正当、必要和诚信原则，不得通过误导、欺诈、胁迫等方式处理个人信息；处理个人信息应当具有明确、合理的目的，收集个人信息应限于实现处理目的的最小范围；处理个人信息应当遵循公开、透明原则，并采取必要措施保障所处理的个人信息的安全；任何组织、个人不得非法收集、使用、加工、传输他人个人信息，不得非法买卖、提供或者公开他人个人信息；不得从事危害国家安全、公共利益的个人信息处理活动。2021年国家发展改革委等部门联合印发了《关于推动平台经济规范健康持续发展的若干意见》，该文件指出，要探索数据和算法安全监管，严厉打击平台企业超范围收集个人信息、超权限调用个人信息等违法行为，从严管控非必要的采集数据行为，依法依规打击黑市数据交易、大数据杀熟等数据滥用行为。同年颁布实施的《中华人民共和国数据安全法》，则强调了维护数据安全的重要性，提出要坚持总体国家安全观，建立健全数据安全治理体系。《中华人民共和国数据安全法》指出，国家保护个人、组织与数据有关的权益，鼓励数据依法合理有效利用，保障数据依法有序自由流动，同时强调开展数据处理活动不得危害国家安全和公共利益；国家积极开展数据安全治理、数据开发利用等领域的国际交流与合作，参与数据安全相关国际规则和标准的制定，促进数据跨境安全、自由流动；国家建立数据安全审查制度，对影响或可能影响国家安全的数据处理活动进行国家安全审查。

总的来看，我国从 21 世纪第二个十年开始，在数据治理方面取得了巨大进展，出台了一些重要的法律法规和指导意见，填补了数据隐私权利保护、数据正当利用与合理流动方面的空白。我国在过去几年里也开启了数据司法实践，其中一个引起很大关注的案件就是我国著名电商平台淘宝公司于 2018 年对美景信息公司提起诉讼，指控后者不当利用前者从用户购物活动中采集的数据，从而构成不正当竞争。这个案件不但涉及数据采集的正当性、合法性等问题，还涉及数据权利界定和财产权分配等问题，审理过程引发了很大讨论和争论。2019 年，我国著名互联网社交平台腾讯公司对著名短视频平台抖音公司及其旗下的多闪公司提出诉讼，指控后者不当使用前者微信用户的头像和昵称等数据类产品，从而构成侵权。这个案件也涉及数据类产品的权属和利用方式问题。不过，对这些案件的判决结果至今仍存分歧，而且法院判决似乎回避了一些关键问题。对于这样的分歧与回避，其实不难理解，因为在实际当中，由于数字技术、数字经济是新生事物，且处于快速发展与变动之中，对于涉及数据的争执和纠纷，已有法律条文和司法判例都不能应对，从而在如何判定上的确存在很大困惑甚至巨大争议，即便诉诸法庭也未必可以得到高度认可的判决，而由具有较大自由裁量权的监管部门来实施处罚和矫正则更有可能出现偏颇。其实在国外也多少存在同样的问题。譬如，谷歌曾遭遇由英国消费者权益组织牵头发起的集体诉讼，被索赔数十亿英镑，案由是其秘密收集数百万智能手机用户的个人数据，不过被告律师辩称，谷歌并未泄露用户数据，更未给用户带来实际损失，英国最高法院的法官采纳了辩护，认为谷歌的数据采集行为并不正当，但的确尚未触发英国《数据保护法》所定义的实际损失，遂驳回了起诉。亚马逊等公司也遭遇过类似诉讼，并且也大多以和解方式了结了争端。不难看出，我国在近几年出台的法律法规以及一系列指导意见主要还是一些原则性思路和规定，并且高度依赖行政部门的监管，从而给监管机构留有较大的自由裁量权，而当事方尚缺乏必要的法律救济渠道。可以说，更多地考虑如何建立法律诉讼和法院判决通道，是我国数据治理方面的一项至关重要的工作。当然，这也要以充实数据和算法领域的法律人才、法官队伍为前提。

从国际经验来看，我国一方面可以继续加强对数据与算法活动的监管，另一方面应该细化法律条款和健全涉及数据的法庭体系，让诉讼和判决发挥更大作用。随着数字经济快速发展，涉及数据和算法的法律纠纷已经纷至沓来，设立专门的数据法院将非常有助于加快数权和算责体系的建立进程。与工业经济时代产权体系的最终建立和完善一样，数权与算责体系的建立应该由大量的法庭诉讼来推动。如果没有足够多的诉讼，如果不积累足够多的法庭判决，而只由政府规制机构单方面对企业和个人实施惩罚，就会导致对质的缺失、证据的贫乏、理由的单调，那么再多的政策文件和规制条文也未必能带来科学合理的规则，并使这些规则得到社会普遍认同和遵循。

欧盟已决定，将设立独立的数据保护审查法院，以处理日益增多的数据问题。我国也可考虑尽快设立专门的数据法院。数据治理具有极强的专业性和新颖性，这个领域的法律细则制定和法官人才培养应该在司法实践中推进。这也是探寻数据规则、积累数据判例、培养数据法官的好方法。我国已有设立专门法院的经验，譬如已在一些地区设立了金融法院、知识产权法院、互联网法院。杭州、北京、广州等地的互联网法院已进行了一些有意义的审判，但其审理范围其实很少涉及数据问题，而是集中于互联网购物、互联网金融、互联网版权等方面的纠纷，以及网络上一些侵害人身权、财产权的纠纷。在数字经济发展中，处理数据纠纷比处理上述几个方面的纠纷更具基础性意义。世界上最早、最完备地建立产权体系的国家是英国。英国也率先设立了一些专门法院，譬如海事法院，从而为英国在这个领域确立全球权威奠定了基础。我国下一步应该下大力气强化法庭建设和法院判决在数据治理中的地位，避免过度地以行政规制取代法院判决。我国若率先设立数据法院，可以在全球数字经济治理中谋得一定主动权。

中国还应该加强与美国、日本等国以及欧盟在数据治理方面的磋商及合作。与美国、日本、欧盟的磋商及合作非常重要，这样更有可能达成数据治理的主流国际标准。当然，这存在很大挑战。《美墨加协定》《美日数字贸易协定》《跨大西洋数据隐私框架》以及美国的《云法》给数据的跨国流动与使用建立了一些基本规则；特别是《云法》规定，只有通过美国的"适格外国政府"审查，其他国家才可以与美国政府相互调取存储在对方的数据。《云法》实际上也适用于许多数字企业，涵盖了许多数据活动。对"适格外国政府"的认定，需要考虑该国的立法、司法、执法是否对个人隐私和公民权利有着强健的程序性、实质性保护。目前来看，许多发展中国家难以满足其"适格"标准。事实上，美国的"适格"标准即使与欧盟的《通用数据保护条例》也有不小的矛盾冲突，但它们之间还是可以通过谈判达成《跨大西洋数据隐私框架》而化解分歧、形成共同规则。

鉴于中国已经提出加入《数字经济伙伴关系协定》，这也是一个高标准的数字经济协定，所以中国还是有可能朝着"适格"标准的方向前进的。我国于2021年开始实施的《中华人民共和国民法典》，第四编就是人格权，明确定义人格权包括姓名权、肖像权、隐私权等权利，其中第六章对隐私权和个人信息保护作了详细规定，这些规定与美国等发达国家的有关法律是基本一致的，并无根本冲突。《中华人民共和国刑法》第二编中的第四章是侵犯公民人身权利、民主权利罪，其中就有非法获取公民个人信息罪，以及出售、非法提供公民个人信息罪等罪名；第六章是妨害社会管理秩序罪，其中有非法获取计算机信息系统数据、非法控制计算机信息系统罪，并有利用计算机实施犯罪的提示性规定。《中华人民共和国宪法》当然也保护公民的基本权利，包括个人隐私等方面的权利。而《中华人民共和国个人信息保护法》有着更具体的内容。因此总的来看，中国有着一定的法律基础，可以与美国、欧盟就数据、算法规则以及数字经济其他方面的议题进行谈判。不过，《中华人民共和国国家安全法》《中华人民共和国数据安全法》《中华人民共和国网络安全法》等法律，《关键信息基础设施安全保护条例》《网络安全审查办法》等法规和规章，以及拟议中的《工业和信息化领域数据安全管理办法（试行）》等文件，对数据主权和数据安全也提出了很高的要求。中国还有《中华人民共和国保密法》，很多公共领域的数据都属于保密数据，很难对社会公众和商业部门开放，即使在国内对其进行利用也存在很大困难，更遑论跨境流动。如果中国要进行数据治理方面的国际谈判，数据主权和数据安全必然是绕不过去的内容。如果能够较好地处理这些问题，中国就可以成为全球数据治理体系的重要参与者和贡献者。

四、一些讨论

大数据和算法对于人类而言是前所未有的新生事物，如何利用以及如何规制只能在实践中进行摸索。正如美国学者 Nissenbaum（2010）所指出的那样，对于数据而言，只能在“对场景的尊重”（respect for context）中，实现数据的“场景性正直”（contextual integrity），也就是说，只能在具体场景中实现隐私保护与信息采集和流转的合理平衡。另一位学者 Waldman（2018）也认为，数据隐私问题的本质在于信任，所以不能完全以个人权利来理解数字社会的个人信息隐私，而其权利边界需要根据其在具体场景中的合理期待来确定。而在数字经济时代，场景的复杂性不但来自数字技术作为新通用技术的广泛渗透性，还在于其作为新兴技术的快速发展性，因此可以预料，各种数字场景将令治理规则目不暇接。除了场景的复杂性，个人的人格也令数据治理与其他领域的治理有着显著不同。我国学者肖冬梅和文禹衡（2015）就从数据人格权的角度探讨了数据产权问题，认为数据人格权是一种与隐私权很接近的新型权利，但数据人格权有别于传统隐私权，所以数据确权具有高度的复杂性。不管数据人格权与传统隐私权是否真正有着本质上的区别，毫无疑问，数字技术和数字场景的确将人格因素引入数字化体系中，并以数据形式体现出来。还有不少学者主张，数据是一种资产，从而具有价值，需要进行定价，譬如阎立东（2019）就认为，数据权属与数据价值密切联系在一起。可以认为，至少需要在上述重要方面取得明显进展，达成广泛共识，才有助于一些基本规则的确立。但在数字经济和数字社会的实际当中，澄清数据场景、界定数据权属将面临许多复杂的情形，譬如住户部门将会产生许多数据，特别是设备状态数据，包括汽车行驶数据、家电运转数据等等，这些数据的权属在个人、家庭以及设备生产企业之间如何分配，就很难一概而论；此外，公共部门也会产生大量数据，譬如交通、公用事业、社会治安等方面的数据，并且采集和储存的还是许多个人的数据，关于这些数据的开放度和使用权都不易达成共识。而地形地貌、天气、知识等方面的数据，还有其他目前难以想到的很多数据，甚至没有必要也没有可能放到某个具体场景中。可以预料，数据基本规则的确立必将是一个长期的过程。

而建立治理规则、健全治理体系，并不是要消灭大数据和算法技术，也不是要抑制这方面的技术进步与各种创新，而是要使这些技术与创新更好地服务人类社会，更有力地推动数字经济的良性发展。建立一个与时俱进的、平衡性的数据治理体系，是一项全球性的事业。美国、欧盟在这方面走在了前头，也积累了一些经验教训，但仍然存在许多空白地带、灰色地带甚至冲突地带。中国数字市场是全球数字市场的重要组成部分，中国数字经济有着良好发展势头，中国在数字治理方面也在进行自己的探索，并获得了一些成果，形成了一些政策。特别是进入 21 世纪第二个十年以来，中国在促进和规范数字经济发展、建立和改善数据治理方面，出台了一系列重要的法律法规和其他政策性文件，这些已经在本书中得到叙述和阐释。中国还修改、补充了一些重要法律，目前已完成对《中华人民共和国反垄断法》的修改，自 2022 年 8 月 1 日起施行。当然，中国在数据治理方面还将面临更加艰巨、更加复杂的探索工作，主要就是需要在公共数据如何得到更加开放式利用，以及数据跨境流动和储存方面，与如何进行国家数据安全管理之间达成平衡。

毋庸讳言，中国也有一些严重的短板，譬如在如何让法律诉讼和法院判断在数据治理中发挥应有作用方面就存在短板。虽然我国已经颁布实施了《中华人民共和国个人信息保护法》等法律，其与欧盟的《通用数据保护条例》有不少共同之处，但从逻辑上来讲，从历史上来看，个人权利包括数据权利要得到有效、有力保护，不但需要行政规制手段，更需要法律诉讼通道。孔祥稳（2022）就认为，行政规制虽然存在效率优势，但也可能存在过度干预市场、被俘获和权力寻租等问题，而且在技术变革较快的互联网领域，行政规制的僵化性可能影响其容纳新事物发展变化的能力，且无法为受到损害的当事人提供物质上的救济，因此在互联网时代，比较理想的个人信息保护模式应该是一个融贯公私法、调和行政规制与民事诉讼乃至刑事责任的综合性法律框架。这种主张具有较强代表性。从推进国家治理体系与治理能力现代化的高度来看，也需要尽快地弥补这些短板，把数据治理纳入法治轨道。

从全球视角来看，的确需要建立一个符合数字经济发展内在规律、符合人类社会进步趋势的数权与算责体系，尽管这至少需要几十年甚至更长的时间。中国应该在这方面发挥积极作用。在数字经济全球化发展的新环境中，中国制定了新的发展愿景，这在国务院印发的《“十四五”数字经济发展规划》等重要文件中就能体现出来。新环境和新愿景给数字经济的产业组织与反垄断研究赋予了新意义。在这些研究的基础上，实现理论与实践的深入结合、学术与政策的相互促进，必定可以促进中国数字经济更快更好地向前发展，并促使中国成为数字经济全球化体系的积极推动者、受益者、贡献者。

参考文献

第一章

菲利普·阿格因，彼得· 豪伊特．增长经济学．北京：中国人民大学出版社，2011：158－177.

江小涓．“十四五”时期数字经济发展趋势与治理重点．光明日报，2020－09－21.

李海舰，蔡跃洲．数字经济蓝皮书：中国数字经济前沿（2021）．北京：社会科学文献出版社，2021：1－21.

刘鹤：我呼吁大家重新认识新经济．澎湃新闻网，2022－01－03.

国家统计局副局长鲜祖德解读《数字经济及其核心产业统计分类（2021)》．国家统计局官网，2021－06－03.

Bresnahan，T. F.，Trajtenberg，M. General Purpose Technologies：“Engines of Growth”．*Journal of Econometrics*，1995，65（1)：83－108.

Geroski，P. A. Innovation，Technological Opportunity，and Market Structure. *Oxford Economic Papers*，1990，42（3)：586－602.

Kaplan，S.，Stromberg，P. Financial Contracting Theory Meets the Real World：An Empirical Analysis of Venture Capital Contracts. *Review of Economic Studies*，2003，70（2)：281－315.

Kovacic，W. E.，Shapiro，C. Antitrust Policy：A Century of Legal and Economic Thinking. *Journal of Economic Perspectives*，2000，14（1)：43－60.

U. S. House of Representatives. Investigation of Competition in Digital Markets，2020.

第二章

陈弘斐，胡东兰，李勇坚．平台经济领域的反垄断与平台企业的杀手并购．东北财经大学学报，2021（1）：78－85.

董方旭，康许培，赵乐群．算法推荐机制下“过滤气泡”的形成、影响与规避．新闻爱好者，2020（11）：44－48.

何茂斌．对网络平台自我优待行为的认识与思考．市场监督管理，2021（6）：46－47.

袁嘉．数字背景下德国滥用市场力量行为反垄断规制的现代化——评《德国反限制竞争法》第十次修订．德国研究，2021，36（2）：86－104.

Argentesi，E.，Buccirossi，P.，Calvano，E.，et al. Merger Policy in Digital Markets：An Ex-Post Assessment. CEPR Discussion Working Papers，2019.

The Competition Policy for the Digital Era. European Commission，2019.

Rochet，J.，Tirole，J. Platform Competition in Two-Sided Markets. *Journal of European Economic Association*，2003，1（4）：990－1029.

第三章

韩旭至．数据确权的困境及破解之道．东方法学，2020（1）：97.

苏可依．大数据时代的数据权权属划分．网络安全技术与应用，2021（8）：63－64.

汤琪．大数据交易中的产权问题研究．图书与情报，2016（4）：38－45.

姚前．算法经济与算法监管．清华金融评论，2021（1）：85－88.

Schrepel，T. Computational Antitrust：An Introduction and Research Agenda. *Stanford Computational Antitrust*，2021，1：1－17.

第四章

威廉·鲍莫尔，罗伯特·利坦，卡尔·施拉姆．好的资本主义，坏的资本主义：增长与繁荣的经济学．北京：中信出版社，2008：55－84.

威廉·鲍莫尔．企业家精神．武汉：武汉大学出版社，2010：28－55.

何枭吟．美国数字经济的制度因素分析．经济研究导刊，2007（3）：

60 - 62.

王国刚．创业板：创业投资与高新技术产业化．中国工业经济，2001（6）：59 - 64.

于左，张容嘉，付红艳．交叉持股、共同股东与竞争企业合谋．经济研究，2021（10）：172 - 188.

周小川．经济学中的微观制度概念．//吴敬琏，周小川，等．公司治理结构、债务重组与破产程序：重温 1994 年京伦会议．北京：中央编译出版社，1999：6 - 17.

Altomonte，C.，Aquilante，T.，Ottaviano，G. I. P. The Triggers of Competitiveness：The EFIGE Cross-Country Report. Bruegel Blueprint 17，17 July 2012.

G20/OECD. *Principles of Corporate Governance*. Paris：OECD Publishing，2015.

Kaplan，S.，Stromberg，P. Financial Contracting Theory Meets the Real World：An Empirical Analysis of Venture Capital Contracts. *Review of Economic Studies*，2003，70（2）：281 - 315.

第五章

克莱顿·克里斯坦森．创新者的窘境．北京：中信出版社，2014：3 -28.

让·梯若尔．共同利益经济学．北京：商务印书馆，2020：378 - 391.

约瑟夫·熊彼特．资本主义、社会主义与民主．北京：商务印书馆，2016：119 - 256.

张文魁．产业创新生态圈的治理特征及政策要点．中国发展观察，2021（19）：19 - 20.

Scherer，F.，Ross，D. *Industrial Market Structure and Economic Performance*. Boston：Houghton Mifflin，1990：650 - 660.

第六章

崔传桢，曾昭平．数字经济时代的网络空间安全国家新战略．信息安全研究，2019（11）：954 - 958.

弗里德里希·李斯特．政治经济学的国民体系．北京：商务印书馆，

2017：119－308.

吴敬琏，八田达夫，陈清泰．反思产业政策．//吴敬琏．比较：2016年第6辑．北京：中信出版社，2016.

植草益，等．日本的产业组织：理论与实证的前沿．北京：经济管理出版社，2000：248－311.

第七章

戴维·蒂斯．创新、治理和能力：对竞争政策的启示．//吴敬琏．比较：2021年第4辑．北京：中信出版社，2021.

Gilson，R.，Roe，M. Understanding the Japanese Keiretsu：Overlaps between Corporate Governance and Industrial Organization. *Yale Law Journal*，1993，102（4）：871－906.

Moore，J. F. Predators and Prey：A New Ecology of Competition. *Harvard Business Review*，1993（May-June）：75－86.

Platforms and Ecosystems Enabling the Digital Economy. WEF，2019.

第八章

陈永伟．从布兰代斯法官到“新布兰代斯主义”．经济观察报，2021－07－29.

戴维·蒂斯．创新、治理和能力：对竞争政策的启示．//吴敬琏．比较：2021年第4辑．北京：中信出版社，2021.

Khan，U. The New Brandeis Movement：America's Antimonopoly Debate. *Journal of European Competition Law & Practice*，2018，9（3）：131－132.

Hovenkamp，H.，Morton，F. S. Framing the Chicago School of Antitrust Analysis. Faculty Scholarship at Penn Carey Law，2020.

Moore，J. F. Predators and Prey：A New Ecology of Competition. *Harvard Business Review*，1993（May-June）：75－86.

Shapiro，C. Antitrust in a Time of Populism. *International Journal of Industrial Organization*，2018，61（Nov.）：714－748.

Wu，T. *The Curse of Bigness：Antitrust in the New Gilded*

Age. New York Columbia Global Reports，2018a：90－91.

Wu，T. *The Curse of Bigness：Antitrust in the New Gilded Age*. New York：Columbia Global Reports，2018b：115－117.

第九章

加尔布雷思．丰裕社会．上海：上海人民出版社，1965：1－28.

让·梯若尔．共同利益经济学．北京：商务印书馆，2019：369－391.

吴修铭．注意力经济：如何把大众的注意力变成生意．北京：中信出版社，2018：315－423.

Newman，J. Antitrust in Attention Markets：Definition，Power，Harm. University of Miami Legal Studies Research Paper No. 3745839，2021.

Rosenquist，J.，Morton，F.，Weinstein，S. Addictive Technology and Its Implications for Antitrust Enforcement. *North Carolina Law Review*，2022，100（2）：431－485.

第十章

凡勃伦．有闲阶级论．北京：中央编译出版社，2017：11－79.

罗伯特·希勒．非理性繁荣（第三版）．北京：中国人民大学出版社，2016：131－280.

Fank，R. The Demand for Unobservable and Other Non-positional Goods. *American Economic Review*，1985，75（1）：101－116.

Fank，R. Should Public Policy Respond to Positional Externalities. *Journal of Public Economics*，2008，92（8－9）：1777－1786.

Khan，L. Amazon's Antitrust Paradox. *Yale Law Journal*，2017，126（3）：710－805.

第十一章

白淑英．论虚拟秩序．学习与探索，2009（4）：27－30.

李洪雷．论互联网的规制体制——在政府规制与自我规制之间．环球法律评论，2014（1）：118－133.

李晶．元宇宙中通证经济发展的潜在风险与规制对策．电子政务，2022（3）：54－65.

刘权．网络平台的公共性及其实现——以电商平台的法律规制为视角. 法学研究，2020（2）：42－56.

罗英，谷雨．网络平台自治规则的治理逻辑．学习与实践，2021（8）：35－44.

聂辉华，李靖．元宇宙的秩序：一个不完全契约理论的视角．产业经济评论，2022（2）：186－198.

潘淑岩．网络虚拟财产交易的风险规制——以网络店铺转让为视角．经济问题，2021（10）：54－61.

第十二章

鲍一鸣．基于互联网平台的网约车动态补贴策略．现代商业，2016（34）：134－135.

李强治，刘志鹏．平台经济反垄断的德国经验："数字竞争法"的创新与借鉴．新经济导刊，2021（2）：47－52.

戚蓓蓓，王宏昌，秦欢，等．互联网行业的发展趋势——以打车软件公司并购为例．交通企业管理，2017（2）：33－36.

王海鹏，李强治．互联网平台价格战的发展趋势、作用机理与治理策略．信息通信技术与政策，2019（3）：26－28.

张冠楠．日本：向往共享便利，担忧管理难度．光明日报，2017－06－26.

Rochet，J.，Tirole，J. Platform Competition in Two-Sided Markets. *Journal of European Economic Association*，2003，1（4）：990－1029.

第十三章

付兴梅．电商平台的定价行为及差异化竞争策略．商业经济研究，2019（12）：72－75.

蒋框框．电子商务时代实体店的发展前景分析．时代报告，2019（18）：164－165.

刘浩淼．电子商务冲击下蚌埠市实体店的经营困境及其破解．营销界，2020（13）.

史凯．电商激战，服务比价格更重要．销售与市场，2012（7）：80－82.

张悦，马迁利．电商冲击下的服装实体店应对策略研究．中国市场，2017（3）：140－141.

第十四章

何小龙，柳彩云，李俊，等.《密码法》背景下工业互联网平台数据保护研究．中国信息安全，2020（4）：75－77.

黄颖，于青民，朱璎，等."5G＋工业互联网"产业政策分析．信息通信技术与政策，2020（7）：69－71.

李丽，李勇坚．美国在互联网产业的布局与政策趋势．全球化，2017（7）：67－78.

盛亚，戴建新．"互联网＋制造"模式下产业政策比较研究——以中国、德国、美国为例．科技进步与对策，2019（17）：114－121.

张维庭．数据驱动工业互联网资源适配与隐私保护方法研究．北京：北京交通大学，2021.

第十五章

孔祥稳．论个人信息保护的行政规制路径．行政法学研究，2022（1）：131－145.

肖冬梅，文禹衡．数据权谱系论纲．湘潭大学学报（哲学社会科学版），2015（6）：69－75.

阎立东．以"权利束"视角探究数据权利．东方法学，2019（2）：57－67.

Nissenbaum，H. *Privacy in Context*：*Technology*，*Policy and the Integrity of Social Life*. Palo Alto：Stanford University Press，2010：129－244.

Waldman，A. A Statistical Analysis of Privacy Policy Design. *Notre Dame Law Review Online*，2018，93（1）：159－171.

图书在版编目（CIP）数据

数字经济的产业组织与反垄断：数字市场全球治理及中国政策/张文魁著．--北京：中国人民大学出版社，2023.1

（中国经济问题丛书）

ISBN 978-7-300-31350-4

Ⅰ．①数… Ⅱ．①张… Ⅲ．①信息经济-经济管理-研究-中国 Ⅳ．①F492

中国国家版本馆 CIP 数据核字（2023）第 002813 号

中国经济问题丛书

数字经济的产业组织与反垄断

数字市场全球治理及中国政策

张文魁 著

Shuzi Jingji de Chanye Zuzhi yu Fanlongduan

出版发行	中国人民大学出版社		
社　　址	北京中关村大街 31 号	**邮政编码**	100080
电　　话	010－62511242（总编室）		010－62511770（质管部）
	010－82501766（邮购部）		010－62514148（门市部）
	010－62515195（发行公司）		010－62515275（盗版举报）
网　　址	http://www.crup.com.cn		
经　　销	新华书店		
印　　刷	涿州市星河印刷有限公司		
规　　格	160 mm×230 mm　16 开本	**版　　次**	2023 年 1 月第 1 版
印　　张	15.75 插页 3	**印　　次**	2023 年 1 月第 1 次印刷
字　　数	239 000	**定　　价**	68.00 元